KURT ALLGEIER

GÖTTER, ENGEL UND PROPHETEN

DAS GEHEIMNIS DER GEISTIGEN FELDER

Ullstein

Besuchen Sie uns im Internet:
www.ullstein-taschenbuch.de

Allegria im Ullstein Taschenbuch

Ullstein Taschenbuch ist ein
Verlag der Ullstein Buchverlage GmbH, Berlin.
Neuausgabe im Ullstein Taschenbuch
2. Auflage 2013
© 2011 by Ullstein Buchverlage GmbH, Berlin
Umschlaggestaltung: FranklDesign, München
Umschlagillustration: Hilden Design
Satz: Keller & Keller GbR
Gesetzt aus der Goudy Old Style
Papier: Pamo Super von Arctic Paper
Druck und Bindearbeiten:
GGP Media GmbH, Pößneck
Printed in Germany
ISBN 978-3-548-74580-0

INHALT

Einleitung 9

TEIL 1: EIN NEUES WISSENSCHAFTLICHES WELTBILD 13

1. Wir stehen am großen Wendepunkt 14 ... 2. Die Wissenschaft hat uns betrogen 16 ... 3. Schon Atome sind voneinander abhängig 19 ... 4. Was bedeuten morphische Felder? 21 ... 5. Was einer entdeckt – wissen alle 25 ... 6. Das Geheimnis der Atomwelt 27 ... 7. Ideen liegen in der Luft 29 ... 8. Morphisch – oder morphogenetisch 31 ... 9. Vom Quarkfeld zu den Engeln 34 ... 10. Die Hierarchie der morphischen Felder 36 ... 11. Die unheimliche Verbindung miteinander 38

TEIL 2: AUFBRUCH IN EINE NEUE ZEIT 39

12. Unterwegs zur neuen Menschheit 40 ... 13. Vom Einzeller zu den ersten Organismen 42 ... 14. Vom Menschen zum Organismus Menschheit 44 ... 15. Am Anfang steht der Verzicht 47 ... 16. Was werden wir bekommen? 49 ... 17. Vom Gesetz über die Liebe zum Einswerden 51 ... 18. Es kann weder Krieg noch Betrug mehr geben 53 ... 19. Die Grenzen zwischen Diesseits und Jenseits fallen 54 ... 20. Von der Raupe zum Schmetterling 58 ... 21. Die Konsequenzen 60 ... 22. Die schöpferische Kraft unserer Gedanken 62 ... 23. Leben Wotan und Jupiter immer noch? 64 ... 24. Sind die Planeten auch Götter? 67

TEIL 3: WIE WIR UNSERE REALITÄT SELBST ERSCHAFFEN 71

25. Unser Denken wird Wirklichkeit 72 ... 26. Das Schaffen der negativen Wirklichkeit 76 ... 27. Jeder schafft sich seine eigene Zukunft 79 ... 28. Die Macht der Gewohnheiten 83 ... 29. Die Übersexualisierung unserer Welt 85 ... 30. Niemand kann sich absondern 89 ... 31. Wir schaffen die Engel unserer

Kinder 91 ... 32. Die missratenen Eisblumen 95 ... 33. Wehret den Anfängen 98 ... 34. Es kann nichts verloren gehen 102 ... 35. Kinder brauchen Eltern mit Fehlern 104 ... 36. Die reichen Verwahrlosten 108 ... 37. Verschüttet – aber nicht verloren 110 ... 38. Das heikle Thema Feindesliebe 111 ... 39. Respekt und Toleranz 112 ... 40. Morphische Felder aus der Steinzeit 115 ... 41. Das Verbrechen der Kriege 117

TEIL 4: DAS BÖSE DIESER WELT 121

42. Wie begegnet man dem Bösen? 122 ... 43. Was wir vom Fluch lernen sollten 124 ... 44. Die Kraft des Gebetes 126 ... 45. Wenn zwei oder drei beisammen sind... 128 ... 46. Der Krieg, der uns bedroht 133 ... 47. Von der Bosheit – und vom Teufel 135 ... 48. Die überholte Stress-Aufrüstung 137 ... 49. Das Elend der Vietnamveteranen 140 ... 50. Von der Erbsünde zur Schuldbesessenheit 142 ... 51. Es geht nicht, ohne Schmerzen zuzufügen 145 ... 52. Der Betrug der Geldhändler 147 ... 53. Duplizität – und die morphischen Felder 149 ... 54. Der Fürst dieser Welt 152 ... 55. Gibt es denn die Hölle? 154 ... 56. Wir fördern ständig das Böse 157 ... 57. Das Geschäft mit der Bosheit 160

TEIL 5: METAPHYSISCHE GEHEIMNISSE 163

58. So funktioniert das Übersinnliche 164 ... 59. Was auch Parapsychologen nicht erklären konnten 166 ... 60. Warum die Wissenschaftler noch zögern 168 ... 61. Das Hellsehen ist bewiesen 169 ... 62. Was ereignet sich bei einer Hypnose? 171 ... 63. Das unbegrenzte Wissen des schlafenden Propheten 176 ... 64. Hellseher, Heiler – oder Prophet? 179 ... 65. Von Atlantis zum Untergang von Japan 182 ... 66. Die unberechenbare Zukunft 185 ... 67. Wenn Sonne, Venus und Mars im Löwen stehen 187 ... 68. Ist unsere Zukunft also noch offen? 189 ... 69. Die Quelle des Wissens 192

TEIL 6: HEILGEHEIMNISSE 195

70. Heilung 196 ... 71. Mitgefühl, Einsicht, Toleranz 198 ...
72. Der Zusammenschluss von zwei Feldern 202 ... 73. Das
Wunderwerk Immunsystem 204 ... 74. Die Sprache des Bildes
206 ... 75. Heilen ist eine andere Welt 208 ... 76. Krankheit
ist keine Strafe 210 ... 77. Leistung – oder nur Glück gehabt?
212 ... 78. Das heikle Thema Placebo 214 ... 79. Nur der Geist
kann heilen 216 ... 80. Ein Körper – vier Schwingungen 219
... 81. Der wichtige Alphabereich 222 ... 82. Homöopathie
und Information 226 ... 83. Von der Bioenergie und vom
Bioplasma 228 ... 84. Wie heilt Dr. Jerzy Rejmer? 232 ... 85.
Die Glaubensheiler 234 ... 86. Die anonymen Heiler 239

TEIL 7: ENGEL UND ANDERE WESENHEITEN 245

87. Vom Umgang mit unseren Engeln 246 ... 88. Auch Engel
können sündigen 248 ... 89. Das Universum ist ein Organismus 254 ... 90. Engel denken unsere Gedanken 257 ... 91.
Sprechen wir mit unserem Engel 260 ... 92. Wer ist der Heilige Geist? 263 ... 93. Du sollst dir kein Bild von mir machen
265 ... 94. Geist ist ebenfalls ein falscher Begriff 267 ... 95. Und
wie ist es mit uns Menschen? 270 ... 96. Gehört der Mensch
zur Geistwelt? 275 ... 97. Out-of-body-Reisen 276 ... 98. Die
Seele erfährt rein alles 280 ... 99. Versehentlich im falschen
Körper 282 ... 100. Der Rückblick auf uns 286

TEIL 8: GOTT, DER ALLMÄCHTIGE 289

101. Sprechen wir über Gott 290 ... 102. Das Bild des Vaters
ist zu klein 292 ... 103. Nirwana – oder Partnerschaft 293 ...
104. Mit Gott kann man sprechen 297 ... 105. Das Vertrauen
in die Allmacht 301 ... 106. Vom Umgang mit den morphischen Feldern 303 ... 107. Wie kann ich negative morphische
Felder loswerden? 309 ... 108. Und wie komme ich bei anderen an? 327

Register 343

EINLEITUNG

Was wir in diesen Tagen von namhaften Wissenschaftlern erfahren, wird die Welt verändern. Vielleicht ist es sogar das Wichtigste, was uns die Wissenschaft je mitgeteilt hat. Wir haben die wunderbaren Konsequenzen nur noch nicht begriffen.

Ich spreche von den Erkenntnissen und Thesen des britischen Biochemikers Rupert Sheldrake. Er hat es als Irrtum abgetan, was uns die Schulweisheit in den letzten Jahrhunderten als das absolut gesicherte, rein materialistische und mechanistische Weltbild lehrte. Er konnte an zahllosen, wissenschaftlich exakt untersuchten Beispielen aufzeigen, dass alles, was lebt – und das gilt für die Welt der Atome ebenso wie für uns Menschen und den gesamten Kosmos –, von morphischen Feldern gesteuert wird, die ein Gedächtnis besitzen und in Resonanz mit Feldern gleicher Art unabhängig von Raum und Zeit wirken und sich entfalten können.

Damit kann Sheldrake erstmalig erklären, wie die Ausformung des Lebens zustande kommt, was bisher mit keiner anderen Theorie möglich war. Wir verstehen darüber hinaus plötzlich auch, wieso das Leben sich weiter entfaltet. Die Evolution ist kein Mechanismus, sondern eine zielgerichtete Entfaltung.

Weit wichtiger für uns ist aber die Einsicht, woher das Gute und das Böse kommen. Denn diese morphischen Felder, die in uns leben und uns umgeben, sind nicht einfach »Bibliotheken«, die uns zur Verfügung stehen, sofern wir sie abrufen, sondern geistig energetische Felder, die wir und unsere Vorfahren im Laufe der Zeit selbst entfaltet haben und die auf der höheren menschlichen Ebene geistige Persönlichkeiten darstellen. Mit Recht stellt Rupert Sheldrake die Frage, ob sie nicht genau das sind, was wir schon immer als unsere Schutzengel verstanden haben. Engel, die mit uns wachsen oder verkümmern, die von uns und unserem Verhalten abhängig sind, da wir sie täglich weiterentwickeln.

Rupert Sheldrake ist aber keineswegs der einzige Wissenschaftler, der in unseren Tagen ein totales Umdenken fordert. Er wird nicht nur zunehmend von vielen seiner Kollegen anerkannt, sondern diese entwickeln – zwar noch verhalten und zögernd, doch immer mutiger – eigene Vorstellungen von Geist und Seele, die das All beleben, sodass wir uns in unserer Welt wieder geborgen und zu Hause fühlen dürfen. Denn das ist der große Auslöser, der zu diesem Umdenken zwingt: Die Wissenschaftler mussten einsehen, dass vieles, was bisher als unumstößliches physikalisches Gesetz galt, nicht mehr stimmt, sobald wir unsere kleine überschaubare Welt verlassen und uns in den Mikrobereich oder den Makrobereich begeben. Atome, Quanten, Photonen und andere winzige Teilchen halten sich offensichtlich ebenso wenig an die physikalischen Gesetze wie die Galaxien im All. Beide werden wohl von geistig-energetischen Kräften gesteuert. Sofern es aber diese nichtmateriellen Kräfte gibt, dann kann nicht mehr länger behauptet werden, Geist und Seele wären nur das Ergebnis eines funktionierenden Gehirns, Liebe und Zuneigung nur die Reaktion auf Hormonausschüttungen. Dann war alles, was man uns in den zurückliegenden 200 Jahren einreden wollte, absolut und grundlegend falsch.

Das ist der große und entscheidende Umbruch, vor dem wir stehen. Wenn heute so viel von einer anbrechenden neuen Zeit und einer neuen Menschheit gesprochen wird, mit großen Befürchtungen vor dem Weltuntergang, dann wohl deshalb, weil wir alle verspüren, dass wir vor einem Umbruch stehen, wie ihn die Menschheit noch nie erlebt hat. Unsere Welt wird nicht untergehen. Die Evolution des Lebens wird einen riesigen Sprung vollziehen, der wohl größer und bedeutsamer ausfallen wird als jener vor vielen Jahrtausenden, mit dem der Mensch sein Selbstbewusstsein entwickelte, um sich damit vom Tier abzusondern und zum Menschen zu werden.

Es ist an der Zeit, diesen Erkenntnissen nachzugehen und die Konsequenzen zu überdenken, die sich daraus ergeben. Denn es ist eine wundervolle neue Welt, die sich vor unseren Augen auftut. Sie bewirkt ein völlig neues Leben, das endlich einen Sinn hat. Denn nichts, was wir tun, keine Regung unserer Seele, ob sie nun gut oder schlecht ist, geht verloren. Jeder Gedanke, jedes Gefühl bleibt erhalten, solange es Menschen gibt.

Lassen Sie mich diese Gedanken in diesem Buch darlegen und entdecken Sie mit mir diese neue Schöpfungsgeschichte.

TEIL 1

EIN NEUES
WISSENSCHAFTLICHES
WELTBILD

1

WIR STEHEN
AM GROSSEN WENDEPUNKT

In früheren Zeiten befand sich unsere Welt trotz aller Nöte und Schwierigkeiten in einer großen, einzigartigen Harmonie: Es gab keinen Zweifel daran – Gott, der Schöpfer, hat die Welt erschaffen und belebt. Der Mensch durfte sich mit der Grundlage eines sicheren Urvertrauens in dieser Welt geborgen fühlen. Alles, so schien es, drehte sich um uns Menschen – Krone und Mittelpunkt der Schöpfung. Alles auf unserer Erdscheibe war zwar vergänglich und gewiss auch schwierig, doch darüber wölbte sich der ewige Himmel, der eine höhere Ordnung darstellte und Gesetze offenbarte, auf die man sich verlassen konnte. Und wenn diese Erde auch oft als Tränental verstanden wurde, so versprach der Himmel doch danach die Erlösung in ewiger Seligkeit.

Heute ist das alles weithin zerbrochen und verloren gegangen. Die Wissenschaft hat uns das Weltbild zerstört und uns die grausame Verlorenheit in den Unendlichkeiten des Kosmos klargemacht. Mond, Sonne und die Sterne gehen zwar nach wie vor auf und unter und bestimmen unseren Lebensrhythmus, doch wir wissen, dass auch das nur eine Täuschung ist. Nicht der Kosmos dreht sich um uns, sondern wir drehen uns mit der Kugel, auf der wir leben. Sie ist gemessen an den Weiten des Alls ein Nichts am Rande einer von vielen Milliarden Galaxien, die ihrerseits Milliarden Sonnensysteme umfassen.

Nicht genug damit: Wissenschaftler sprechen heute immer überzeugter davon, dass unser Universum nicht das einzige

Ein neues wissenschaftliches Weltbild   15

existierende ist. Sie vermuten, dass es Milliarden Universen gibt. Wir werden in diesem unfassbaren, längst nicht mehr vorstellbaren All immer winziger und unbedeutender. Und wir wissen zugleich um die Vergänglichkeit dieser Schöpfung. Das Ende unseres Sonnensystems lässt sich berechnen. Auch die Galaxien kommen und vergehen. Keine Spur mehr von Harmonie im All, eher das blanke Chaos. Wir können am Nachthimmel die schrecklichsten Katastrophen von unvorstellbarem Ausmaß beobachten. Und fühlen uns noch verlorener im endlosen Werden und Vergehen. Unsere Nichtigkeit war niemals zuvor deutlicher spürbar. Wo sollte sich ein guter Gott befinden, der so viel Elend und Katastrophen zulässt?

2

DIE WISSENSCHAFT HAT
UNS BETROGEN

Und nun sagen uns die Wissenschaftler zudem – und das so apodiktisch, als wäre es absolut gesichert: Nur die Dummen und Unbelehrbaren glauben noch immer an eine Existenz nach dem Tod. All unser Denken, Fühlen, Empfinden, unsere Freude, Zuneigung, Treue und Verlässlichkeit sind nicht mehr als das Ergebnis physikalisch-chemischer Gehirnprozesse und Hormonausschüttungen in unserem Körper, die aufflackern, solange dieses Gehirn funktioniert. Es gibt keine Seele und keinen Geist, die den Körper überleben könnten, wenn dessen Funktionen unterbrochen wurden. Wenn unser Gehirn nicht mehr funktioniert, ist alles vorbei.

Bis dahin aber leben wir in einer Welt, die immer häufiger und heftiger von Naturkatastrophen heimgesucht wird. Unsere ganzen Bemühungen und Errungenschaften gipfeln heute in der Möglichkeit, das Leben insgesamt auszulöschen. Wir spielen zwar Gott, indem wir klonen und Gene manipulieren, doch kann dieses Leben noch lebenswert sein? Ist es verwunderlich, dass die Menschen immer egoistischer werden und versuchen, das kurze Dasein so vorteilhaft wie nur möglich für sich persönlich auszuschöpfen? Sind wir nicht unverbesserliche, weltfremde Träumer, wenn wir nach Idealen suchen, nach gegenseitiger Achtung, Förderung und Hilfe?

Gewiss, viele von uns klammern sich noch an ihren Glauben. Doch ist er so voller Überzeugung und Stärke, dass er die Aussagen der Wissenschaft einfach abtun könnte? Oder schleichen sich nicht unentwegt Zweifel ein, die uns die Freude am Leben verderben, uns zwingen, die Frage nach dem Lebenssinn zu verdrängen und so zu tun, als gäbe es keinen Tod?

Selbst sehr namhafte Theologen haben sich von der Schulwissenschaft verunsichern lassen. Sie sprechen heute ebenfalls von der Verlorenheit im All, von der Seelenlosigkeit des Lebens und dem unwiderrufbaren Ende mit dem Tod: »Warum sollte es mir anders ergehen als meinem Hund? Wenn er verendet, ist sein Leben vorbei.«

Was sie uns noch anbieten können, ist das Versprechen Gottes durch seinen Sohn Jesus, wir würden nach dem Tod von ihm neu erschaffen. Das ist wohl der eigentliche Hintergrund der gegenwärtigen Glaubenskrise, die alle Religionen befallen hat: Unser Glaube ist rein materialistisch geworden – und das zu einem Zeitpunkt, in dem der Materialismus endgültig ausgespielt hat.

Was man uns verschweigt, ist die Tatsache, dass alles, was uns die Wissenschaftler in diesem Bereich als Fakten darstellen, nichts anderes sind als Hypothesen. Nach wie vor gibt es keine stichhaltigen Beweise dafür, dass Denken und Fühlen einzig und allein den Gehirnfunktionen entspringen. Gewiss sind sie maßgeblich beteiligt, doch keiner kann erklären, wie sie dies ohne Steuerung schaffen. Wir wissen nicht einmal gesichert, ob unsere Erinnerungen im Gehirn gespeichert werden. Zumindest hat noch niemand dort Speicherplätze oder auch nur Erinnerungsspuren finden können.

Klingt es da nicht plausibler, was im fernen Osten seit jeher gelehrt wurde, dass eben jeder Gedanke, jede seelische Regung, jede Einsicht und jedes Erlebnis außerhalb der materiellen Welt in einer riesigen Bibliothek, man nennt sie die Akasha-Chronik, für jeden von uns zugänglich, gespeichert ist?

Das, was wir unter morphischen Feldern verstehen, ist aber weit mehr als nur eine gesammelte Chronik. Diese Felder sind aktiv, dynamisch, kreativ. Sie bestimmen und leiten die gesamte Schöpfung. Vom winzigsten Atom bis hin zur größten Galaxis.

Ebenso richtig könnte doch sein, dass unser Gehirn einfach nur so funktioniert wie die Hardware in unserem Computer. Es müsste dann jemanden geben, der sie programmiert hat.

Es ist außerdem eine Software nötig, die diese Hardware benutzen kann. Und es muss wiederum jemanden geben, der die richtigen Befehle eingibt, damit der Computer überhaupt funktionieren kann. Wäre eine solche Erklärung nicht wesentlich plausibler als das, was uns die Schulweisheit einreden möchte?

In Wirklichkeit geht es der Wissenschaft doch nur darum, den Begriff Seele und den des Schöpfergottes auszuschalten. Sobald man aber Geist, Seele und Gott als reale Existenzen aus der Welt schafft, bleibt nur noch die einzige Möglichkeit, das geistige und psychische Leben als Ergebnisse materieller Vorgänge zu erklären. Doch wie gesagt: Eine solche Annahme ist nicht mehr als nur eine Theorie. Und diese hat sich inzwischen als Irrtum herausgestellt. Es war letztlich unwissenschaftlich, diese Theorie als gesicherte Tatsache anzunehmen. Und es stellt zudem ein Verbrechen an der Menschheit dar.

3

SCHON ATOME
SIND VONEINANDER ABHÄNGIG

Je tiefer die Physiker in die Welt der Atome und je weiter die Astronomen und Astrophysiker in den Weltraum vorgestoßen sind, desto deutlicher werden bisher absolut geltende Gesetze infrage gestellt. Im Mikrokosmos wie auch im Makrokosmos gibt es Vorgänge, die nicht nach vorbestimmten Gesetzmäßigkeiten funktionieren, sondern einen ordnenden, steuernden Geist fordern – oder etwas, was auf jeden Fall nicht als Leistung einer Materie verstanden werden kann.

Die Atome und ihre Teilchen, die Galaxien und ihre Sonnensysteme sind auf eine Weise miteinander verbunden, die einem rein mechanistischen Funktionieren entsprechend unserer altbekannten Naturgesetze widersprechen. Es muss also etwas geben, was sie formt, verbindet und gegenseitig beeinflusst. Das haben inzwischen auch die Physiker begriffen, die für ein Umdenken besonders offen sind. Doch nicht nur sie: Das komplette bisherige Weltbild der Wissenschaft ganz allgemein ist ins Wanken gekommen.

Einer der seriösen Wissenschaftler, der uns aus dem Dilemma der Verlorenheit herausholt und uns Geist und Seele zurückschenkt, ist der Biochemiker und Zellbiologe Rupert Sheldrake. Und wenn er mit seinen wissenschaftlich untermauerten Thesen recht behält, können wir zurückfinden zum großen, verlorenen Urvertrauen. Zurück in die Geborgenheit. Dann gewinnen wir die Sicherheit, dass nichts in dieser Welt je verloren gehen kann. Nicht der flüchtigste Gedanke und nicht die zarteste Regung unseres Herzens. Denn diese Welt ist erfüllt von Geist und Seele.

Das wussten schon die großen Denker und Mystiker der Geschichte. Und auch die großen Philosophen. Kurz nach der Wiederentdeckung durch Galileo Galilei, dass die Erde nicht der Mittelpunkt der Schöpfung ist, sondern nur ein Planet unter vielen, hat der Philosoph Giordano Bruno schon die Unendlichkeit des Universums erkannt und davon gesprochen, dieses Universum müsse man betrachten wie einen harmonisch gefügten Organismus, in dem jeder Teil in innerer Entsprechung zum Ganzen stehe. Er meinte sogar, dieses Weltall sei so etwas wie ein Gott im Werden. Für solche Aussagen, die der streitbare Mönch nicht widerrufen wollte, landete er im Jahr 1600 auf dem Scheiterhaufen vor dem Petersdom in Rom.

4

WAS BEDEUTEN
MORPHISCHE FELDER?

Nun müssen wir uns aber zunächst einmal fragen: Was versteht man unter morphischen Feldern? Beginnen wir damit ganz am Anfang: Wer steuert die Entfaltung einer befruchteten Eizelle zum Fötus, dann zum Embryo und dann zum Kind? So merkwürdig es klingen mag: Niemand konnte bisher schlüssig erklären, wie das tatsächlich funktioniert.

Wurde eine weibliche Eizelle befruchtet, beginnt sie sich zu teilen. Und jede neue Zelle teilt sich wieder, wobei jede neu entstandene Zelle absolut identisch ist mit der ursprünglich ersten Eizelle. Es bildet sich somit zunächst nichts anderes als ein Haufen gleichartiger Zellen. Daraus könnte niemals ein Mensch entstehen. Es müsste eigentlich immer ein wuchernder Zellhaufen bleiben, wie das beispielsweise bei Krebstumoren der Fall ist.

Nun passiert es aber, dass diese Zellen zu einem bestimmten Zeitpunkt beginnen, sich zu spezialisieren. Eine Zelle wird zur Stammzelle des Gehirns, eine andere fängt an, das Rückgrat zu bilden, eine dritte wird zur Leber. Und so fort. Niemand konnte bisher erklären, wie es zu dieser Spezialisierung kommt. Denn alle Zellen verfügen ja über das gleiche Genmaterial. Niemand konnte verstehen, wodurch und von wem der richtige Zeitpunkt der Spezialisierung festgelegt wird.

Woher weiß die Schwalbe, wie sie ihr Nest bauen muss? Wer gibt einer Eiche das Muster vor, alle Blätter nach genau derselben Form zu gestalten?

Oder nehmen wir das bisher ungelöste Rätsel der Viren. Es handelt sich um die einfachsten Formen des Lebens überhaupt, wobei man sich immer noch nicht ganz sicher ist, ob man sie überhaupt als Lebewesen bezeichnen darf. Solange sie nämlich keinem Organismus begegnen, leben sie nicht. Sie können sich selbst nicht fortbewegen, sondern sind abhängig davon, dass sie vom Wind oder von Flüssigkeiten zu einem lebenden Körper hingetragen werden. Erst dann beginnen sie, selbst zu leben. Doch auch dann sind sie nicht imstande, sich zu vervielfältigen. Sie schicken ihr Genmaterial in die Zelle, der sie begegnen, und zwingen diese damit, ihnen Nachkommen zu schaffen. Irgendwie, so scheint es, passen diese gefährlichen Wesen nicht in das Bild des Lebens auf unserer Erde. Denn offensichtlich haben sie an der Evolution nicht teilgenommen. Sie können nicht existiert haben, bevor es schon weit entwickelte Organismen gab, von denen sie ja leben. Doch wo kommen sie dann her? Sie haben sich ja sogar auf Menschen, Vögel, Schweine oder andere Tierarten »spezialisiert«.

Doch so primitiv die Viren in ihrer Struktur auch aufgebaut sind, so genial verhalten sie sich. Bis heute gibt es kein Mittel, sie zu vernichten. Nur das körpereigene Immunsystem ist dazu in der Lage. Wenn es mit abgetöteten oder zumindest abgeschwächten Viren bei einer Impfung konfrontiert wird, kann es den passenden Abwehrspezialisten herstellen. Doch auch unser Abwehrsystem hat es bei Viren besonders schwer. Denn diese Wesen passen sich sofort einer veränderten Situation an, womit wiederum neue Abwehrspezialisten geschaffen werden müssen.

Nicht genug damit: Viren können sich im gewappneten Körper »maskieren«, sodass die Immunkräfte sie nicht mehr erkennen. Sie können sich sogar im Nervengeflecht des Körpers verstecken, wo der Zutritt für die Abwehrkräfte verboten ist. Das passiert nicht eben selten, wenn Kinderkrankheiten nicht

Ein neues wissenschaftliches Weltbild   23

voll auskuriert wurden. Dann warten die Viren in ihrem Versteck unter Umständen Jahrzehnte, bis das Abwehrsystem etwa durch eine psychische Überlastung so stark unterdrückt ist, dass es nicht mehr alle Gefahren gleichzeitig bewältigen kann. Und dann tritt das Masern- oder Herpesvirus aus seinem Versteck hervor und löst Erkrankungen aus, wie etwa multiple Sklerose oder die lästigen Lippenbläschen.

Ist das HIV-Virus, das die Krankheit Aids auslöst, nicht eine besonders geniale »Erfindung«? Dieses Virus greift nicht einmal mehr normale Zellen an, sondern zielt direkt auf die Abwehrzellen und zwingt wiederum diese, ihm Nachkommen zu schaffen.

Das alles ist von der Beschaffenheit der Viren her nun wirklich nicht zu erklären. Woher sollte ein Virus seine Intelligenz besitzen? Es kann nicht denken, keine Angriffsstrategie entwickeln. Mit ihrer einfachen Genstruktur müssten alle Viren doch längst ausgestorben sein. Sie hätten keinerlei Chancen gehabt.

Die Welt der Viren wird aber sofort verständlich, wenn wir an die morphischen Felder denken. Es muss etwas Geistiges sein, was diese Geschöpfe mit so viel Raffinesse formt und steuert. Nicht zuletzt hat man die Viren deshalb als »Geißel Gottes« bezeichnet. Denn auch bei diesen Viren gibt es noch Entwicklung: Sie werden noch gefährlicher und noch aggressiver.

Es kommt noch ein Punkt hinzu, der nur mit der Existenz der morphischen Felder zu erklären ist: Virusepidemien sind zu allen Zeiten, also auch schon vor dem weltweiten Flugverkehr, immer gleichzeitig an den verschiedensten Orten unserer Erde gleichzeitig ausgebrochen. Die verheerende Grippepandemie nach dem Ersten Weltkrieg im Jahr 1919 beispielsweise, die rund 20 Millionen Menschen dahingeraffte, flammte gleichzeitig in Australien, in Nordamerika und in Europa auf, ohne dass es damals schnelle Verbindungen zwischen den Kontinenten gegeben hätte. Das war so auffällig, dass Wissenschaftler zur Diskussion stellten, ob die Viren nicht vielleicht doch von Kometen, etwa vom Halleyschen Kometen, stammten. Immer im Oktober in jedem Jahr kreuzt die Erde die einstige Bahn des Kometen und sammelt winzige Teilchen auf, die er dort hinterlassen hat. Man fand keine andere plausible Erklärung für das gleichzeitige Auftauchen der Infektionen an so weit auseinanderliegenden Orten unserer Erde.

Heute haben wir eine bessere Antwort. Und sie lautet: Auch die Viren allgemein und darunter wiederum die Viren gleicher Art haben ihre morphischen Felder, die sie formen, steuern und aktivieren. Wenn ein Grippevirus zuschlägt, »wissen« alle anderen Viren darum und werden dasselbe tun.

Es gibt Millionen Rätsel um die Entfaltung der Natur und deren Evolution, weshalb es für die Weisen aller Zeiten niemals einen Zweifel daran gegeben hat, dass jede Pflanze, jeder Baum seinen eigenen Geist besitzt, der alles lenkt und steuert. Für die Viren gilt dasselbe. Die morphischen Felder sind in den unterschiedlichsten Formen eben überall.

Rupert Sheldrake hat in vielen tausend Beispielen genau solche Fragen untersucht, alle bisherigen Erklärungsversuche unter die Lupe genommen und festgestellt: Im Ansatz sind sie alle richtig. Doch letztlich kann kein einziger dieser Versuche alle Fragen schlüssig beantworten.

So kam der Wissenschaftler zu einer ganz neuen – und wie sich bald zeigte – sehr überzeugenden und einleuchtenden Erklärung: Es gibt hinter unserer sichtbaren, greifbaren Welt eine zweite, geistig-seelische Welt, welche die sichtbare, materielle Welt durchdringt, formt, steuert und gewissermaßen ihr Ebenbild darstellt.

5

WAS EINER ENTDECKT –
WISSEN ALLE

Sie kennen sicherlich die wahre Geschichte des Affen, der entdeckt, dass eine Nuss besser schmeckt, wenn er sie in das salzige Meerwasser taucht, bevor er sie verzehrt. Klar, dass alle Affen, die das beobachten, es sofort nachmachen. Bisher unverständlich, dass im selben Augenblick aber auch alle Affen derselben Art, die in der Nähe des Meeres leben – ob nun in Afrika, in Asien oder in Südamerika –, dies von diesem Moment an auch tun. Niemand hat sie benachrichtigt. Es muss also irgendeine Verbindung zwischen gleichartigen Wesen geben, die wir bisher nicht erklären konnten. Eine Verbindung, die allem Anschein nach keine räumlichen und zeitlichen Grenzen kennt.

Ein anderes Beispiel: In Großbritannien ist es üblich, morgens Milch zu liefern. Man stellt die Flaschen den Leuten vor die Haustür. Das ging über Jahrzehnte gut. Eines Tages entdeckte aber eine Meise, wie man an die Milch herankommen kann, indem man mit dem Schnabel ein Loch in die Abdeckung schlägt. Von diesem Tag an konnte man die Milchflaschen nicht mehr vor der Tür stehen lassen. Denn alle Meisen derselben Art pickten nun den Verschluss auf. Nicht nur in England, Schottland oder Irland – auch in Holland und anderswo. Es muss also auch zwischen diesen Meisen derselben Art, wie bei den Affen, eine Verbindung geben, die wir bisher nicht kannten.

Was hat man darüber nachgerätselt, wie es funktionieren kann, dass Fisch- und Vogelschwärme gemeinsam dahinziehen, miteinander wie auf Befehl eine Kehrtwendung vollziehen, ohne dass ein Fisch oder ein Vogel dabei einen anderen berührt? Hat man nicht den Eindruck, dass ein solcher Schwarm eine Einheit bildet, die von einer gemeinsamen Kraft gesteuert wird?

6

DAS GEHEIMNIS DER

ATOMWELT

Solche Verbindungen gleichartiger Wesen scheinen sogar schon zwischen Atomen zu bestehen. Konfrontiert man zwei Atome miteinander, dann dreht das Elektron des einen im Uhrzeigersinn um seinen Kern, das Elektron des anderen »antwortet« darauf und dreht entgegen dem Uhrzeigersinn. Stoppt man das eine Elektron, bleibt auch das andere stehen. Zwingt man eines der beiden Atome, seinen Lauf umzukehren, wird auch das andere seinen Lauf wieder umkehren. Und das funktioniert auch noch genau so, wenn man das eine Atom von New York nach Tokio bringt. Auf irgendeine Weise bleiben die beiden Atome, die einmal Kontakt miteinander aufgenommen hatten, miteinander verbunden, auch über viele tausend Kilometer hinweg, und reagieren aufeinander. Zeit und Entfernung sind dabei offensichtlich ausgeschaltet.

Noch kleinere Teilchen der Atome wie beispielsweise die Quanten und Quarks haben die Atomphysiker geradezu zur Verzweiflung gebracht. Es klingt völlig verrückt, doch es ist so: Diese Teilchen reagieren offensichtlich darauf, dass sie beobachtet werden. Dann kann man sie sozusagen fixieren. Werden sie dagegen nicht beobachtet, gehen sie ihre eigenen Wege, die wiederum nicht zu berechnen sind, weil sie wie die beiden Atome in New York und in Tokio jedem Naturgesetz widersprechen.

Schon Albert Einstein meinte bei einem Versuch, das »Eigenleben« der Quanten zu erklären: »Wenn die Gesetze nicht stimmen, haben wir eben einen Fehler gemacht. Es kann nichts geben, was den Naturgesetzen widersprechen würde.« Offensichtlich ist das aber doch der Fall.

Einsteins Aussage ist das typische Beispiel für das Denken und die Einstellung der Wissenschaftler im 20. Jahrhundert. Sie wollten und konnten nicht einsehen, dass es etwas Geistig-Energetisches geben sollte, was die Materie steuern und die bekannten mechanischen Gesetze außer Kraft setzen könnte.

Tatsache ist aber – und das mussten vor allem die Physiker zur Kenntnis nehmen –, dass die kleinsten Teilchen der Atome sich nicht den mechanistischen Naturgesetzen unterwerfen. Mal zeigen sie sich als Teilchen, mal als Wellen. Es handelt sich somit um Gebilde, die mit den altbekannten physikalischen Gesetzen nicht mehr zu erfassen sind. Handelt es sich um Materie oder um Energie?

Damit sind die Naturwissenschaften aber auf den Kopf gestellt. Sie haben ihre Grenzen erfahren. Und es stellt sich damit tatsächlich die Frage, ob es sich bei dem, was wir unter Naturgesetzen verstehen, überhaupt um Gesetze handelt. Rupert Sheldrake stellt zumindest zur Diskussion, ob sich die Natur nicht ganz einfach nur Gewohnheiten angeeignet hat, die dann gesetzmäßig ablaufen.

7

IDEEN

LIEGEN IN DER LUFT

Es gibt vergleichbare Erfahrungen, die wir Menschen auch immer schon gemacht haben: Es liegt, wie wir sagen, etwas in der Luft.

Um nur zwei Beispiele hier anzuführen: Vor etwas mehr als 100 Jahren entdeckte der Berliner Sanitätsrat Dr. Wilhelm Fließ die für alle Menschen gleichen Kurven und Rhythmen des Biorhythmus, also das körperliche Auf und Ab im 23-Tage-Rhythmus, das seelische im 28-Tage-Rhythmus sowie das geistige im 31-Tage-Rhythmus. Zu genau demselben Ergebnis zur selben Zeit kam der Wiener Psychologe Hermann Swoboda. Beide haben bis zu ihrem Tod heftig miteinander gestritten, wer von ihnen die Entdeckung der Biorhythmen für sich in Anspruch nehmen darf. Beide waren davon überzeugt, der andere hätte ihm seine wissenschaftliche Arbeit gestohlen.

Ende des 19. Jahrhunderts erfand der Ingenieur Rudolf Diesel in München den nach ihm benannten Dieselmotor. Das Gleiche gelang zur selben Zeit in Offenburg dem Ingenieur Friedrich August Haselwander. Sein Motor war geradezu eine Kopie des Dieselmotors. Beide Erfinder haben nichts voneinander gewusst. Doch Haselwander kam mit der Anmeldung der Patente um wenige Tage zu spät und blieb deshalb weithin unbekannt, Diesel wurde berühmt.

Die Beispiele solcher Gleichzeitigkeiten ließen sich endlos fortsetzen. Jeder von uns kennt Gedankenübertragungen: Man will etwas aussprechen, und der andere sagt es. Man denkt an jemanden, und schon klingelt das Telefon. Und natürlich ruft der an, an den man eben gedacht hat. Es gibt Liebespaare, die Nacht für Nacht genau das träumen, was der Partner auch träumt. Die es sogar nicht ganz leicht haben, noch miteinander zu sprechen, weil das, was der eine sagen will, auch dem anderen auf den Lippen liegt. Das gemeinsame morphische Feld hat sie regelrecht zu einer Einheit verschweißt.

Johann Wolfgang von Goethe hat einmal versichert, dass er an eine geliebte Frau nur denken muss, um sie damit zu bewegen, umgehend zu ihm zu kommen.

Geistheiler sind überzeugt davon – und sie haben wohl – wie ihre Erfolge bestätigen – recht, – sie könnten allein mit geistigen Kräften heilen. Es gibt unendlich viele gut dokumentierte Heilungsberichte, die mit der alten Schulweisheit nicht zu erklären sind, die wir aber wiederum sofort mit den morphischen Feldern erklärt bekommen.

8

MORPHISCH –
ODER MORPHOGENETISCH

Kurz: Schon in den 20er-Jahren haben Wissenschaftler aufgrund solch unerklärlicher Phänomene die Anerkennung der «morphischen» oder «morphogenetischen» Felder gefordert. Das Wort »morphisch« kommt aus dem Griechischen und bedeutet »formgebend«. Das hat also nichts mit Morphin oder Morphium zu tun. Wir sprechen nicht etwa von Rauschgiften, sondern genau vom Gegenteil. »Morphogenetisch« ist ein Begriff aus der Biologie, der die Formung und Entwicklung der Organe und Gewebe in einem Organismus bezeichnet.

Rupert Sheldrake hat diese Ideen vor allem in den 90-Jahren wieder aufgegriffen und sie zu einer wissenschaftlichen These ausgebaut. Er erklärt, dass die Natur, ja die gesamte materielle Welt, ein Gedächtnis besitzt und dass dieses Gedächtnis unabhängig von Raum und Zeit abgerufen werden kann. Dieses Gedächtnis ist die eigentlich formgebende, gestaltende Kraft hinter der Welt, die wir sehen und greifen können.

Um diese Einsichten verstehen zu können, muss man sich zunächst zwei Naturphänomene vor Augen halten: die Existenz von Feldern und die Existenz der Resonanz.

Dass es elektromagnetische Felder gibt, das können wir in ihren Auswirkungen wahrnehmen, wenn wir Eisenspäne auf eine Glasplatte streuen und einen Magneten darunter halten. Augenblicklich ordnen sich die Späne in Linien, die uns das Magnetfeld des Magneten anzeigen. Unsere Erde ist ein solcher Magnet mit Nord- und Südpol. Das elektromagnetische

Feld des Planeten, auf dem wir leben, ist enorm stark. Es schützt uns unter anderem vor kosmischen Strahlungen, die dieses Feld ablenkt. Wenn wir einen Kompass haben, wissen wir immer, wo Norden, Osten, Süden und Westen sind. Radio, Fernsehen und eine ganze Reihe moderner Techniken wären ohne Elektromagnetismus undenkbar. Ohne die sichtbaren Auswirkungen der elektromagnetischen Felder wüssten wir nichts von ihrer Existenz. Sie sind nicht materiell. Es handelt sich um geordnete Energien, mit denen wir zwar hantieren, deren Wesen uns bisher aber doch verborgen blieb.

Auch die Schwerkraft, die uns auf der Erde hält, damit wir nicht ins All davonschweben, die unsere Erde zwingt, sich um die Sonne zu drehen, die Galaxien bildet, wird heute mit Schwerkraftfeldern erklärt.

Mit dem Eindringen in die Welt der Atome und ihrer Teilchen entdeckten die Physiker Quantenfelder, Neutronenfelder und dergleichen mehr – mikrophysikalische Felder, in denen alle Materieteilchen als Quanten von Schwingungsenergie existieren.

Überall offenbaren sich heute Felder, die ihren Einfluss ausüben. Die elektromagnetischen Felder sind also nur eine Art von Milliarden gleichartiger, teilweise sehr viel höher entwickelter Felder. Die Welt der morphischen Felder ist offensichtlich genauso aufgebaut wie unsere materielle Welt, vom Atom bis zum bewussten Leben des Menschen.

Schon die winzigsten Teilchen auf der untersten Ebene des Lebens reagieren also nicht wie bisher angenommen nach vorgegebenen physikalischen Gesetzen, sondern offensichtlich nach Gewohnheiten, die sie dem «Gedächtnis» ihres morphischen Feldes entnehmen, also stets ein Stück weit unberechenbar. Wissenschaftler haben entdeckt, dass neue Stoffe nach ihrer Entwicklung zunächst Schwierigkeiten haben, sich auszukristallisieren. Je häufiger dieser Prozess allerdings gelungen ist, desto präziser läuft der Vorgang dann ab, weil das neue morphische Feld, das den Kristallisierungsprozess steuert, mit jedem neuen Versuch stärker geworden ist.

9

VOM QUARKFELD ZU
DEN ENGELN

Solche, jedoch höher entwickelten Felder gibt es offensichtlich auch im biologischen Bereich. Sie ordnen die Funktionen und Entwicklungen des Lebens. Es handelt sich um geistigenergetische Felder, die jede noch so kleine Einheit des Lebens durchströmen und umgeben. Alle gleichartigen Felder sind eingeschlossen in das nächstgrößere Feld. Das Quarkfeld in das Atomfeld, dieses wiederum in das Molekularfeld, dieses in das Feld der Zelle, dieses in das Feld des Organs. Alle Organfelder finden sich schließlich im Feld des Menschen, eines in das andere geschachtelt.

Eigentlich sollte man nicht mehr von Feldern sprechen. Denn diese morphischen, geistig-seelischen Gebilde werden schon ab der Pflanzen- und Tierwelt zu Persönlichkeiten, die aktiv in deren Leben eingreifen. Im Laufe der Jahrtausende haben sie sich immer weiterentwickelt, weil kein Gedanke, keine Regung je verloren geht, sondern in ihnen gespeichert wird. Das Gute ebenso wie das Böse. Die Zuneigung ebenso wie der Hass.

Die schönste Form der morphischen Felder sind unsere Engel. Das wären dann Geschöpfe, die uns ursprünglich wohl als reine Wesen zugeordnet wurden, inzwischen aber nicht unbedingt mehr «heilig» sind. Mächtige Geschöpfe, die weit mehr sind als die uns ständig zur Verfügung stehenden Helfer, die uns vor Katastrophen bewahren, die uns einen freien Parkplatz besorgen und dafür sorgen, dass wir nicht straucheln. Der

Ein neues wissenschaftliches Weltbild

Schutzengel steht nicht hinter oder neben uns und hält seine schützende Hand über uns. Er ist unsere eigentliche geistig-seelische Persönlichkeit, unser morphisches Feld, ursprünglich von unseren Vorfahren erschaffen, unseren Eltern und schließlich von uns selbst immer weiterentwickelt. Er lebt nicht unabhängig von uns, sondern ist von uns abhängig. Mit unserem Verhalten, unseren Gedanken, unserem Streben und Versagen formen wir ihn weiter. Das ist der entscheidende Punkt, den wir einsehen müssen: Von diesem Wesen kann letztlich nur das auf uns zurückkommen, was wir ihm zuvor mit positiven oder negativen Energien zukommen ließen. Darauf müssen wir später noch einmal präziser zurückkommen.

Dieser geistige Kosmos ist also nichts anderes als ein nicht materieller Organismus, ebenbildlich dem materiellen, dem er zugeordnet ist. Wurde nicht immer schon in der Esoterik vom »feinstofflichen« Körper gesprochen, der mit dem grobstofflichen Körper absolut identisch ist und der diesen überlebt?

10

DIE HIERARCHIE
DER MORPHISCHEN FELDER

Und das geht so weiter. Das morphische Feld des Kindes, der Frau, des Mannes sind eingebettet in das Feld der Familie. Die Familienfelder sind eingefasst in die Felder von Freundschaften, diese in Felder des Ortes, des Landes, der Erde, der Galaxie, des Universums. Es gibt also das allumfassende Gesamtfeld, das alle Felder umfasst, durchdringt und damit auch steuert. Und jedes höhere Feld ist weiterentwickelt. Wir können somit von der großen Hierarchie der morphischen Felder sprechen. Sie ist verblüffend ähnlich dem, was wir von der Hierarchie der Engel kennen: Engel, Erzengel, Cherubim, Serafim bis hin zum Heiligen Geist, von dem letztlich alles ausgeht.

Das heißt aber: Die sichtbare materielle Welt ist durchdrungen und umfasst von einer anderen Welt, die genauso strukturiert ist wie die materielle. Sie lenkt und ordnet diese. Sie hat sich selbst entwickelt, war also nicht von Anfang an da, sondern ist geworden. Alles, was lebt, hat zu dieser Entwicklung beigetragen. Morphische Felder sind nicht etwa nur eine Sammlung aller Gedanken, Regungen und Empfindungen. Es sind lebendige, geistig-energetische «Wesen», die sich mitteilen. So wie das elektromagnetische Feld die Eisenspäne ordnet, so ordnen die morphischen Felder den lebendigen Organismus und weit darüber hinaus auch unser Verhalten. Jeder neue Gedanke, jede Äußerung, jede Herzensregung besitzt ein eigenes morphisches Feld. Jede Gemütsstimmung hat ebenfalls ihr Feld.

Und, besonders wichtig: Gleichartige morphische Felder können miteinander kommunizieren. Aber wie?

Rupert Sheldrake spricht vom Gedächtnis, das jedem morphischen Feld innewohnt. Und dieses Gedächtnis gibt das Feld seiner Meinung nach mittels Resonanz an sich selbst und an andere gleichartige Felder weiter.

Man begreift diese Resonanz am besten mit der bekannten Resonanz in der Musik: Wenn ich in einem Raum Klavier spiele, in dem auch eine Bassgeige mit ihren vier Saiten steht, dann schwingen diese Saiten immer dann mit, wenn ihr Ton auf dem Klavier erklingt. Bei allen anderen Tönen bleibt die Bassgeige stumm. Es gehen von einem Instrument, von seinem morphischen Feld also, Wellen aus, die das gleichartige Feld aufnehmen kann.

Nun versteht man, warum Atome über tausende Kilometer miteinander in Verbindung bleiben, warum die Affen aller Welt um die Köstlichkeit der gesalzenen Nuss wissen und die Vögel in England gleichzeitig dahinterkommen, wie man eine verschlossene Milchflasche öffnen kann. Wir können uns auch vorstellen, wie Gedankenübertragungen zustande kommen oder wie eine Geistheilung möglich ist. Und vieles, was bisher in seinen Zusammenhängen und Wirkungen unerklärlich blieb, wird plötzlich ganz einfach.

11

DIE UNHEIMLICHE
VERBINDUNG MITEINANDER

Der wohl wichtigste Punkt der Deutungen morphischer Felder ist aber die Einsicht, dass wir alle weit enger und inniger miteinander verbunden und voneinander abhängig sind, als wir das bislang wahrhaben wollten. Keiner von uns kann etwas denken, fühlen oder empfinden, ohne dass nicht alle anderen Menschen davon betroffen wären, ob diese nun in der Nähe oder weit entfernt sind. Und zwar umso deutlicher, je besser man sich kennt. Schon immer war uns bewusst, dass kein Fehltritt verborgen bleibt. Wenn einer seinen Partner betrügt, weiß die Seele des anderen davon, auch wenn dieses Wissen nicht ins Bewusstsein gelangt, sondern vom Kopf abgeblockt wird. Wenn man es, was in aller Regel doch der Fall ist, schon gar nicht wissen möchte, bleibt es sowieso unterschwellig. Doch es ist da. Und das Verdrängen kann uns dann auch noch krank machen.

Und ebenso ist richtig, dass wir nicht unbedingt aussprechen müssen, was wir denken. Der andere weiß es auch so. Nicht zuletzt deshalb entsteht so viel Streit. Was der andere denkt, empfindet oder beabsichtigt, wird verstanden, ohne dass ein Wort gefallen wäre. Jede Lüge ist von vornherein entlarvt, auch wenn dieses Wissen nicht in unser Bewusstsein vordringt. Die Seele weiß Bescheid. Schließlich ist auch richtig, dass sehr viel von dem, was wir für unsere eigene Denkleistung halten, nicht von uns selbst stammt, sondern lediglich aus dem verbindenden morphischen Feld übernommen wurde. Das müsste uns doch recht bescheiden werden lassen.

TEIL 2

AUFBRUCH
IN EINE NEUE ZEIT

12

UNTERWEGS
ZUR NEUEN MENSCHHEIT

Der einzelne Mensch, das wissen wir längst, ist keine Insel im leeren Raum – so, wie ein Planet nicht unabhängig ist, sondern eingebunden in das Sonnensystem und abhängig von der Sonne, um die er kreist. Der Mensch fühlt sich zwar eigenständig und kann scheinbar völlig alleine leben. Das, was er ist und wie er ist, was er kann und was er weiß, basiert auf dem, was Tausende Generationen vor ihm geschaffen haben. Er steht in einer langen Kette, die sich zu dem hinentwickelt hat, was er heute ist und besitzt. Und mit ihm stehen Milliarden Menschen in dieser Kette, die ihn pausenlos beeinflussen, ob sie nun nahe bei ihm leben oder auf der anderen Seite der Erde. Der Einzelne ist eine der Milliarden Zellen des Organismus Menschheit. Und die Menschheit ihrerseits ist wieder eine der vielen Milliarden Zellen (vielleicht auch nur ein Atom in dieser Zelle) des Organismus Universum.

Der berühmte französische Jesuitenpater Pierre Teilhard de Chardin (1881–1950) hat schon in den 40-Jahren die Vision der neuen Menschheit von morgen entwickelt. Ausgehend von der Erfahrung, dass große Entwicklungen immer nur unter massivem Druck stattfinden, sah er mit dem Bau der Atombombe im Zweiten Weltkrieg die Stunde gekommen, in der die Menschheit gezwungen sein würde, einen Evolutionssprung zu vollziehen. Teilhard de Chardin war Paläontologe. Er wurde seiner revolutionären Ideen wegen von der Gesellschaft Jesu immer wieder zu Ausgrabungen möglichst weit weg geschickt

Aufbruch in eine neue Zeit   41

und verbrachte somit die meiste Zeit seines Lebens in China. Dort machte er sich tiefsinnige Gedanken über die Entwicklungen in der Tierwelt und die Entfaltung der Menschheit.

13

VOM EINZELLER
ZU DEN ERSTEN ORGANISMEN

Warum gab es auf unserer Erde, die schätzungsweise nur etwa fünf Milliarden Jahre alt ist, über die unvorstellbar lange Zeit von einer Milliarde Jahre nur ein einziges Lebewesen, nämlich einen Einzeller einer Algenart? Was hat dazu geführt, dass diese Einzeller anfingen, sich nach so unendlich langer Zeit zu einem ersten primitiven Organismus zusammenzuschließen?

Die einfache Antwort ist: Der Lebensraum Erde war ausgeschöpft. Es gab keinen Platz mehr für neue Einzeller. Und es gab, solange der Einzeller ein Einzeller blieb, auch keine Entfaltung des Lebens. Er musste sich also eine neue Lebensform ausdenken.

Dieser Schritt wurde zum Anfang der Evolution des Lebens, wobei ein sehr schmerzlicher Preis in Kauf genommen werden musste: Der Einzeller konnte, solange er Einzeller blieb, nicht altern. Die Vervielfältigung erfolgte durch Teilung. Und jede neu entstandene Zelle war wieder jung. Der Einzeller konnte zwar durch Umweltereignisse vernichtet werden, doch er war auf seine Art auf natürliche Weise unsterblich.

Diese Unsterblichkeit aber musste er aufgeben, nachdem er sich mit anderen Einzellern zum ersten primitiven Organismus zusammenschloss. Denn der Vervielfältigung durch das Teilen waren nun Grenzen gesetzt – so, wie diese auch heute noch in meinem Körper gegeben sind: Nach circa 50 Teilungen darf eine Zelle sich nicht mehr vervielfältigen, wir würden sonst endlos weiterwachsen. Der Organismus würde gesprengt.

Aufbruch in eine neue Zeit   43

Von dieser Tatsache her könnte man schlussfolgern: Sind Krebserkrankungen im Kern vielleicht so etwas wie die Erinnerung einzelner Zellen an die einstige Freiheit und Unsterblichkeit, die sich gegen den Verzicht und das Eingebundensein im Organismus auflehnt? Dann hätten indirekt wohl alle bösartigen Erkrankungen letztlich mit der Angst vor dem Tod zu tun.

14

VOM MENSCHEN ZUM
ORGANISMUS MENSCHHEIT

Teilhard de Chardin baute seine Vision von der neuen Menschheit auf dem Bild der ersten Entstehung von Organismen auf. Für ihn sind wir Menschen heute die Einzeller, die keine Überlebenschancen mehr haben, wenn sie sich nicht zusammenfinden im Organismus Menschheit.

Wie kommen wir eigentlich dazu, anzunehmen, die Evolution hätte sich in den Jahrmilliarden von primitivsten Lebensformen bis hin zum heutigen Menschen entwickelt – um dann innezuhalten? Wer wollte im Ernst daran glauben, dass wir Menschen in der heutigen Ausprägung das unveränderliche Endprodukt der Evolution darstellen? Wenn das so wäre, müsste man ja fast von einer Fehlentwicklung der Natur sprechen, bei so viel Schaden, den wir Natur und Erde zugefügt haben.

Teilhard de Chardin war vor 70 Jahren fest davon überzeugt, dass wir Menschen unmittelbar vor dem entscheidenden Sprung stehen. Er sprach vom »dritten Schritt, dem »gefährlichsten«, den wir tun müssten. Ein Schritt, der den Menschen der Zukunft noch deutlicher vom heutigen Menschen unterscheiden wird, als wir uns heute vom Tier unterscheiden.

»Das Universum«, so Teilhard de Chardin, »dehnt sich nicht nur immer weiter aus, es rollt sich gleichzeitig zusammen, geht über vom Einfachen zum Komplexen (oder, was auf dasselbe hinausläuft – vom Ungeordneten zum Geordneten), (...) zielt auf immer höhere Formen des Lebens hin. Erst jetzt jedoch, beim dritten Schritt – übrigens dem gefährlichsten von allen –, beginnt der Mensch gewahr zu werden, dass die Kosmogenese, wenn man sie recht versteht, noch keineswegs zu Ende ist, sondern, dass dieser Kosmos im Begriff ist, sich über seinen Häuptern zusammenzuschließen – und zwar sehr viel schneller, als man dies erwarten konnte. (...) Der Mensch ist das Ziel, auf das hin und in dem das Universum sich einrollt ...«

Die erwähnte dritte Stufe, die uns bevorsteht, wäre somit nach der ersten Stufe des Übergangs vom Unbelebten zum Leben und der zweiten Stufe, dem Auftreten des Bewusstseins, des Geistes, schließlich die eigentliche Vollendung der Menschheit im Zusammenfinden aller Einzelwesen zu einer in sich geschlossenen Einheit, in der jedes Individuum seine Eigenheit behält, als Person also weiterexistiert, alle Individuen zusammen aber eine neue Überperson bilden. Die ersten Organismen, mögen sie auch noch so primitiv gewesen sein, waren den Einzellern deutlich überlegen.

Die Gefährlichkeit auf dem Weg zum dritten Schritt der Menschheit sieht Teilhard de Chardin im massiven Druck, der uns zu diesem Schritt zwingen wird. Naturkatastrophen, Seuchen und Kriege bringen das Risiko mit sich, dass wir scheitern könnten. Es sieht immerhin so aus, als wäre die Menschheit an dieser Schwelle schon das eine oder andere Mal gescheitert, um wieder von vorne beginnen zu müssen. Es gab vor uns wohl schon einige Hochkulturen, die in etwa unseren heutigen Stand erreicht haben dürften. Entsprechen solche Visionen nicht genau dem, was der Wissenschaftler Sheldrake mit seinem neuen Weltbild meint?

Anders gesagt: Das, was Pierre Teilhard de Chardin als Vision der Zukunft entfaltete, ist im Grunde schon gegeben, wir wissen nur noch nicht, damit umzugehen. Wir müssen entfalten, was in uns schlummert, damit die Visionen von Teilhard de Chardin Wirklichkeit werden können. Die morphischen Felder der Menschen müssen sich noch viel enger zusammenfinden, damit sich das morphische Feld der Menschheit noch stärker und umfassender entfalten kann.

15

AM ANFANG
STEHT DER VERZICHT

Was bedeutet es denn letztlich – das enge Zusammenfinden der sieben oder gar acht Milliarden morphischen Felder der Menschen unserer Erde zum Organismus Menschheit?

Zunächst bedeutet ein Evolutionssprung immer einen Verlust. Die Algen haben ihre natürliche, irdische Unsterblichkeit verloren, als sie sich zum ersten einfachen Organismus zusammenfanden. Adam und Eva haben das Paradies, das natürliche Eingebundensein in die Natur, aufgeben müssen, als sie Selbstbewusstsein entwickelten und die Freiheit geschenkt bekamen, zwischen Gut und Böse zu entscheiden. Was werden wir beim neuen Evolutionssprung aufgeben müssen?

Ganz sicher den Egoismus. Das Individuum bleibt zwar bestehen, doch es darf dem Gesamtbedürfnis des Organismus Menschheit nicht mehr widersprechen, sonst wäre es das Krebsgeschwür im Körper. Es muss sich einfügen wie seinerzeit die Einzelzelle Alge. Genau das ist aber das eigentliche Hindernis, das der Entwicklung im Weg steht. Man denkt dabei an eine strenge Diktatur, die jegliche Persönlichkeit in der Gleichartigkeit aller doch ersticken würde. Geht damit nicht ein wesentliches Stück Freiheit verloren?

Das wäre allerdings zu kurz und nach veralteten Denkmustern gedacht. Wir vergessen dabei das absolute gegenseitige Vertrauen, das Mitbestimmen bei jedem Gedanken. Eine Diktatur wird es nicht mehr geben können, weil solche negativen Strukturen nicht mehr möglich sein werden. Eigentlich müssen wir beim Zusammenschluss zum Organismus Menschheit nur das bisher Negative aufgeben. Der Mensch wird allerdings total umdenken müssen, weil sich so gut wie alle bisherigen Denkmuster als nicht mehr brauchbar herausstellen werden.

Nur eine Frage stellt sich, denkt man ein wenig weiter: Werden wir uns noch unbegrenzt »vervielfältigen« können? Oder wird nicht ebenso wie einst bei den Algen nach der Bildung der ersten Organismen ein Limit gesetzt werden müssen, damit der Organismus Menschheit nicht gesprengt wird? Denn wenn der Tod, wie wir gleich erfahren werden, »zur neuen Geburt umfunktioniert« wird – wenn der Mensch vom Baum des Lebens speisen wird –, müsste es doch für den Menschen auch so etwas wie eine irdische Unsterblichkeit geben. Die Bevölkerung unserer Erde würde sich jährlich verdoppeln, was unser kleiner Planet wahrlich nicht verkraften könnte. Oder vielleicht doch? Indem wir Menschen etwa ausschwärmen, um im weiten Weltall da und dort eine neue Heimat zu finden? Wir bräuchten dazu ja keine Ufos mehr. Und Entfernungen würden auch keine Rolle mehr spielen.

Fragen, die aus heutiger Sicht wirklich noch nicht beantwortet werden können.

16

WAS

WERDEN WIR BEKOMMEN?

Wenden wir uns stattdessen dem zu, was wir durch den Evolutionssprung bekommen werden, was jeder für sich erwarten darf: Schon der Prophet Michel Nostradamus (1503 – 1569) hat vor rund 500 Jahren eine neue Menschheit nach den großen Katastrophen angekündigt:

»Das göttliche Wort wird dem Stofflichen die Möglichkeit geben, Himmel und Erde, auch Okkultes und Mystisches zu verstehen. Körper, Seele, Geist verfügen über alle Fähigkeiten.Sie haben so viel unter den Füßen, als sie vom Himmel entfernt sind.«

Centurie III/2

Und an anderer Stelle:

»Der Körper ohne Seele wird nicht länger geopfert.
Der Tag des Todes wird zur Geburt umfunktioniert.
Göttlicher Geist macht die Seele glücklich,
wenn man das Wort in seiner Ewigkeit sieht.«

Centurie II/13

Was Nostradamus hier knapp, aber doch deutlich formuliert, ist die Skizze des 1000-jährigen Reiches des Friedens, von dem schon Johannes in der Apokalypse spricht. Es geht dabei nicht um das Ende der Welt, sondern um eine Welt, die von einer neuen, gewachsenen Menschheit bevölkert wird. Das göttliche Wort ist für Nostradamus »Christus«. Er erinnert an den Anfang des Johannesevangeliums: »Am Anfang war das Wort!« Das Stoffliche ist das materielle Leben, also der Mensch. Das logische Denken wird seine Oberherrschaft über unser Wissen einbüßen, weil wir dann alle Zugang haben zu allen bislang noch verschütteten Seelentiefen. Wir werden damit rein alles wissen, was jemals gedacht, erkannt, durchschaut wurde. Es kann uns also nichts mehr verborgen bleiben. Dann werden wir nicht mehr nur auf der Erde daheim sein, sondern zugleich schon ein Stück weit im Himmel.

Der erwartete Evolutionssprung, der uns dahin führt, kommt, so Teilhard de Chardin, zustande, weil die Menschen ohne die Entfaltung neuer Fähigkeiten, die schon immer in uns schlummern, nicht überleben könnten. Diese Fähigkeiten aber entsprechen nun genau dem, was wir vom Wassermannzeitalter erwarten.

17

VOM GESETZ ÜBER DIE LIEBE
ZUM EINSWERDEN

Das Widderzeitalter brachte uns die Gesetze zum Schutz der Schwachen und Kleinen. Die Zeit der Menschenopfer war endgültig vorbei. Als Abraham etwa 2000 Jahre v. Chr. gehorsam dem Befehl Jahwes folgend seinen eigenen Sohn opfern wollte, gebot ihm der Herr Einhalt. Und er fand im Gestrüpp am Fuße des Opferaltars den Widder, den er anstelle seines Sohnes opferte.

Moses und Hamurabi schenkten der Menschheit kurze Zeit später etwa gleichzeitig die ersten und wichtigsten Gesetze.

Im Fischezeitalter, 2000 Jahre später, hat Jesus von Nazareth das Gesetz nicht abgeschafft, sondern mit dem Gebot der Liebe überhöht: »Du sollst den Herrn, deinen Gott, lieben und den Nächsten wie dich selbst.« Wie grenzenlos diese Liebe sein kann, das besiegelte er mit seinem Tod am Kreuz. Er wollte sein eigenes Leben zur Rettung aller Menschen hingeben. Die ersten Christen malten den Fisch als geheimes Erkennungszeichen ihres Glaubens an die Haustüre. Es passte immer alles zusammen.

Eigentlich sollte man meinen: Jetzt, da wir uns, wiederum 2000 Jahre später, im Wassermannzeitalter befinden, ist eine Steigerung doch nicht mehr möglich. Oder doch? Was sollte noch größer sein als die Liebe, die so stark ist wie die Liebe zu sich selbst? Die sogar noch darüber hinausgeht bis zur Liebe der Feinde. Wie also könnte jetzt eine Überhöhung der Liebe aussehen?

Die Antwort kann nur heißen: Wir werden uns wieder auf die unermesslich reichen Schätze besinnen, die in unserer Seele schlummern. Und wir werden somit »alle unsere Fähigkeiten« leben. Wir werden die morphischen Felder unserer medialen Begabungen aktivieren. Mit ihrer Hilfe Gedanken lesen können. Wir werden wissen, was die Zukunft bringt, und wir werden uns selbst heilen können, um nur einige der neuen Fähigkeiten zu nennen.

Auch das hat Michel Nostradamus schon angedeutet, indem er darauf hinweist, dass die Menschen nach uns keine Prophezeiungen mehr brauchen werden, weil sie dann selbst in der Lage sein werden, in die Zukunft zu blicken.

18

ES KANN WEDER KRIEG
NOCH BETRUG MEHR GEBEN

Das bedeutet dann: Keiner wird den anderen mehr belügen, betrügen, ihn hintergehen, ihm schaden können. Denn der wüsste ja sofort um die Absicht und könnte darauf reagieren. Die Zeit des kalten Egoismus ist endgültig vorbei. Es wird keine Missverständnisse und keinen Argwohn mehr geben. Keine Zweifel, Sorgen, Ängste. Kein Hass und keine Bosheit. Keine Kriege. Wohl auch keine Naturkatastrophen. Denn die Natur, die von unserem Verhalten abhängig ist, wird unsere Friedlichkeit übernehmen. Wir füllen mit dem eigenen positiven Verhalten auch das morphische Feld unserer Erde positiv an, in dem wir Menschen eingebettet sind.

Ist das nicht fantastisch: Wenn mir jemand sagt, dass er mich liebt, dann ist sofort die absolute Gewissheit gegeben, dass das tatsächlich so ist. Gäbe es denn eine schönere Vorstellung? Ist es nicht das, wonach wir alle uns sehnen? Wir sind auf dem Weg dahin. Mag auf uns zukommen, was da will, und mag es uns noch so schrecklich heimsuchen: Dieses Ziel muss unsere Hoffnung sein und uns die Kraft geben, durchzuhalten, bis es erreicht ist.

19

DIE GRENZEN ZWISCHEN
DIESSEITS UND JENSEITS FALLEN

Mehr noch: Wir werden unsere Seele vom Körper jederzeit trennen können, um sie ohne Körper auf Reisen zu schicken. Auch das ist zuletzt einzelnen Menschen schon gelungen. Die berühmte Sterbeforscherin Professor Dr. Elisabeth Kübler-Ross schildert eine solche Reise ohne Körper. Wenn man jemandem glauben darf, dann ihr, die ihr ganzes langes Leben voll in den Dienst an sterbenden Menschen gestellt hatte. Ihr »feinstofflicher Körper«, so erzählt sie, flog in Lichtgeschwindigkeit über Berge und Täler. Sie begegnete entfernt wohnenden Menschen, aber auch Verstorbenen, die einmal ihre Patienten gewesen waren. Und sie brachte von dieser Reise ohne materiellen Körper sogar Botschaften von Verstorbenen an deren Angehörigen mit.

Das heißt, wenn es denn wirklich so war und nicht nur ein Traum: Es gibt den kompletten Menschen, der den körperlichen Tod überlebt. Und: Die Grenzen zwischen dem Diesseits und dem Jenseits werden aufgehoben werden. Wir werden mit unseren lieben Verstorbenen nicht nur kommunizieren, sondern sie sehen, hören und in den Arm nehmen können.

Was Nostradamus damit meint, wir würden auch den verstorbenen Körper nicht mehr verbrennen oder beerdigen, das müssen wir künftigen Entwicklungen und Errungenschaften der Wissenschaft überlassen. Vielleicht sind wir doch in Kürze so weit, dass uns, wenn wir versterben, ein neuer Körper zur Verfügung gestellt wird, in den wir »einziehen« können.

Aufbruch in eine neue Zeit 55

Schließlich wird für die neue Menschheit auch der Glaube überflüssig geworden sein. Denn der Mensch im direkten Kontakt mit Gott wird wissen. Die Grenzen zwischen den verschiedenen Religionen werden somit aufgehoben sein.

Das ist der neue Mensch, ein Mensch, so Teilhard de Chardin, der sein wird, wie Jesus von Nazareth gewesen ist. Denn er konnte heilen, sogar Tote erwecken. Er war ein Prophet. Er hat über alle medialen Begabungen verfügt. Und er stöhnte fast schon resigniert, als er sich wieder einmal unverstanden fühlte: »Wie lange muss ich euch noch ertragen!«

Ist das nicht eine faszinierende Vision?

Fassen wir noch einmal zusammen, was der neue Mensch alles beherrschen und was endgültig der Vergangenheit angehören wird, um ein ungefähres Bild davon zu bekommen, was uns allen geschenkt werden wird:

- In dieser neuen Welt kann es keinen Lug und Trug mehr geben. Man weiß, was der andere denkt und fühlt, und kann sich deshalb auf jedes Wort und jede Geste verlassen.
- Es wird keine Angst vor der Zukunft mehr geben, weil jeder auch in die Zukunft blicken kann und damit weiß, was auf ihn zukommen wird – und wie er das meistern kann.
- Wir Menschen werden uns als Einheit verstehen, womit es auch keine Einsamkeit, kein Absondern mehr geben kann. Niemand wird sich mehr verlassen fühlen.
- Die Menschen werden gesund sein und gesund bleiben. Denn jeder kann seine körperlichen Fehlfunktionen oder Schädigungen selbst heilen.
- Wir werden kein Telefon und kein Bildtelefon mehr brauchen, weil wir uns über alle Entfernungen hinweg verständigen, hören und sehen können.

- Die Liebe wird vollkommen sein. Scheidungen, Trennungen und auch andere Einsichten in Unverträglichkeiten werden unmöglich geworden sein.
- Anwälte, Richter, Polizisten wird man nicht mehr brauchen. Auch keine Soldaten, keine Ärzte, keine Kliniken, Kirchen und keine Gefängnisse.
- Auch Schulen werden überflüssig geworden sein, weil das Wissen nicht mehr gelernt werden muss, sondern selbstverständlich ist.
- Wir werden reisen, ohne ein Auto, ein Flugzeug oder einen Zug zu benötigen. Der Körper bleibt zu Hause. Der geistig-seelische Mensch wird ohne ihn reisen.
- Wir werden um Verstorbene nicht trauern, sondern sie in ihrer neuen Art und in der höheren Dimension erleben.
- Wir werden, wenn wir überhaupt noch arbeiten, diese Arbeit lieben, weil wir begriffen haben, wie fabelhaft wir uns mit ihr entfalten können, und auch das tun dürfen, was uns Freude bereitet.
- Wir werden unsere Wünsche erfüllt bekommen. Einerseits, weil wir sicher sind, dass sie gut und sinnvoll sind, andererseits, weil wir alles negative Denken abgelegt haben.

Und so weiter. Man könnte diese Liste endlos weiterführen.

Wenn man dieses Bild der Menschheit der Zukunft heute zu schildern versucht, stößt man in aller Regel umgehend auf entschiedene Ablehnung: »Nein, ich möchte auf keinen Fall, dass andere meine Gedanken kennen.« Was nicht unbedingt für Aufrichtigkeit und Ehrlichkeit spricht und uns deutlich vor Augen führt, welch riesige Arbeit wir noch zu leisten haben, bis solche Bedenken zerstreut sind. Oder, wie es ein Psychologe dieser Tage ausdrückte: »Wir sollten endlich die Lüge positiv sehen, denn ohne sie könnten wir nicht überleben!«

Aufbruch in eine neue Zeit

Solche Einwände zeigen nur, wie unvollkommen wir als Menschen nach wie vor sind. Genau umgekehrt müssen wir zu denken lernen. Eigentlich haben wir keine Wahl. Die Zeit der Verlogenheit und des Versteckens voreinander, auch die Zeit des Abgrenzens und der versteckten Geheimnisse voreinander muss ganz schnell zu Ende gehen, wollen wir nicht die ganze Welt ins Unglück stürzen. Wir müssen uns auf das wundervolle Ziel einer neuen Menschheit einlassen und alles tun, ihm täglich ein Stück näher zu kommen.

20

VON DER RAUPE
ZUM SCHMETTERLING

Wann wird es so weit sein, dass wir diesen Evolutionssprung geschafft haben? Letztlich hängt das von unserer Bereitschaft ab, uns auf den Entwicklungsprozess einzulassen. Solange wir uns an das, was gegeben ist, festklammern und damit zufrieden sind, wird nur wenig passieren. Ich bin aber überzeugt davon, dass noch in diesem Jahrhundert sehr viel in dieser Richtung geschehen wird – einfach deshalb, weil wir dazu gezwungen sein werden.

In diesen Tagen ist sehr viel vom Jahr 2012 die Rede, weil man glaubt, dass dann nicht nur der Maya-Kalender zu Ende gehen wird. Aber die Welt wird gewiss nicht untergehen. Doch dieses Jahr wird zum Anfang vom Ende der bisherigen in sich zerstrittenen Menschheit werden. Und zum schwierigen Anfang, mit dem wir Menschen beginnen werden, hineinzuwachsen in die neue, vollkommene Menschheit. Es wird gewiss schwierig werden. Astrologisch gesehen werden wir von 2011 bis ins Jahr 2016 hinein immer wieder die explosive Spannung der Planeten Uranus und Pluto verspüren. Das könnte sogar zum von Nostradamus angekündigten Dritten Weltkrieg führen, der uns zum Evolutionssprung zwingen wird.

Lassen Sie mich hier wieder ein Bild zeichnen, das unsere momentane Situation deutlich widerspiegelt: Wir Menschen sind vergleichbar mit der Raupe, die ein recht gutes Leben gelebt hat. Es gab genug zu fressen. Und sie hat sich prächtig entwickelt. Ihr ganzes bisheriges Leben war darauf ausgerichtet, das rein materielle Glück zu genießen. Nun sitzt sie plötzlich im selbst gesponnenen Kokon, kann sich kaum mehr rühren und weiß nicht, was mit ihr geschieht. Sie hat ja keine Ahnung, dass sie ein Schmetterling werden soll. Deshalb möchte sie einfach nur bleiben, was sie bisher gewesen ist: eine gefräßige Raupe. Mit aller Kraft möchte sie das festhalten. Doch das geht nicht. Ihr Körper wird bereits umgestaltet. Es wachsen Flügel. Und bald wird es so weit sein, dass Sie diese Welt aus ganz neuer Perspektive sehen und erleben wird. Und dann wird sie jubeln und dankbar dafür sein, dass sie so viel durchgemacht hat, um damit die Metamorphose zu erleben.

21

DIE
KONSEQUENZEN

Ich möchte hier vorgreifen, um nur einige Konsequenzen aus diesen Vorstellungen zu nennen:

Wenn es stimmt, was Rupert Sheldrake und seine Kollegen herausgefunden haben, wenn Teilhard de Chardin mit seiner Vision der neuen Menschheit recht behält, stehen wir einander doch jetzt schon sehr viel näher, als wir uns das bisher vorstellen konnten. Wir sind weit stärker voneinander abhängig, als wir das wahrhaben möchten. Und wir haben füreinander eine ungeheuer große Verantwortung. Wir gestalten mit unserem Verhalten, mit unseren Verirrungen und mit unserem Versagen, aber auch mit jeder positiven Regung und mit jeder guten Absicht das Leben aller anderen Menschen mit.

Wir prägen vor allem das Leben unserer Kinder. Denn sie sind letztlich wieder abhängig davon, inwieweit es uns gelungen ist, sie mit positiven geistigen und seelischen Werten zu erweitern. Wenn wir aber ihr morphisches Feld, also ihren Schutzengel, nur mit negativen Energien angefüllt haben, müssen sie das büßen. In einer Welt, die so deutlich von Neid, Hass, Streit, Ängsten und Sorgen geprägt ist, wird die Notwendigkeit, unentwegt ein positives Gegengewicht zu schaffen, noch dringender.

Es ist zugleich aber ein riesiger Trost, zu wissen, dass nichts, was an Gutem gedacht und getan wurde, verloren geht – ob es nun einen sichtbaren Erfolg gebracht hat oder nicht. Es ist auf jeden Fall jemandem zugutegekommen. Denn nichts, was wir geleistet haben, war umsonst.

Wir müssen uns aber auch darüber klar sein, dass jeder Gedanke und jedes Gefühl, ohne dass es in Worte gefasst wurde, von unserem Gegenüber verstanden wird, auch wenn er dieses Wissen nicht bewusst erfasst. Wir wissen also immer weit mehr voneinander, als wir auch nur ahnen können.

22

DIE SCHÖPFERISCHE KRAFT
UNSERER GEDANKEN

Die Wissenschaftler sind also ins Grübeln gekommen. Das Weltbild, das sie uns als gesichert und unumstößlich aufgezwungen hatten, wankt nicht nur, es ist in sich zusammengefallen. Noch kleinlaut, aber doch immer zahlreicher melden sich Stimmen aus Universitäten und Forschungsinstituten, die ein neues Weltbild vorstellen. Ihre Bücher sprechen von einer neuen Wirklichkeit und tragen den Titel »Zu Hause im Universum«. Das sind völlig neue Töne, entgegengesetzt zu allen Vorstellungen der zurückliegenden Jahrhunderte. Noch geniert man sich zwar, Begriffe wie Geist und Seele wieder auszusprechen, und erfindet dafür neue, moderne Kürzel. Doch das, was diese aussagen, bestätigt: Es existiert eine geistige Welt hinter und neben und in der materiellen Welt.

Und nicht nur das: Diese geistige Welt formt und gestaltet die Materie. Rupert Sheldrake nennt diese geistige Welt die Hierarchie der morphischen Felder. Es handelt sich dabei um unzerstörbare Energien.

In einfachen, niedrigen Formen ist der Begriff «morphische Felder« absolut richtig. In höheren Formen wurden diese Felder aber zu lebendigen Persönlichkeiten, die sich immer weiter entfalten. An dieser Entfaltung sind wir Menschen maßgebend beteiligt.

Was wir an Ideen, an seelischen Regungen und Emotionen, an Liebe und Hass von uns geben und ihnen mitteilen, das formt, fördert und stärkt – oder schwächt, mindert und verletzt sie. Damit sind wir Menschen zu einem ganz wichtigen schöpferischen Faktor im Kosmos geworden.

Auf den ersten Blick klingt es völlig verrückt. Denken Sie trotzdem einmal darüber nach: Wenn der englische Wissenschaftler Rupert Sheldrake mit seinen so einleuchtenden Thesen recht behält, müssen wir lernen, unsere Welt neu zu verstehen und uns neu in sie einzuordnen.

Was das bedeutet, möchte ich an einem besonders drastischen Beispiel erläutern: Kein Gedanke, keine Emotion geht jemals wieder verloren. Das ist eine der wichtigsten Aussagen der neuen wissenschaftlichen Einsicht. Geistige und seelische Äußerungen leben nicht nur weiter, sie nehmen im wahrsten Sinn des Wortes Gestalt an, bilden morphische Felder, also geistig-energetische, formgestaltende Kraftfelder. Und zwar sind sie umso deutlicher entfaltet, je stärker die Emotionen, der Glaube, die Überzeugung waren, die sie geschaffen haben.

23

LEBEN WOTAN UND JUPITER
IMMER NOCH?

Wenn das aber stimmt, dann waren die so düsteren, Furcht einflößenden Götter der Germanen und die von Leidenschaft, Intrige und Leichtlebigkeit gekennzeichneten Götter der Griechen und Römer keine Phantome und nicht bloß Marmorstatuen, dann haben sie alle wirklich existiert. Dann wurden sie lebendig. Und eigentlich müsste es sie immer noch geben. Sie waren nicht nur existent, sondern haben sich genau so, wie die Menschen damals glaubten, dass sie sein müssten, auch auf sie ausgewirkt. Mit allen ihren Eigenschaften, die man ihnen zugeschrieben hat. Es waren keine Götter, aber doch Persönlichkeiten, gebildet und geschaffen von den Menschen selbst, die sie um Hilfe riefen, die sie fürchteten und mit Opfergaben gnädig zu stimmen versuchten. Dann hat jedes Gebet zu ihnen sie immer noch größer und mächtiger gemacht.

Die Menschen hielten damals in Griechenland und in Rom ihre Götter vor allem für neidisch. Alles Unglück auf Erden schrieben sie dem Neid der Götter zu. Entsprechend mussten sie immer darauf bedacht sein, Glück und Freude vor diesen Mächten sorgfältig zu verbergen. Und wenn sie glaubten, den Schutz und die Hilfe einer dieser himmlischen Persönlichkeiten gefunden zu haben, bestand das große Risiko, gerade deswegen nun in Ungnade bei einem anderen Gott oder einer anderen Göttin zu fallen. Was für ein von Angst und Misstrauen besetztes Leben muss das doch gewesen sein! Man traute sich ja kaum einmal zu lachen – aus Angst, der Jubel könnte im

Götterhimmel vernommen werden und dort sofort den Zorn der Neider auslösen. Man musste seinen Reichtum, die geliebte, schöne Partnerin, den Erfolg verstecken, aus Furcht, die Götter würden sonst alles wegnehmen. Das ganze Leben war damit geprägt von Verlogenheit und Angst.

Ist es nicht auch heute weithin noch so, dass wir befürchten, wir könnten dafür bestraft werden, dass es uns gut geht? Gewiss, wir protzen gerne voreinander. Doch die Angst, ein übermächtiges Schicksal könnte über Nacht zuschlagen und uns in die Armut stürzen, ist doch allgegenwärtig. Und wenn wir dieses Leben unbeschadet überstehen, so die verbreitete Angst, werden wir im Jenseits dafür bestraft werden, dass es uns auf Erden gut ging. Die alten Götter leben noch!

Als die ersten christlichen Missionare zu den Germanen kamen und ihnen mit der neuen Religion die Glückseligkeit nach ihrem irdischen Leben im Himmel versprachen: »Ihr dürft dann mit Gott zusammen am Tisch sitzen«, stießen sie auf heftige Ablehnung. »Nein, nur das nicht! Wir wollen, so, wie es unsere Götter uns versprochen haben, im blühenden, sonnigen, fruchtbaren Paradiesgarten leben. Hier auf der Erde!«

Nach ihrem bisherigen Götterglauben wählte Wotan nämlich die kräftigsten Haudegen nach ihrem Tod aus und rief diese Raufbolde an seine Rittertafel, wo sie den Göttern dienen und sich mit ihnen messen sollten. Und dieses Leben in der ständigen Gegenwart der rachsüchtigen, finsteren Götter und deren streitlustigen Trunkenbolde konnte doch nicht die Vorstellung einer ewigen Seligkeit sein. Dieser Himmel musste eher als Strafe verstanden werden. Schon zu Wotans Hochzeiten war niemand scharf darauf, in den Himmel und zu seinen Saufgelagen gerufen zu werden.

Auch das ist heute nicht völlig vergessen. Unsere Vorstellung vom Himmel ist entweder sehr blass – oder bizarr. Am besten denken wir nicht darüber nach. Wenn aber doch, so kommen wir schnell zum Ergebnis der alten Germanen: Es könnte so weitergehen wie bisher – aber ohne Krankheit, Hunger, Krieg und Not. Die alten morphischen Felder haben uns wieder fest im Griff.

24

SIND DIE PLANETEN
AUCH GÖTTER?

Wenn nun diese Götter auch in den Planeten gesehen und
verehrt wurden, dann ist auch dort das ursprüngliche morphische Feld der Planeten von unserer Fantasie, unseren Vorstellungen, unserem Denken und Fühlen zusätzlich ausgebildet
worden, das wiederum seine Auswirkung besitzt. Wir sind
heute zwar weit davon entfernt, den Planeten irgendwelche
Kräfte zuzuschreiben. Wir sehen in ihnen aber den Spiegel der
kosmischen Gesetze, die sich in unserem Körper und in unserer Seele verwirklichen. Am Lauf der Gestirne, an der persönlichen Prägung im Augenblick des ersten Atemzugs nach der
Geburt sowie an ihren günstigen Verbindungen und Spannungen können wir den eigenen Rhythmus unserer Körperfunk-
tionen, vor allem der Drüsenfunktionen, ablesen. So haben es
die größten Gelehrten des Mittelalters, Albertus Magnus und
Thomas von Aquin, schon gefordert: Die kosmischen Gesetze
waren längst da, ehe das Leben entstehen konnte. Infolgedessen konnte sich das Leben nur geprägt von diesen Gesetzen
und geleitet von ihnen entfalten. Wenn das aber so ist – und es
ist so –, dann kann ich an den kosmischen Gesetzen meinen
eigenen Rhythmus ablesen, der im Augenblick meines ersten
Atemzugs in Bewegung gesetzt wird.

Das ist wiederum genau das, was Sheldrake mit den morphischen Feldern und ihrer Resonanz fordert: Wenn ein oder
mehrere Gestirne in günstiger Verbindung oder auch in Spannung zu Mars in meinem Geburtshoroskop stehen, wird mir

damit angezeigt, dass von den Nebennierenrinden, den Produktionsstätten der Kampfstoffe Adrenalin, Cortison und dergleichen mehr, diese Stoffe vermehrt ins Blut ausgeschüttet werden. Damit bin ich dann lebendiger, einsatzfreudiger, kämpferischer – vielleicht aber auch aggressiver.

Wenn auf gleiche Weise meine Venus von den laufenden Gestirnen angesprochen wird, kommt es zur Ausschüttung von Sexualhormonen. Dann ist meine Haut schöner, sind meine Haare gesünder, bin ich liebenswerter gestimmt. Und damit werden auch die Chancen größer, dass man mich sympathisch findet oder sich gar in mich verliebt. Mein Körper, alle meine Organe, meine Drüsen reagieren also in Resonanz auf die kosmischen Gesetze, in die ich hineingeboren bin.

Um es noch einmal von einer anderen Seite zu erklären: Wenn sich unser Mond, der die monatliche Regel der Frau und auch die Dauer einer Schwangerschaft bestimmt, sich durch ein kosmisches Ereignis etwas von unserer Erde entfernen würde, würde ein Monat nicht mehr etwas mehr als 28 Tage dauern, sondern vielleicht 35 Tage. Damit müssten sich Regel und Schwangerschaft ebenfalls verlängern. Die Frauen würden sich automatisch dem neuen Rhythmus anpassen.

Ähnlich wäre es bei einem »Umzug« der Menschen in ein anderes Sonnensystem. Wir müssten uns vielleicht auf zwei Monde einstellen. Es könnte sich dort der kriegerische Mars nicht vorfinden, oder er würde ganz anders auf uns einwirken. Entsprechend hätten wir dann vielleicht ein kürzeres oder längeres Leben.

So einfach und natürlich kann man sich die Astrologie erklären.

Und doch: Müssen wir nicht auch in diesem Punkt umdenken? Als Planeten haben Venus und Jupiter und all die anderen ihr ursprüngliches morphisches Feld. Die Gebilde aus Stein und Gasen sind somit durchwoben und umgeben vom geistig-seelischen Kraftfeld, das sie steuert und formt. Wir können aber davon ausgehen, dass der Mensch mit seinen Hoffnungen, Erwartungen und Befürchtungen diese Kraftfelder im Laufe der Jahrtausende tatsächlich so weit ausgebaut hat, dass sie zu Persönlichkeiten geworden sind, mit denen wir sprechen, an die wir uns mit unseren Sorgen wenden können. Wir Menschen haben sie mit der Namengebung und den damit verbundenen Vorstellungen zu diesen Persönlichkeiten gemacht. Somit brauchen wir auch keine geheimnisvollen Strahlungen oder dergleichen mehr, die von ihnen ausgehen und uns Probleme oder Sorgen bringen. Das würde an den ursprünglichen Vorstellungen einer Resonanz nichts ändern, diese aber deutlich überhöhen.

Rupert Sheldrake selbst macht den Astrologen unserer Tage den Vorwurf, sie würden sich nur noch mit ihren Büchern und Ephemeriden, also den Listen mit dem Verlauf der Gestirne, befassen und versäumen, den Blick zum Himmel zu richten. Sie hätten somit keinen direkten Kontakt mehr zu den Gestirnen. Die Sonne, so Sheldrake, ist aber nicht nur ein glühender Feuerball. Das ist nur ihr materieller Körper. Ihr Feuerball ist durchwoben und umfasst von einem morphischen Feld. Und mit dem kann man infolgedessen auch sprechen.

Wenn Sie den Planeten Venus kennen, der mal als Morgenstern, dann als Abendstern wunderschön vom Himmel strahlt, wenn Sie Jupiter kennen, der ebenfalls oft sehr eindrucksvoll zu sehen ist, dann haben Sie sicher auch schon erfahren, welches Glücksgefühl einen erfasst, nimmt man sich die Zeit, diese Planeten auch nur zwei, drei Minuten lang in die eigene Seele leuchten zu lassen. Und das ist sicher nicht nur Einbildung.

TEIL 3

WIE WIR UNSERE REALITÄT
SELBST ERSCHAFFEN

25

UNSER DENKEN
WIRD WIRKLICHKEIT

Das klingt alles absolut abwegig, weil wir gewohnt sind, ganz anders zu denken. Es macht aber deutlich, wie stark unsere Gedanken sind. Und wie verantwortungsbewusst und vorsichtig wir damit umgehen müssen. Schon der Vater des autogenen Trainings, der Berliner Nervenarzt Johannes Heinrich Schultz (1884 – 1970), hat offensichtlich darum gewusst. Er hat uns beigebracht: »Jede präzise Vorstellung hat die Tendenz, sich zu verwirklichen.«

Das heißt aber: Alles, was wir uns nur deutlich genug vorstellen können, ist im Bild schon vorhanden. Und dieses Bild möchte sich verwirklichen. Wir wissen heute, dass die Vorstellungskraft Berge versetzen kann. Sie ist das eigentliche Erfolgsrezept. Warum? Weil das Bild dessen, was wir erreichen möchten, die geistig-seelische Energie, mit der wir es aufgebaut haben, zum morphischen Feld wird, das dann die Verwirklichung der Vorstellung formuliert.

Wenn Griechen, Römer und Germanen sich Götter erschaffen haben, dann tun wir das auch heute noch, wenn wir uns im Gebet und in der Verehrung beispielsweise an Maria, die Mutter Jesu, wenden. Man muss sich einmal vorstellen, wie viel Vertrauen, welcher tiefe Glaube seit 2000 Jahren millionenfach auf sie zuströmt. Wie riesig muss ihr morphisches Feld sich im Laufe so langer Zeit entfaltet haben. Und wie viele positive Energien werden von diesem Feld stetig auf uns zurückfließen! Das ist gewiss keine Herabsetzung der »Muttergot-

Wie wir unsere Realität selbst erschaffen 73

tes«, sondern der Erklärungsversuch für so unendlich viele Gebetserhörungen, die ihr zugeschrieben werden.

In gleicher Weise haben wir Selige und Heilige im Laufe der Jahrtausende mächtiger gemacht, sodass sie uns wirklich helfen können. Und plötzlich wissen wir nun auch, wie diese Hilfen zustande kommen, ob sie vom Christen, vom Mohammedaner, vom Buddhisten oder vielleicht sogar vom Ungläubigen in Not erbeten werden.

Ein anderes Beispiel ist wohl noch einleuchtender und kann erklären, wie das zu verstehen ist: Der berühmte amerikanische Psychologe Joseph Murphy hat uns beigebracht, dass sich Wünsche erfüllen, wenn wir uns präzise vorstellen können, wie das geschehen soll.

Ein junger Mann in großen finanziellen Schwierigkeiten kam in seiner Not an einem Freitag zu ihm, so schildert Murphy das Ereignis in einem seiner Bücher: »Wenn ich bis Montag nicht irgendwo 10 000 Dollar auftreibe, bin ich ruiniert.« Vielleicht hatte er gehofft, der weltberühmte Psychologe könne ihm großherzig helfen oder würde jemanden kennen, der ihm das Geld leihen würde. Doch Murphy sagte ihm: «Sie müssen sich nur sehr genau vorstellen, wie das Geld in jedem seiner Scheine und in der Menge aussehen wird, dann wird es sich finden. Setzen Sie sich hin und schauen Sie sich einen Dollar an. Welcher Präsident ist auf welchem Schein? Wo steht der Geldbetrag, und wie sieht das aus? Welche Symbole und Zeichen sind auf der Rückseite? Prägen Sie sich das alles sehr genau ein.«

Kurz: Der junge Mann in seiner Not zog die letzten Dollarscheine aus seiner Tasche und setzte sich hin, diese Scheine auswendig zu lernen. Und er dachte pausenlos daran, wie das Geld zu ihm finden könnte. Am Montag bekam er einen Telefonanruf von einem Freund, den er seit vielen Jahren aus den Augen verloren hatte. Und der teilte ihm mit: »Du hast mir vor vielen Jahren einmal 10 000 Dollar geliehen. Jetzt habe ich das Geld. Gib mir bitte dein Konto an, damit ich dir das Geld, das ich dir schulde, gleich überweisen kann.«

Was war geschehen? Alles nur Zufall oder ein Wunder?

Man kann es ganz einfach so erklären: Jeder intensive Gedanke ist eine starke energetische Kraft, die nicht irgendwo verpufft, sondern zum morphischen Feld und somit gespeichert wird. Der junge Mann hatte längst vergessen, dass ihm sein einstiger Freund noch Geld schuldet. Und jener hatte wohl auch nicht mehr an seine Schulden gedacht. Doch jetzt erreichte ihn über das gemeinsame morphische Feld einstiger Freundschaft die Erinnerung an seine Verpflichtung, das Geld endlich zurückgeben zu müssen. Das intensive Denken an das benötigte Geld hatte den Schuldner erreicht und ihn dazu gebracht, zum Telefonhörer zu greifen.

Das ist wieder genau dieselbe Geschichte wie jene von den Affen, die auf der anderen Seite der Erde durch eine morphische Verbindung erfuhren, dass Nüsse besser schmecken, wenn man sie ins Meerwasser taucht. Das ist der eigentliche Hintergrund, der in unserem Leben trotz aller Hektik und Unruhe immer wieder dafür sorgt, dass Menschen gleichzeitig denselben Gedanken denken, von denselben Regungen betroffen sind, dieselben Erfindungen machen.

Eine andere wahre Begebenheit, die sich in der Schweiz ereignete: In diesem Land sind Heilpraktiker zwar nicht direkt verboten, doch sie dürfen für ihre Hilfen kein Geld fordern. Sie leben somit von Spenden, die ihre Patienten freiwillig geben und in der Höhe selbst festlegen. Es ist geradezu selbstverständlich, dass der eine oder andere Patient versucht, sich nach der Behandlung ohne Spende davonzuschleichen. Ein recht bekannter und erfolgreicher Heiler ließ sich deshalb einen Trick einfallen: Wenn ihn jemand nur mit einem Dankeschön verließ, ließ er ihn ziehen. Doch er konzentrierte sich auf ihn mit der Formel: »Du wirst nicht in den Zug einsteigen können, bevor du meine Dienste bezahlt hast!« Und wirklich – 95 von 100 Patienten, die sich ohne Entgelt verabschieden wollten, sollen zurückgekehrt sein mit der Entschuldigung: »Ich habe doch tatsächlich vergessen, Ihnen Ihre Bemühungen zu honorieren.« Eine ältere Dame, die es selbst erlebte, erzählte mir: »Das war unglaublich. Ich stand vor dem Zug, recht glücklich, meine Schmerzen endlich los zu sein und wieder beschwerdefrei gehen zu können. Doch ich war unfähig, die zwei Stufen in den Waggon hoch zu gehen. Ich sah mich gezwungen, umzukehren und den Heiler zu bezahlen. Erst danach konnte ich nach Hause fahren.«

Auch in diesem Fall kann man mithilfe der morphischen Felder die Zusammenhänge auf recht einfache, einleuchtende Weise erklären: Mit seiner Konzentration auf den zahlungsunwilligen Patienten hat der Heiler dessen Gewissen so sehr belastet, dass dieser nicht mehr anders konnte, als umzukehren. Nicht unbedingt ein nobles Vorgehen des Heilers – doch es hat offensichtlich fast immer perfekt funktioniert.

26

DAS SCHAFFEN
DER NEGATIVEN WIRKLICHKEIT

Genauso geschieht es aber auch zum Negativen hin in unserem Leben: Mit Befürchtungen und Argwohn bauen wir unentwegt negative Bilder, die sich auf gleiche Weise verwirklichen und uns das Leben verderben können.

Da haben wir beispielsweise einen Urlaub gebucht. Die ursprüngliche Freude währt aber nicht lange. Schon tauchen die ersten Bedenken auf: Wahrscheinlich haben wir das falsche Land, den falschen Ort und die falsche Zeit gewählt. Das Wetter wird nicht mitspielen, vermutlich sind die Betten ungepflegt, das Essen ist schlecht und die anderen Urlaubsgäste viel zu laut. Wir steigern uns so richtig hinein in diese negativen Vorstellungen – bis wir, wenn es so weit ist, eigentlich gar nicht mehr reisen möchten. Wenn wir es dennoch tun, finden wir am Urlaubsort alles genau so an, wie wir es befürchtet hatten. Damit werden wir nun auch noch in unseren schlimmen Befürchtungen bestätigt und können sagen: »Ich habe es doch gewusst!« – ohne zu begreifen, dass wir selbst dafür gesorgt haben, dass es gar nicht anders kommen konnte.

Was wir übersehen, ist die Tatsache, dass wir mit unseren negativen Erwartungen die Realität selbst geschaffen haben. Die Befürchtungen waren so stark, dass sie sich verwirklichen mussten. Die angetroffene Situation entspricht genau den Erwartungen. Mit der Bestätigung, recht gehabt zu haben, werden wir es in Zukunft immer noch schwerer haben, von stets neuen Befürchtungen loszukommen. Vielleicht bilden wir uns auch noch ein, wir wären besonders klug oder verfügten sogar über den sechsten Sinn.

Das ist das falsche Denken und Fühlen, das wir ablegen müssen – mit unbändigem Vertrauen in die Wirkung positiver Gedanken. Wir dürfen nicht länger heimlich übereinander schimpfen, einander hassen oder Böses wünschen. Solche negativen «Botschaften» kommen an – auch wenn vielleicht keiner bewusst etwas davon verspürt. In den morphischen Feldern wird uns alles mitgeteilt. Das Unbewusste in uns erfährt es. Deshalb darf es uns auch nicht verwundern, wenn sich jemand auf unerklärliche Weise und sehr plötzlich von uns abwendet. Er selbst kann es sich vielleicht nicht erklären. Doch seine Seele hat erfahren, dass wir uns negativ über ihn ausgelassen haben, ihm misstrauen oder ihn sonst irgendwie nicht mehr akzeptieren.

Damit sind wir beim uralten, wichtigen und ebenso schwierigen Grundsatz der Astrologie: »Es kommt nichts auf mich zu, was nicht zuvor von mir ausgegangen ist!«

Das heißt nicht, ich hätte dem, der mich hintergeht, zuvor auch etwas Böses angetan, oder ich hätte zumindest auch die Absicht gehabt, ihn zu hintergehen. Doch ich hegte wohl die Befürchtungen, er könnte mich betrügen. Ich habe damit negative Energien in sein morphisches Feld geschüttet und ihn damit zum falschen Handeln provoziert. Er hat also meine Befürchtungen mitbekommen und darauf reagiert. Und damit habe ich ihm dann doch etwas Böses angetan.

Um es noch einmal zu wiederholen, denn darum geht es letztlich bei den morphischen Feldern: Durch diese Felder sind wir weit enger miteinander verbunden, als wir uns das vorstellen können. Das müssen wir uns bewusst machen. Denn damit lernen wir, einander besser zu verstehen.

Umgekehrt eröffnet sich damit für uns alle aber auch eine wunderbare Möglichkeit, Zugang zueinander zu finden. Ich muss dem Menschen, der mich liebt, nicht unentwegt beteuern, dass ich ihn liebe. Er weiß das. Und er würde auch sofort wissen, ob meine Aussage wahr oder unwahr ist. Die Botschaft ist längst angekommen, bevor ich sie ausspreche. Und zwar absolut ehrlich.

Wenn es also beispielsweise darum geht, verlorenes Vertrauen nach einem groben Fehler zurückzugewinnen, dann muss ich nicht plappern, keine Treueschwüre von mir geben. Ich muss mit Geduld und großer Ausdauer Brücken bauen, morphische Felder errichten, über die ich meine ehrlichen Gefühle transportieren kann. Und dies mit der absoluten Zuversicht, dass diese Botschaften am Ziel ankommen werden.

27

JEDER SCHAFFT SICH
SEINE EIGENE ZUKUNFT

Das Tibetanische Totenbuch des buddhistischen Lehrers, Klostergründers und Wundertäters Padmasambhawa, der im Jahre 747 n. Chr. von Indien nach Tibet kam, belehrt die Hinterbliebenen, wie sie mit eben Verstorbenen umgehen sollten und was diese auf ihrem Weg ins Jenseits erleben. Das hört sich an, als beschreibe der Autor sein eigenes Erleben.

Da heißt es, gerichtet an die Hinterbliebenen:

»Zunächst musst du wissen, dass der Verstorbene nach dem ›Ausschleudern des Bewusstseins‹ aus seinem Körper sein volles Bewusstsein wiedererlangt hat. Er ist also da, kann dich sehen, hören und deinen Schmerz erfassen. Aber: Obwohl sein Verstand neunmal klarer ist als zu Lebzeiten, hat er noch nicht begriffen, dass er tot ist. Um ihn herum ist alles so hell, so klar und so lebendig, dass er nicht verstehen kann, warum ihn keiner mehr wahrnimmt, ihm keiner mehr Antwort gibt. Denn selbst wenn er blind, taub und stumm gewesen wäre – jetzt kann er sehen, sprechen und hören. Du musst ihm also klar und deutlich wiederholt sagen: ›Du bist gestorben! Du lebst nicht mehr. Doch fürchte dich nicht, es kann dir nichts mehr zustoßen.

Das Einzige, wovor du dich hüten musst, ist die Angst, die deinem Herzen entspringt. Nur sie kann für dich noch zur Gefahr werden. Bleibe also ganz ruhig und gehe deinen Weg mit Fassung!‹

Du darfst den Verstorbenen aber weiterhin nicht alleine lassen. Denn nacheinander treten ihm erst freundliche, dann immer bösartigere Gestalten gegenüber. Sie existieren nur in seiner Einbildung. Das musst du ihm zurufen.

Sage ihm also: ›Das alles ist nur ein Spuk. Fürchte dich nicht. Alles, was du siehst und was du erlebst, existiert nicht von sich aus, sondern kommt aus deinem Herzen. Es sind Gedankengestalten, geschaffen von deinen Vorstellungen, Wünschen, Befürchtungen, Begierden und Ängsten. Was immer dir in den Sinn kommt, nimmt augenblicklich Gestalt an. Denke deshalb nicht an Übles, hab keine Angst, sondern erinnere dich an die Wahrheiten, die dir auf Erden beigebracht wurden. Du darfst dich vom Bösen nicht abschrecken, vom Verlockenden nicht anziehen lassen, sonst verfehlst du deinen Weg und musst abstürzen in Niederungen und Unvollkommenheiten. Mit dem Erkennen geht die Befreiung einher.‹«

Was den Verstorbenen begegnet, ist schon zu Lebzeiten so. Wie sehr ist doch unsere Welt von Misstrauen, Befürchtungen und Argwohn erfüllt. Wer würde schon daran denken, dass er damit unentwegt morphische Felder baut, die sich dann verwirklichen? Was nach Meinung des Buddhisten die eigentliche Gefahr für den Verstorbenen bei der Wegfindung zum Jenseits ist, das plagt uns doch täglich. Unsere Zukunft, mit allem, was sie uns bringen wird, ist kein »Zufall«, auch kein Schicksal, von irgendwoher auferlegt, das müssen wir endlich begreifen. Sie ist von uns selbst geschaffen. Ob wir in unserem Leben Glück oder nur Pech haben, das ist nicht vorherbestimmt, sondern von jedem von uns selbst, von der Familie und der Gesellschaft so erschaffen worden.

Interessant bei dieser Darstellung des Weges nach dem Tod durch den Buddhisten, der ja an die Wiedergeburt glaubt, ist die Warnung vor dem »Abstürzen«. Denn in der letzten Aufforderung, dem Verstorbenen zu helfen, heißt es:

> »Wenn er aber seinen Weg verfehlt hat, bleibt ihm nur die Möglichkeit, wiedergeboren zu werden. Dann musst du zuletzt für ihn beten, dass er wenigstens einen Mutterschoß findet, der nicht der armseligsten Schicht angehört.«

Das hört sich an, als wäre die Wiedergeburt nicht unbedingt der Regelfall. Es würde nicht jeder wiedergeboren, sondern nur jener, der nach seinem Tod den Weg verfehlt hat und es zeitlebens nicht geschafft hat, seine Ängste zu besiegen – jemand, der sich auch noch negative morphische Felder gebaut hat, die ihn letztlich zur Wiedergeburt zwingen.

Schon die Ägypter der Pharaonenzeit sahen die Bewältigung von Ängsten und Sorgen als wichtigste Aufgabe im Leben an, damit sie nach dem Tod stark genug wären, den Weg ins Jenseits zu meistern. Es ging ihnen in erster Linie nicht darum, den Körper gesund und heil zu bewahren. Viel wichtiger war ihnen die gesunde, von der Angst befreite Seele. Dieses irdische Leben verstanden sie also als Zeit der Übung, um Ängste loszuwerden, weil auch sie überzeugt davon waren, dass schon zu Lebzeiten, nicht erst nach dem Tod, alle Gedanken, Befürchtungen, aber auch positive Erwartungen Gestalt annehmen.

Das Wissen darum war bei den alten Ägyptern so ausgeprägt, dass ihre eigentliche Angst beim Sterben darin bestand, sie könnten vergessen, wer sie sind und wer sie waren. Das Märchen vom Kalifen Storch schildert diese Angst: Der Kalif bekam zwei Zauberwörter geschenkt. Wenn er das erste aussprach, verwandelte er sich in einen Storch. Als solcher konnte er unerkannt sein Volk beobachten, um herauszufinden, von welchen Sorgen es geplagt war. Mit dem zweiten könne er sich wieder in den Kalifen zurückverwandeln. Eines

Tages hatte er dieses zweite Wort aber vergessen – um fortan als Storch weiterleben zu müssen.

Wenn jeder Gedanke Wirklichkeit werden kann – so die Vorstellung –, dann kann man doch selbst auch jede Gestalt annehmen. Vielleicht haben die Ägypter deshalb so großen Wert auf eine große und prächtige Grabstätte gelegt – immer ausgestattet mit dem Namen des Verstorbenen –, damit die Seele einen Ort besitzt, an dem sie jederzeit die eigene Identität wiederfinden kann.

Wie kann man aber aus dem Teufelskreis der negativen Bilder, die immer wieder neue, belastende Wirklichkeiten schaffen, jemals herausfinden?

»Mit dem Erkennen geht die Befreiung einher«, heißt es im Tibetanischen Totenbuch. Jetzt, nachdem wir um die morphischen Felder wissen und erkennen, wie direkt negatives Denken und Fühlen nicht nur anderen, sondern auch uns selbst das Leben zerstört, kann die neue Ausrichtung nur heißen: Ich muss positiv denken und fühlen, damit sich das Gute verwirklichen kann.

Der mittelalterliche Mystiker Seuse (oder Suso) hat das in einem ganz einfachen Satz so ausgedrückt:

»Wir müssen das Gute tun, damit es in der Welt ist!«

28

DIE MACHT
DER GEWOHNHEITEN

Was sich als wissenschaftliche These so theoretisch anhört, bedeutet nicht nur eine wahre Revolution des Denkens, es ist letztlich auch ein praktisches Rezept für eine neue Lebensgestaltung, das wir nötiger denn je brauchen – obwohl sich doch jeder, der sich damit befasst, eingestehen muss: Eigentlich haben wir das schon immer gewusst – wir haben es für unser Leben nur nicht umgesetzt. Gehen wir mit unseren Überlegungen einen Schritt weiter – befassen wir uns mit den großen Verantwortungen füreinander, über die wir uns klar sein müssen.

Es ist unendlich viel darüber gestritten worden, ob menschliche Anlagen und Eigenheiten angeboren sind oder ob sie doch eher von Erziehung, Beispielen und gesellschaftlichen Trends ausgeformt werden. Vielleicht ist das doch ein und dasselbe.

Wir fragen uns oft, warum wir uns so viel im Kreis drehen und nicht vorankommen, stets in alte Fehler zurückfallen oder gar von einer Sucht nicht loskommen. Die morphischen Felder geben uns die plausible Erklärung dafür, an die wir bisher nicht gedacht haben.

Nehmen Sie beispielsweise das »Gedächtnis der Finger« beim Klavierspielen: Wenn wir ein Stück lange genug geübt haben, können wir es auswendig spielen, ohne dass der Kopf maßgebend beteiligt wäre. Überlegungen, ob nun ein Fis oder ein F gespielt werden muss, würden uns sogar aus dem Rhythmus bringen. Der Kopf ist zwar noch da, doch er darf sich nicht mehr einmischen. Wir befinden uns in einer Art Trance. Nur Gefühl und Hingabe beherrschen uns. Die Finger huschen irgendwie automatisch über die Tasten – weil sich beim Üben ein stabiles morphisches Feld gebildet hat, das sie leitet. Sie werden «in Form« gebracht, wie die Eisenspäne durch einen Magneten. Klingt das nicht logisch? Wie könnte man dies sonst erklären?

So ist es bei allem, was wir nur noch »routinemäßig« ausführen. Ob wir nun am Steuer im Auto sitzen und blitzschnell bremsen, wenn ein Kind über die Straße springt, ob wir lernen, spielen, essen oder trinken: Wir rufen die morphischen Felder ab, die wir im Laufe unseres Lebens aufgebaut haben. Und diese steuern unser Tun. Und jede Wiederholung verstärkt in der Resonanz die Felder.

29

DIE ÜBERSEXUALISIERUNG
UNSERER WELT

Genauso ist es aber doch auch mit unseren Lastern. Alles ist Gewohnheit. Was wir aber als Gewohnheit bezeichnen, ist das Zurückgleiten in alte, bestehende morphische Felder, die sich vor Jahren oder gar Jahrzehnten schon gebildet haben. Nicht zuletzt deshalb ist es so schwierig, von falschen Gewohnheiten loszukommen. Es hat sich so etwas wie ein Ritus geformt, den wir immer wieder auf die gleiche Weise ausüben. Wir müssen nur an etwas denken, schon sehen wir uns gezwungen, es auch zu tun.

Oder ein anderes Beispiel: Unsere moderne Welt ist derart sexualisiert, dass erotische Motive, Abbildungen, Texte, Filme unentwegt vor unseren Augen stehen. Da ergeht es uns wie dem Affen, der die wohlschmeckenden, vom Meereswasser gesalzenen Nüsse entdeckt hat: Alle machen es nach, werden in den Strudel mit hineingezogen. Es ist nahezu unmöglich geworden, sich dem zu entziehen. Wenn es die morphischen Felder gibt, wird selbst das, was hinter verschlossenen Türen geschieht, von anderen wahrgenommen. Nicht bewusst, aber unbewusst. Unsere Seele wird von dem, was andere denken und fühlen und in einem morphischen Feld aufbauen, in die entsprechende Form gepresst, ob wir das wollen oder nicht. Ob wir erwachsen oder noch Kinder sind.

Die jüngeren Generationen haben es nicht mehr miterlebt, ältere wissen es noch: Es gab einmal eine Zeit, in der das Thema Sexualität ein Tabu war. In der die Augen der Kinder verschlossen blieben. Sie konnten sexuelle Reize nicht wahrnehmen, weil es die entsprechenden morphischen Felder in der heutigen Aufdringlichkeit nicht gab. Sie entwickelten entsprechend auch keine Neugierde und verspürten somit auch keine Reize.

Es war damals selbstverständlich, dass man keine Zärtlichkeiten in der Öffentlichkeit austauschte. Nicht weil man einen Kuss oder eine liebevolle Umarmung für sittenwidrig gehalten hätte, sondern weil man Rücksicht nahm auf andere. Man wollte weder provozieren noch einem anderen wehtun, der das Glück der Zweisamkeit gerade nicht hatte. Vor allem aber durfte man den Kindern nicht etwas zeigen, was sie vorzeitig geweckt und ihnen die Augen für die Sexualität geöffnet hätte.

Heute kann man kaum mehr eine Zeitung aufschlagen, einen Film anschauen, ohne dass man nicht mit erotischen Reizmotiven überschüttet würde. Und niemand macht sich mehr Gedanken darüber, was damit in den Seelen von Kindern und Jugendlichen angerichtet werden könnte. Die Sexualität ist öffentlich geworden. Sie schreit uns auf der Straße an und sie überfällt uns, wenn wir das Fernsehgerät anschalten. Und wenn dann noch vermerkt wird: Für Jugendliche unter 16 Jahren ungeeignet, ist das doch für jeden, der noch jünger ist, nur eine zusätzliche Herausforderung. Er muss das sehen.

Mit dieser radikal veröffentlichten Sexualität aber treiben wir unsere Kinder, vor allem aber die heranwachsenden Jugendlichen, in die totale Verwirrung.

Das heißt nun aber auch, was wir alle nicht wahrhaben möchten: Wir haben kein Recht, uns über die totale Sexualisierung unserer Welt mit Schuldzuweisungen aufzuregen. Wir müssen letztlich sehr vorsichtig sein, wenn wir Sexualstraftäter kurzerhand verurteilen. Stattdessen gilt es immer zu fragen, inwieweit wir selbst dazu beigetragen haben, dass dieser Gewalttäter sich nicht mehr beherrschen konnte. Denn nicht nur

Wie wir unsere Realität selbst erschaffen 87

wer einen Porno dreht oder als Buch veröffentlicht – oder wer seine Reize schamlos zur Schau stellt –, baut das inzwischen riesig gewordene morphische Feld der Sexualität weiter auf, auch jener, der sich heimlich solche Filme oder Bücher besorgt und sich zurückgezogen ganz alleine damit befasst, aktiviert das sexuelle morphische Feld. Und das ist doch das Böse daran: Nicht nur er wird mehr und mehr von der Sexualität beherrscht, sondern zugleich alle anderen Menschen, ob diese wollen oder nicht. Man denkt an etwas – und zwingt damit andere, dasselbe zu denken.

Und dann ist das fast schon so wie bei einer weltweiten Übertragung eines Fußballspiels, wenn Millionen Menschen für zwei Stunden absolut »gleichgeschaltet« sind. So, wie diese Zuschauer miteinander weltweit und gleichzeitig bangen, jubeln und sich ärgern, ist es mit dem allgegenwärtigen Thema Sex. Mögen Erziehung und Anlage noch so sehr dagegen sprechen, das morphische Feld Sexualität hat unsere Welt regelrecht überschwemmt und uns alle mitgerissen. Der eine ist gewiss anfälliger dafür, ein anderer weniger. Aber beide nehmen es wahr. Und jener, der bereits der Sexsucht verfallen ist, wird sich kaum mehr dagegen wehren können. Er fühlt sich animiert und muss seine gesteigerten Triebe ausleben.

Somit dürfen wir uns auch nicht wundern, wenn ein Skandal nach dem anderen um Priester, Ordensleute und Lehrer ans Tageslicht kommt, die sich an Schülern sexuell vergangen haben. Keine Klostermauer könnte dick und hoch genug sein, die mächtige Welle der Sexualität abzuhalten. Es darf keinen Grund geben, mit Häme und Spott über die »Sünder« herzufallen. Niemand will sie entschuldigen.

Doch wir müssen uns bewusst machen, dass wir alle, die wir schamlos am Ausbau des Feldes Sexualität auf irgendeine Weise beteiligt sind, mitschuldig geworden sind. Wir alle miteinander haben doch jene, die das Gelübde der Keuschheit abgelegt haben, förmlich mit Sex überschüttet und sie damit zum Fehltritt bewegt. Wenn es stimmt, was Sexualforscher behaupten, dass jeder Mann wenigstens zehn Mal am Tag an Sex denkt, jede Frau zumindest vier Mal, kann kein Mensch auf dieser Welt, wo immer er leben mag, sich mehr dem Feld Sexualität verschließen. Das müssen wir einfach zur Kenntnis nehmen und uns entsprechend verhalten. Denn diese »Animation«, sofern ich persönlich beteiligt bin, könnte im Endeffekt in seiner Auswirkung auf einen anderen weit schlimmer sein als eine wüste Beschimpfung oder eine Prügelei.

Das mächtige Feld Sexualität ist nicht mehr abzuschaffen. Es hat unsere Welt gründlich verändert. Wir alle müssen damit leben. Nichts gegen ein gesundes Sexleben. Es gehört wesentlich zum Menschsein. Die Jahrhunderte der Körperfeindlichkeit haben uns wahrhaftig genug zugesetzt. Doch wenn wir mit der brutalen Veröffentlichung der Sexualität und mit dem nahezu pausenlosen Denken an Sex uns selbst und anderen erheblichen Schaden zufügen, müssen wir doch wohl wieder lernen, diese Sexualität auf ein gesundes Maß zurückzudämmen. Es ist unmenschlich, zerstört uns selbst und andere, wenn unsere Seele unentwegt mit der zur Schau gestellten Sexualität zugeschüttet wird.

30

NIEMAND
KANN SICH ABSONDERN

Auf gleiche Weise schaffen wir endlos morphische Felder, angefüllt mit Hass, Neid, Aggressionen und vielen anderen negativen Energien. Und alle wirken sie sich im selben Augenblick auf alle Menschen gleichermaßen aus. Denn alle schöpfen aus dem großen morphischen Feld der Menschheit und aus den darunter eingeordneten Feldern des Landes, des Wohnorts, des Bekanntenkreises, der Familie.

Das heißt nun aber: Eigentlich gibt es das Individuum Mensch heute nicht mehr so, wie wir uns das vorstellen, sondern nur noch sehr begrenzt. Keiner von uns kann mehr aus dem Verbund der Gemeinschaften und Gemeinsamkeiten ausscheren und sein persönliches, unbeeinflusstes Leben leben. Wollte er sich auch geradezu unauffindbar abschotten, in die abgelegene Zelle eines Klosters verkriechen oder gar als Einsiedler leben: Er bliebe trotzdem umfasst und eingebunden in die übergeordneten morphischen Felder und könnte sich deren Formungen nicht entziehen. Es gibt keine Immunität gegen die Beeinflussbarkeit durch andere Menschen. Wir sind heute schon, auch wenn wir das nicht wahrhaben wollen, eine Einheit.

Also: Einmal ist es die eigene Vergangenheit, die morphischen Felder, die wir einst selbst geschaffen haben, die uns leitet. Andererseits sind wir weit enger, als wir das bisher wahrhaben wollten, voneinander abhängig und damit einbezogen in die morphischen Felder anderer. So sehr, dass wir uns bei jedem Fehlverhalten, das irgendwo aufgedeckt wurde, fragen müssen, inwieweit wir persönlich mit negativen Äußerungen, Gefühlen und Gedanken dazu beigetragen haben.

Wir brauchen somit eine ganz neue Moral. Eine, die uns klarmacht, dass all unser Denken, Tun und Lassen wirklich noch ansteckender ist als eine Virusinfektion.

Umgekehrt dürfen wir aber auch bei besonderen Leistungen und Erfolgen eines Zeitgenossen selbst ein bisschen stolz sein. Vielleicht haben wir ja doch auch mitgewirkt – mit starken positiven Gedanken und Regungen. Wichtig ist, dass wir ganz neu das »Wir« entdecken, zu leben versuchen und nicht länger danach trachten, nur das »Ich« zu verwirklichen. Die Verantwortung, die wir füreinander haben, ist zu groß, als dass wir weiterhin leichtfertig damit umgehen dürfen.

Sheldrake geht bei seinen Überlegungen folgerichtig sogar so weit, dass er sagt: Wenn es menschenähnliche Wesen auf anderen Planeten gibt – und es dürfte sie geben –, wären auch diese in einem morphischen Feld mit uns verbunden. Dann hätten sie Anteil an unseren Errungenschaften und würden ebenso geplagt von unseren Fehlern. Wenn wir die Atombombe bauen, werden auch sie diese bald schon haben. Wenn wir das Leben auf unserem Planeten auslöschen, werden auch sie bald so weit sein.

31

WIR SCHAFFEN
DIE ENGEL UNSERER KINDER

Besonders groß aber ist die Verantwortung, die wir unseren Kindern gegenüber haben. Zunächst sind diese in alle übergeordneten Felder eingebunden, vor allem in die morphischen Felder der Eltern und der eigenen Familie.

In deren Schutz entfaltet sich das wichtigste morphische Feld des Kindes, von dem wir schon erfahren haben, dass es die Entwicklung von der befruchteten Eizelle über den Embryo bis hin zum Menschenkind steuert und formt. Dieses eigentliche, eigene morphische Feld des Kindes kann sich erst nach und nach entfalten. Und zwar immer nur gespeist von dem, was Eltern, Großeltern, Lehrer, Geschwister und Freunde anzubieten haben. Das wirkt prägend.

Im dritten und vierten Lebensjahr entdeckt das Kind seine Umgebung und muss nun herausfinden, was die anderen von ihm halten: Mögen sie mich? Trauen sie mir etwas zu? Oder lehnen sie mich ab? Halten sie mich für hässlich, untüchtig, ungeschickt? Wie muss ich mich ihnen gegenüber verhalten?

In diesen wohl wichtigsten Jahren des Lebens baut sich für dieses Wesen das morphische Feld des Kindes auf, das ein Leben lang zuständig bleiben wird für sein Selbstwertgefühl, seine Bindungsfähigkeit, seine positive oder negative Einstellung. Und weil es sich um ein so wichtiges und starkes morphisches Feld handelt, wird dieser Mensch es sein Leben lang schwer haben, diese Prägung noch einmal zu verändern, sollte diese fehlerhaft verlaufen sein.

Ob es nun wirklich so war oder vom Kind nur so empfunden wurde: Wenn es in dieser Zeit glaubt, dass es vom Vater und/oder von der Mutter nicht geliebt wird, kann das dazu führen, dass dieses Kind einen Schutzpanzer um seine Seele legt, um sich damit vor weiteren Verletzungen zu schützen.

Dieser Mensch kann sogar den Eindruck gewinnen: Wenn schon die Eltern mich nicht lieben können, wer sonst sollte dazu in der Lage sein? Die Aussichten auf eine gut funktionierende Partnerschaft wären allein damit deutlich geschmälert, die Fähigkeit, Gefühle zu zeigen, erheblich eingeschränkt. Dieser Mensch wird wahrscheinlich immer wieder in sein hinderliches morphisches Feld zurückfallen.

Erfährt das Kind in dieser Prägungsphase, dass die Eltern sich nicht verstehen, dass sie nur streiten oder gar auseinandergehen, wird es danach suchen, ob es nicht selbst schuld daran ist. Streiten die Eltern nicht immer wieder, weil sie sich nicht einig werden können in Fragen der Erziehung? Wegen finanzieller Probleme? Geben sie dem Kind nicht das Gefühl, alles wäre einfacher und besser, wenn es nicht da wäre? Selbst nebensächliche, gar nicht so gemeinte kleine Bemerkungen wie etwa »Ich würde so gerne mal wieder abends ausgehen. Doch wir haben ja niemanden, der auf das Kind aufpasst!«, werden dabei vom Kind als Bestätigung empfunden: »Ich bin schuld, dass sie keinen Spaß mehr haben können!«

So wächst das Gefühl, der eigentliche Störenfried zu sein. Und es wachsen die ersten Schuldgefühle. Die Folgen sind die Neigung zu Depressionen. Es sind also wiederum starke negative morphische Felder herangewachsen, die eher wachsen als schrumpfen, weil jeder noch so vorsichtige Tadel ihm »Nahrung« gibt.

Glaubt das Kind in dieser Zeit aber, man hielte es für untüchtig und die Eltern, vor allem der Vater, hätten sich eigentlich ein ganz anderes Kind gewünscht und sind nun doch recht

Wie wir unsere Realität selbst erschaffen 93

enttäuscht, dann entwickeln sich Minderwertigkeitsgefühle, die eine freie, gesunde Entfaltung und dann auch die erfolgreiche Lebensgestaltung fast schon unmöglich machen.

Wie die Phase der Prägung im Einzelfall tatsächlich ausgefallen ist, das gehört zu den wichtigsten Aussagen jedes Horoskops und sollte deshalb viel aufmerksamer, als das bisher geschieht, beachtet werden. Vor allem die Eltern sollten wissen, wie entscheidend das dritte und vierte Lebensjahr für jedes Kind ist. Die Zeit also, in der in seinem persönlichen morphischen Feld die vielen untergeordneten morphischen Felder des Verhaltens und der Gewohnheiten entstehen, die dann sein Leben formen und gestalten werden und die sein ursprüngliches, persönliches morphisches Feld drastisch verändern können.

Denken wir daran: Das morphische Feld eines Menschen ist kein Feld mehr wie etwa ein physikalisches Feld. Es handelt sich offensichtlich auch nicht mehr nur um ein geistig-seelisches Energiebündel, das wie eine Wolke den Menschen umgibt. Sheldrake fordert die Persönlichkeit dieses Gebildes. Er ist überzeugt davon, dass es genau das ist, was wir bisher als den persönlichen Schutzengel bezeichnet haben.

Viele Menschen, auch Forscher, sind überzeugt davon, dass kleine Kinder diesen Engel noch sehen und sich mit ihm unterhalten können. Vieles spricht dafür.

Wenn das aber so ist, dann müssen wir davon ausgehen, dass dieser Schutzengel dem Kind zunächst zwar zugeordnet ist, jedoch von den übergeordneten morphischen Feldern geprägt wird. Und er wird später dieses Feld weiter entfalten – zum Besseren oder zum Schlechteren hin. Wir haben es schon erwähnt: Mein Engel wäre entsprechend nicht einfach der verlässliche Beschützer, der in einer Notsituation eingreift und hilft, sondern er könnte immer nur das an mich zurückgeben, was er selbst von den Gedanken und Regungen seiner »Schöpfer« her mitbekommen hat. Und er wäre nicht unveränderlich, sondern würde ständig wachsen und sich weiter entfalten. Es fällt uns gewiss nicht leicht, von einem vertrauten uralten Bild Abschied zu nehmen. Doch wir werden es müssen. Denn letztlich geht es darum, nicht egoistisch dahinzuleben in der Erwartung, dass es ja den Schutzengel gibt, der im schlimmsten Fall helfen wird. Der ausbügelt, was wir wieder einmal angestellt haben. Wir sind nicht nur die Empfänger der Wohltaten. Wir sind Partner. Wir dürfen nicht nur entgegennehmen, sondern müssen auch mitgeben. Wir stehen ständig in inniger Beziehung miteinander und sind somit voneinander abhängig. Nicht nur wir Menschen von unserem Schutzengel, sondern auch unser Engel von uns. Davon wird später noch ausführlicher die Rede sein.

Wenn es denn stimmt und sich bestätigt, was Rupert Sheldrake behauptet, dass sich hinter unserer sichtbaren und greifbaren materiellen Welt eine geistig-energetische Welt befindet, die alles steuert, ordnet und formt, so müssen wir umdenken und unser Verhalten ändern. Dabei muss jeder von uns zunächst einmal bei sich selbst anfangen. Nur dann können wir ein ganz neues Selbstbewusstsein entwickeln und weit sicherer und selbstverständlicher leben, als das bisher der Fall war.

32

DIE
MISSRATENEN EISBLUMEN

Befassen wir uns zunächst mit dem, was wir oft recht abfällig als »dumme Angewohnheiten« bezeichnen. Versuchen wir zu verstehen, warum wir immer wieder in alte Fehler oder gar in eine Sucht zurückfallen, um uns dann mit schlimmen Gefühlen der Schuld und der Minderwertigkeit herumzuschlagen.

Halten wir uns immer wieder das Beispiel der Eisenspäne vor Augen, um zu begreifen, wovon wir sprechen: Der Magnet ordnet die Eisenspäne in die Linien des Magnetfeldes.

Betrachten wir die Eisblumen, die sich am Fenster bilden, wenn die Kälte das Wasser an der Scheibe gefrieren lässt. Es entsteht nicht einfach eine glatte Eisschicht auf dem Glas, sondern es bilden sich zauberhaft schöne, künstlerisch perfekt gestaltete Muster an der Scheibe in unendlich vielen Variationen. Es sieht aus, als hätte ein Genie die Linien, Kanten und Formen perfekt berechnet. Die Form dieser Kristalle, das wissen wir heute, wird bestimmt von der Beschaffenheit des Wassers. Und: Diese Blumen bilden sich nicht erst nach und nach, sondern, wie bei den Eisenspänen, es geht blitzartig. Im Bruchteil einer Sekunde.

Warum das so funktioniert, haben Wissenschaftler in einem sehr interessanten Versuch herausgefunden: Die Blumen werden umso kunstvoller und eindrucksvoller, je besser die Atmosphäre im Raum ist. Hat man beispielsweise gute Düfte verströmt, werden die Eisblumen besonders vollkommen. Herrscht Harmonie im Raum, ist das ebenso. Und jeder Duft und jegliche Form der Harmonie, der psychischen Verfassung der Menschen, die sich im Raum aufhalten, prägen ihr eigenes Muster. Wird hier etwa musiziert, dann geraten die Eisblumen-Muster wiederum besonders kunstvoll. Wie schade, dass es Eisblumen heute in unseren überheizten Wohnungen kaum noch gibt!

Doch nun die Einschränkung: Ist der Raum dagegen voller Rauch, oder wird in ihm heftig gestritten, ist ein kranker, depressiver, aggressiver oder missmutiger Mensch im Raum, dann ist das Wasser an der Scheibe »verschmutzt« und damit offensichtlich nicht in der Lage, sich voll auskristallisieren zu können. Dann können zwar immer noch Eisblumen entstehen, doch sie bleiben unvollkommen und besitzen deutlich einfachere, weniger perfekte Strukturen. Die vollkommene Schönheit kann im Kristall an der Fensterscheibe nur aufblühen, wenn das Wasser rein und mit positiven Energien »aufgeladen« ist. Das morphische Feld des Wassers kann sich bei energetischer Verschmutzung nicht mehr so günstig entfalten, wie es das möchte.

Sollte es tatsächlich so sein, dass unsere seelischen Regungen, die sich in Harmonie oder Streit, in Friedlichkeit oder Aggressionen äußern, sogar Materie wie Wasser verändern können? Die Eisblumen am Fenster bestätigen es uns. Eine solche Veränderung ist aber letztlich nur möglich, wenn es die geistig-energetische Welt hinter, in und um die Materie herum tatsächlich gibt.

Michel Nostradamus hat seinen Zeitgenossen empfohlen:

»Überlegt euch gut, bei welchem Wirt ihr einkehren wollt, um dort zu speisen. Ist er ein grobschlächtiger und zorniger Mensch, wird er seinen ganzen Groll, seinen Ärger, seinen Unmut in das Essen mit hineingeben. Dann wird euch diese Speise nicht bekommen, mag sie noch so gut schmecken. Sie wird euch krank machen. Ist er schlecht gelaunt, werdet ihr auch die schlechte Laune in euch hineinfuttern. Und wenn er unter Depressionen leidet, speist ihr nur Zweifel und Verzweiflung. Ihr wisst doch: Bei der Mutter schmeckt es euch am besten. Und diese Speise ist deshalb so bekömmlich, weil die Mutter euch lieb hat.«

Ähnlicher Meinung war auch Amerikas schlafender Prophet, Edgar Cayce. Er sagte:

»Sehr viele an sich leicht verdauliche Speisen werden nur schwer verdaut, weil man sie im Zorn zu sich nimmt. Es spielt dabei keine Rolle, ob es sich um ein Kind oder um einen alten Menschen handelt. In jedem Fall vergiftet man sich, wenn man isst, solange man zornig ist. Für die meisten Menschen gilt: nicht in Zorn geraten und niemals jemanden verfluchen, weder in Gedanken noch mit lauten Worten. Denn darin ist mehr Gift enthalten als in schlechten Nahrungsmitteln. Niemals sollte man dem Organismus Nahrung zuführen, wenn er unter großer Belastung steht, wenn man sehr müde, sehr aufgeregt, sehr zornig ist. Und niemals sollte man etwas essen, wogegen man eine Abneigung hat. Man darf nicht essen, wenn man in irgendeiner Form überlastet ist oder durch Nervosität, Zorn oder irgendeine Art von Depression durcheinander ist. Trinken Sie in einer solchen Verfassung vorzugsweise Wasser oder Buttermilch, aber keine normale Milch ...«

Könnte es nicht tatsächlich so sein, dass es mit Speisen genau so ist wie mit den Eisblumen am Fenster?

33

WEHRET
DEN ANFÄNGEN

Die Eisblumen sind ein Gleichnis für das, was auf gleiche Weise mit unseren zahlreichen morphischen Feldern geschieht, die zu unseren Gewohnheiten geworden sind: So, wie die Eisblumen sich nur vollkommen entfalten können, wenn das Wasser an der Fensterscheibe sauber, klar und mit positiven Energien angereichert ist, so können auch positive morphische Felder nur perfekte, gute Ergebnisse zustande bringen, solange sie immer wieder geübt werden und dabei nicht »eingetrübt« sind von innewohnenden negativen Feldern.

Denken Sie wieder an das «Gedächtnis» der Finger beim Klavierspielen, das nichts mit den Gehirnfunktionen zu tun hat. Das Klavierstück gestaltet sich nach ausreichender Übung aus einem anderen Gedächtnis heraus. Die Finger huschen über die Tasten – genauso wie die Eisenspäne im Magnetfeld ihre Linien finden. Genauso wie das Wasser in Eisblumen erstarrt.

Das alles funktioniert jedoch erst dann, wenn sich ein morphisches Feld gebildet hat, das die Formung eingibt. Und es funktioniert befreiend oder belastend, je nachdem, ob es sich um das Feld eines Lasters oder um das Feld einer Tugend handelt.

Wir müssen davon ausgehen, dass jeder Mensch, wie alles, was lebt, aber noch weit zahlreicher und stärker, in seinem Leben unzählige morphische Felder geschaffen hat, zu denen täglich neue hinzukommen. Felder, die immer, sobald wir etwas tun, formend eingreifen. Im Positiven wie auch im Negativen, im Guten wie auch im Bösen.

Das bedeutet nun, dass wir uns auch bei allem, was wir tun, vor allem was wir anfangen, klar darüber sein müssen, dass wir dabei sind, ein neues morphisches Feld zu schaffen. Dass wir wissen müssen, dass mit jeder Wiederholung dieses Feld verstärkt und ausgebaut wird.

Nun verstehen wir, warum das Sprichwort sagt: «Wehret den Anfängen!» – und wir begreifen auch, warum die Astrologie so großen Wert auf jeglichen Beginn legt, und die Prägung, die damit verbunden ist: Was seinen Anfang genommen hat und erst zögerlich, dann immer deutlicher und regelmäßiger wiederholt wird, ist zu einer geistig-energetischen, beherrschenden Kraft geworden, die sich immer wiederholen will, ohne einen Ausweg zu erlauben. Und zwar immer auf genau dieselbe Weise. Es läuft geradezu automatisch ab. Wir sprechen von Gewohnheiten und wissen jetzt, wie viel mehr dahintersteckt. Und warum es so außerordentlich schwierig ist, sie wieder loszuwerden. Was nützen da logische Einsichten, dass etwas, was wir immer wieder tun, falsch ist? Man hat sich etwas angewöhnt – das klingt, als könnte man es sofort wieder loslassen. Und das wäre vielleicht auch so, hätten wir damit nicht ein starkes Kraftfeld geschaffen, das uns immer wieder in dasselbe einmal begonnene und starr strukturierte Verhalten zwingt.

So gesehen ist auch die Sucht, die ja alle Lebensbereiche erfassen kann, nichts anderes als ein besonders starkes negatives morphisches Feld. Bei Drogen und Alkohol wissen wir darum: Wer nicht den radikalen Abstand nimmt, wird immer wieder zurückfallen. Ein einziger Tropfen Alkohol, eine einzige Zigarette genügt in aller Regel, und schon ist man wieder in der «Gewohnheit» gefangen. Um es noch einmal zu betonen: Mit logischer Einsicht ist dagegen nicht anzukommen. Es gibt nur die einzige Möglichkeit: Das morphische Feld darf sich nicht mehr bilden, indem man weder daran denkt noch glaubt, ein winziger Ausrutscher könnte doch nichts schaden.

Ganz einfach gesagt und um wieder beim Beispiel zu bleiben: Der Magnet darf nicht in die Nähe der Eisenspäne gehalten werden. Wenn er da ist, müssen diese sich in die gewohnten Linien einordnen. Kein einziger von ihnen könnte sich dem magnetischen Feld widersetzen.

Doch sehen wir die morphischen Felder nicht nur bei «schlechten Gewohnheiten». Genauso funktionieren sie beispielsweise auch bei den rituellen Formen, mit denen wir unser Leben gestalten. Sie ordnen unser Leben und geben ihm einen stabilen Rhythmus. Von der Art, wie wir morgens aufstehen, unsere Zähne putzen, uns kleiden, unser Frühstück einnehmen, über die Art, wie wir anderen begegnen, sie begrüßen oder übersehen, und schließlich bis hin zum automatischen Einschalten des Fernsehgerätes und zum Zubettgehen: Unser ganzes Leben haben wir ritualisiert. Und das ist weithin auch gut so. Wir haben unzählige morphische Felder geschaffen, die uns durch den Tag geleiten. Gute, allerdings auch hinderliche. Die guten sollten wir behalten, mit der ständigen Ausübung stabilisieren. Die hinderlichen müssen wir loslassen.

Genauso ist es bei der Art, wie wir arbeiten, spielen, lieben oder hassen. Haben wir als Kind schon das Lernen nicht gelernt, ist uns der Übergang vom Spiel zur konzentrierten Arbeit nicht gelungen, dann werden wir es ein Leben lang schwer haben, das noch zu ändern. Ehe wir uns versehen, hat uns das alte und durch die Gewohnheit immer stärker gewordene morphische Feld des Spielens wieder eingefangen. Wir versuchen eben erneut, nur spielerisch und ohne allzu große Anstrengungen zum Erfolg zu kommen. Die Einsicht, dass es so nicht funktioniert und die wirklichen Erfolge ausbleiben, kann überhaupt nicht helfen. Es ist immer wieder so, als hätten wir

Wie wir unsere Realität selbst erschaffen 101

unseren Lebenswagen auf ein Gleis gestellt und müssten diesem nun bedingungslos folgen.

Wenn das alles so ist, wenn wir eingesehen haben, wie sehr wir durch die von uns selbst geschaffenen morphischen Felder geleitet und geformt werden, bleibt uns nur eine einzige Möglichkeit: Wir müssen bewusst die falschen morphischen Felder abbauen und durch neue, bessere ersetzen. Und die können wir ja nur schaffen, indem wir uns neue, positive Gewohnheiten anlegen.

Das bedeutet letztlich für unser Verhalten: Keiner kann auf Anhieb auswendig Klavier spielen. Erst muss geübt werden, bis das gewählte Stück in »Fleisch und Blut« übergegangen ist. Morphische Felder brauchen ihre Zeit, wobei der Anfang, solange das Feld noch schwach ausgeprägt ist, am schwierigsten ist. Der Aufbau gelingt umso schneller und perfekter, je mehr Leidenschaft und Engagement gegeben sind. Gedanken allein dürften nur wenig bewirken. Sie müssen von starken Emotionen geleitet werden. Wir müssen sozusagen voll dahinterstehen. Denken Sie beispielsweise an den Fluch. Würden wir uns beim Beten psychisch so stark engagieren, wie das beim vom Hass geprägten Fluch der Fall ist, hätte es wohl eine ebenso große, jedoch positive Wirkung.

Wenn wir ein neues positives morphisches Feld errichten wollen, ist stets der richtige Anfang wichtig, aus dem heraus sich das Feld entwickeln soll. Dieser Anfang muss frei sein von jeglicher negativer Haltung. Und dazu gehören vor allem Ängste und Befürchtungen, aber auch Regungen wie Neid und Hass. Sie würden sofort alles zunichtemachen. Am Ende käme wieder nur ein negatives Feld zustande.

Bauen Sie sich nur positive morphische Felder, dann geht es Ihnen bald sehr viel besser. Und Sie haben zudem für alle anderen Menschen eine positive Leistung erbracht. Sie haben die Menschheit besser werden lassen. Gibt es etwas Wertvolleres?

34

ES KANN
NICHTS VERLOREN GEHEN

Zuletzt haben wir uns Gedanken über die unheimliche Macht
der Gewohnheiten gemacht und versucht, diese mit den Thesen des britischen Wissenschaftlers Rupert Sheldrake zu erklären. Gehen wir heute einen Schritt weiter und fragen wir uns,
wie die morphischen Felder unser Miteinander beeinflussen,
man könnte fast sagen – lenken. Was steckt wirklich dahinter,
wenn wir einander sympathisch finden oder uns nicht leiden
können? Sind wir tatsächlich alle miteinander weit enger verbunden, als das bisher gesehen und verstanden wurde? Dann
werden wir auch begreifen und neu erlernen müssen, wie groß
die Verantwortung ist, die wir füreinander haben. Denn nichts,
was wir einander schenken oder antun, könnte jemals wieder
verloren gehen.

Die geplagte 66-jährige Mutter sitzt mir gegenüber und weint.
«Mein ganzes Leben ist ein einziges Versagen. Ich war immer
nur für meine vier Kinder da. Ich habe selbst auf alles verzichtet, damit es ihnen gut geht. Sie sollten es einmal besser
haben, als mir das vergönnt war. Doch es ist nichts aus ihnen
geworden. Die beiden Söhne haben keine richtige Arbeit und
wollen das auch nicht. Die Mädchen bringen mir ein uneheli-
ches Kind nach dem anderen an. Und ich soll mich um sie
kümmern. Ich fühle mich schuldig. Denn ich habe wohl alles
falsch gemacht. Das wird mir selbst der liebe Gott nicht ver-
zeihen können …»

Eine zweite Frau fragt mich nur wenige Tage später, auch mit Tränen in den Augen: »Was soll ich nur tun? Meine Kinder bedrängen mich immer heftiger: ›Du hast doch dein ganzes Leben lang nichts gebraucht, jetzt brauchst du doch auch nichts mehr. Gib uns endlich dein Häuschen!‹ – Wenn ich das nicht tue, werden sie sich völlig von mir abwenden. Muss ich nicht nachgeben?«

In solchen Momenten fällt es einem gewiss nicht leicht, den Zorn zu verbergen. Man möchte die Kinder ohrfeigen, die Mütter wachrütteln. Das Schlimme an solchen Aussagen: Sie sind keineswegs selten und werden immer häufiger. Sind junge Menschen heute so verroht, dass sie ihrer Mutter noch das Letzte, was sie retten konnte, auch noch wegnehmen wollen? Und das mit der brutalen Aussage: »Du hast doch nie etwas gebraucht ...« Man dreht also die Selbstlosigkeit der Mutter, die nur an ihre Kinder gedacht und alles für sie aufgeopfert hat, um in die Forderung: Wir wollen alles haben. Wir sind nicht darin geübt, auf etwas zu verzichten. Und wir wollen das auch gar nicht erst anfangen. Aber du bist doch gewohnt, auf alles zu verzichten. Also verzichte jetzt auch auf dein Haus.

Und hinter dieser Forderung steht unausgesprochen die Drohung: Wenn du das nicht tust, wirst du alleine sein und von niemandem mehr geliebt werden. Als wäre diese Liebe irgendwo noch gegeben! Die Mutter weiß das auch: Wenn sie ihr Haus hergibt, wird sie nie wieder eines ihrer Kinder sehen. Diese kamen auch bisher nur, wenn sie etwas brauchten.

Solche Schuldzuweisungen an sich selbst sind keineswegs selten. Man kann sie heute fast täglich vernehmen. Vor allem Mütter leiden sehr oft darunter. Sie fühlen sich an ihren Kindern schuldig, als große Versager und fürchten, dafür einmal massiv bestraft zu werden.

Was ist so fürchterlich schiefgelaufen, dass wir derart verzweifelten Müttern begegnen müssen?

35

KINDER BRAUCHEN
ELTERN MIT FEHLERN

Nun ist es wohl so, dass beide Mütter Fehler begangen haben. Wer täte das nicht? Doch das ist auch, wenn Sheldrake mit seinen wissenschaftlichen Thesen recht behält, völlig unwichtig. Fehler müssen sogar sein. Kinder brauchen sie, um sich später in unserer doch recht rauen Welt behaupten zu können. Sie müssen im Elternhaus ja nicht nur gefördert werden, sondern sollten beispielsweise daheim schon lernen, wie man mit Ungerechtigkeiten, mit Ungeduld, mit Druck und sogar mit psychischen Verletzungen umgeht.

Kinder, die zum richtigen Verhalten bei Schwierigkeiten trainiert wurden, können sich später weit besser behaupten als andere, die immer nur Harmonie erfahren haben und denen man alle Konflikte sofort aus dem Weg geräumt hat. Solange die Gewissheit gegeben ist, dass man geliebt wird, kann kein Fehler entstehen, der den Charakter des Kindes missgestalten könnte.

Der eigentliche Fehler, der beiden Müttern unterlaufen sein dürfte, war die Angst vor dem Fehler: Ich muss immer für die Kinder da sein. Ich muss mich Tag und Nacht um sie »kümmern« – ein Wort, das von Kummer abstammt. Und genau diesen Kummer der Mutter erleben die Kinder und nehmen sich vor, nie so wie die Mutter leben zu wollen. Diese Mutter kann nicht zum Vorbild für die Kinder werden. Sie wird zum abschreckenden Beispiel, das man nur noch bemitleiden, aber eigentlich nicht mehr wirklich lieben kann.

Denn: Wo ist die Lebensfreude geblieben? Wo die Herzlichkeit? Wo das Gefühl: Unsere Mama freut sich, dass es uns gibt? Mama ist nur noch müde, vergrämt und besorgt. Und das alles sind starke negative Felder, die ein lebendiges Miteinander nicht mehr aufkommen lassen. Das Ergebnis kann nur mehr und mehr zum Gegeneinander werden, das dann schnell auch zur Rücksichtslosigkeit und zur unfassbaren Kälte entartet.

Von einer Schuld kann man trotzdem nicht sprechen. Es sei denn, die Mutter hätte mit klarer Einsicht, also voll bewusst und ohne jeden Druck von außen, absichtlich falsch gehandelt. Nur dann dürfte man von Schuld sprechen.

Solange diese Mutter nur das Wohl der Kinder im Auge hatte, gibt es keinen Grund, ihr etwas vorzuwerfen. Denn mit ihrer Fürsorge, ihrer Liebe zu den Kindern hat sie unentwegt positive Energien in die morphischen Felder der Kinder gegeben. Und die werden für immer erhalten bleiben. Wenn nicht jetzt, doch irgendwann werden sich diese Energien auf die Kinder auswirken. Dann nämlich, wenn diese bereit sind, sie anzunehmen.

Vielleicht können sie das im Moment nur deshalb noch nicht, weil die Ängste der Mutter, ihre Verzweiflung und nicht zuletzt ihre Verbitterung und Schuldgefühle neben den positiven Energien ebenfalls als negative Energien in deren morphische Felder einströmen und das Positive blockieren?

Das ist der Vorwurf, den man den beiden Müttern dann doch machen muss: Sie haben das Glauben und Hoffen verloren. Und vielleicht können sie die angeblich missratenen Kinder auch nicht mehr lieben. Sie sind maßlos enttäuscht, weil diese nicht so wurden, wie sie sich das vorgestellt hatten. Wer sagt aber, dass das, was sie für ihre Kinder anstrebten, auch das Beste für die Kinder gewesen wäre? Müssen diese nicht ihren eigenen Weg finden? Und sind dabei Umwege nicht fast immer genau das, was direkt ins Ziel führt? Ist nicht auch jeder

Fehler, den man im Leben begeht, eine vielleicht sogar notwendige, auf alle Fälle aber wichtige Erfahrung, die gemacht werden muss?

Psychologen sagen: Wenn Jugendliche sich gegen Ende der Pubertät nicht gegen ihre Eltern wenden, sich von ihnen absondern und heftige Kritik an ihnen und ihrer Lebensart üben, dann ist in der Erziehung etwas schiefgelaufen. Dieses Abwenden ist ein notwendiger Schritt zur Selbstfindung. Er macht es erst möglich, dass man sich drei, vier Jahre später wieder bestens verstehen kann. Doch wer sagt das den enttäuschten Eltern schon?

Anders gesagt: Vermeintlichen und auch wirklichen Fehlern in der Erziehung wird viel zu viel Bedeutung zugemessen. Entscheidend allein sollte nicht nur für Mütter, sondern für Eltern, Lehrer und Erzieher ganz allgemein die Einsicht sein, dass es sich lohnt, das Gute anzustreben und mitzuteilen. Denn es wird niemals nutzlos sein und kann nicht auf Dauer zurückgewiesen werden. Und es kann vor allem nicht verloren gehen. Das Gute kann man vorübergehend zurückweisen oder sogar mit Bosheit beantworten: Es verfehlt trotzdem seine Wirkung nicht. Das müsste doch für jede Mutter ein riesiger Trost sein! Nichts von dem, was sie geleistet hat, war vergeblich.

Die heilige Monika ist in die Geschichte eingegangen als die Mutter, die ihren hochbegabten, aber ziellos dem Vergnügen und der Ausschweifung verfallenen Sohn doch noch auf den richtigen Weg brachte. Sie ist nicht verzweifelt und hat nicht aufgegeben, sondern betete Tag und Nacht – so hat sie ihrem Sohn pausenlos positive geistig-energetische Kräfte zukommen lassen. Und das hatte Erfolg. Der heilige Augustinus wurde eine der bedeutsamsten Persönlichkeiten der Geschichte überhaupt. Was Monika geleistet hat, kam letztlich der ganzen Menschheit aller späteren Zeiten zugute.

Wie wir unsere Realität selbst erschaffen

Jedoch selbst wenn Augustinus die Kurve nicht geschafft hätte und vielleicht sogar völlig abgestürzt wäre, wäre die beispiellose Leistung seiner Mutter nicht verloren gewesen, sondern für immer erhalten geblieben. Wenn Kinder das, was man ihnen an geistig-energetischen Hilfen anbietet, nicht annehmen, lösen sich diese nicht einfach auf. Sie sind und bleiben unvergänglich und kommen dann eben dem übergeordneten morphischen Feld – und damit auch ihnen selbst wieder – zugute.

Auch die Tatsache, dass die Kinder völlig anders geworden sind, als man erhofft hatte, muss letztlich keine Katastrophe sein, an der man verzweifeln müsste. Eltern dürfen nicht egoistisch für ihre Kinder herbeisehnen, was ihnen selbst verwehrt blieb. Kinder müssen ihren eigenen Weg finden. Und der kann für ihr Heil auch durch die tiefsten Tiefen führen. Vielleicht finden sie erst dort, was sie brauchen, um ganz groß zu werden.

Wie viele Sorgen von Eltern sind überflüssig und letztlich für alle Beteiligten schädlich! Es kommt in der Erziehung doch wirklich nur auf das eine an: Die Liebe muss gegeben sein – was nicht mit Verwöhnen verwechselt werden darf. Das Gute muss in der Welt sein! Wir würden heute den mittelalterlichen Mystiker ergänzen: damit ein starkes Gegengewicht zu den vielen Bosheiten geschaffen wird, die ja genauso wie das Gute endlos gespeichert werden.

36

DIE

REICHEN VERWAHRLOSTEN

Neben den Müttern, die sich zu viel oder sogar unentwegt um ihre Kinder »gekümmert« haben, um am Ende mit vermeintlich leeren Händen, enttäuscht und verbittert dazustehen, die ihren Kindern mit großer Sorgfalt jedes Steinchen aus dem Weg geräumt haben, finden sich heute zunehmend jene, die ihren Kindern alles bieten, nur keinen Halt, vor allem aber keine Liebe. Diese Kinder leben im Luxus, dürfen sich alles leisten, ohne dass sie erfahren, wie man mit alldem umgeht. Sie erfahren weder eine seelische noch eine charakterliche Schulung. Die Eltern haben keine Zeit dazu. Sie sind mit ihrem Job, mit gesellschaftlichen Verpflichtungen und eigenem Vergnügen ausgebucht. Sie »erkaufen« sich das Wohlwollen ihrer Kinder, die schon früh mitbekommen, wie unwesentlich und primitiv in der Zielrichtung dieses Leben doch ist, in dem man lediglich einigermaßen funktionieren muss. Und wenn etwas nicht funktionieren sollte, kann man sich ja einen Nachhilfelehrer oder ein Internat leisten.

In solchen Fällen kommen früher oder später auch die Mütter – diesmal mit der Frage: »Unser Sohn hat doch alles! Warum verhält er sich so garstig uns gegenüber? Er treibt sich mit unmöglichen Freunden herum, tut nichts, um voranzukommen. Er schläft in den Tag hinein. Wenn er endlich aufwacht, sitzt er vor dem Computer bei grässlichen Spielen und raucht sein Marihuana. Wir haben ihm ein solches Verhalten wahrhaftig nicht vorgelebt! Wie können wir ihm helfen?«

Wie wir unsere Realität selbst erschaffen 109

Fast möchte man sagen: »Der Zug ist abgefahren.« Und man könnte hinzufügen: »Sie haben für Ihren Sohn wohl nicht ein einziges positives morphisches Feld gebaut? Kein Feld des gegenseitigen Vertrauens, der Geborgenheit und Zuneigung? Sie waren immer nur mit sich selbst beschäftigt und haben völlig übersehen, welche Verantwortung Sie für Ihren Sohn übernommen haben. Er war damit gezwungen, sich eigene Felder zu bauen. Und weil ihm niemand dabei geholfen hat, wurden seine Felder nur negativ: Kein Antrieb, morgens aufzustehen. Keine Disziplin, einmal eine Aufgabe durchzuziehen. Kein Ziel, kein Urvertrauen in dieses Leben. Stattdessen besteht sein Leben nur noch aus dem, was vermeintlich Spaß verspricht.«

Woher sollte die Kraft kommen, diese Felder plötzlich durch positive zu ersetzen? Was könnte er überhaupt als positiv erkennen?

Ich meine, dieser Sohn ist schlimmer dran als jener, der seiner Mutter das Häuschen wegnehmen will. Denn auch seine morphische Welt ist stabil und beständig und kann, wie eine Sucht, nicht einfach abgelegt werden. In aller Regel ist es so, dass nur mit der Verbindung eines sehr starken positiven morphischen Feldes, etwa mit der starken Liebe einer Partnerin, das Negative langsam aufgehellt werden könnte.

37

VERSCHÜTTET –
ABER NICHT VERLOREN

Hier scheint nun ein Widerspruch gegeben zu sein: Wir alle wissen es und haben es oft genug selbst erlebt: Wenn wir unsere Klaviersonate eine Weile nicht mehr gespielt haben, funktioniert das morphische Feld der selbstständig agierenden Finger nicht mehr so recht. Es gibt Lücken, die diese Finger nicht mehr schließen können. Es schleichen sich Fehler ein. Erst wenn wir wieder geübt haben, können wir das Stück wieder fehlerfrei spielen. Ist es also nicht doch so, dass morphische Felder »verblassen« können? Sind diese geistig-energetischen Kräfte vielleicht doch nicht ganz so unvergänglich, wie das eben beschrieben wurde?

Dass das Feld noch da ist, erkennt man an der Tatsache, dass wir nicht von vorne beginnen müssen, sondern diesmal viel schneller lernen. Das morphische Feld war also nicht weg, es war nur verschüttet und musste vom Schutt befreit werden.

Noch deutlicher wird die Hartnäckigkeit und Dauerhaftigkeit morphischer Felder im negativen Bereich, beispielsweise bei einer Sucht. Man kann sich noch so sicher sein, sie wäre endgültig überstanden – schnell hängt man wieder mitten drin.

Gleichzeitig wissen wir um morphische Felder – wie beispielsweise das Feld der Stressreaktion, auf das wir noch ausführlicher eingehen werden –, die schon seit Jahrmillionen kaum verändert funktionieren. Man könnte viele tausend Beispiele aufzählen, bei denen es nicht anders ist. Geistige Energien verlieren sich nicht.

38

DAS HEIKLE THEMA
FEINDESLIEBE

Jesus von Nazareth, die Symbolfigur des Fischezeitalters, hat die große Errungenschaft des Widderzeitalters, das Gesetz zum Schutz der Schwachen, mit der Forderung der absoluten Liebe überhöht. Das muss man selbst dann anerkennen, könnte man in ihm nicht den Sohn Gottes sehen. Er hat sich selbst als Opfergabe zur Rettung der Menschheit hingegeben.

Er ging sogar einen riesigen Schritt weiter und forderte nicht nur die Nächstenliebe, indem er uns lehrte, wir müssten die um uns herum lieben wie uns selbst. Er verlangte sogar die Feindesliebe. Bis heute, so könnte man sagen, ist dieses Gebot ein Ärgernis geblieben. Wie sollte ich jemanden lieben können, der nur Böses gegen mich im Sinn hat, der mich vielleicht sogar vernichten will? Ist es denn nicht schon schwer genug, unverbrüchliche Zuneigung den Menschen gegenüber lebendig zu halten, die wir in unser Herz geschlossen haben?

Mit Sheldrake begreifen wir plötzlich, was mit der Feindesliebe gemeint war. Und das sollten Sie wirklich einmal ausprobieren. Es funktioniert nämlich. Nicht immer gleich auf Anhieb, aber mit jeder weiteren »Übung« umso besser. Und bald werden Sie gar nicht mehr anders können. Sie werden nur noch positive Felder bei Mitmenschen fördern, die Sie vor Kurzem nicht ausstehen konnten.

39

RESPEKT

UND TOLERANZ

Wenn jemand etwas gegen mich hat, wenn er mich enttäuschte oder mir den Rücken zukehrte, mir Schaden zufügte oder mich verletzte, darf ich sein Verhalten nicht mit derselben Münze heimzahlen. Ich darf ihn nicht hassen, ihm nicht starke negative Energien schicken. Denn, wie wir nun wissen, würde ich damit mir selbst mehr schaden als ihm. Ich würde mein morphisches Feld und gleichermaßen unser gemeinsames Feld, das uns verbindet, mit recht starken negativen Energien anfüllen und damit das Böse in die Welt bringen. Die Feindschaft würde immer noch heftiger und müsste zumindest ein Stück weit auch alle anderen Men‚2schen befallen. Vergleichbar einer Virusinfektion, die vor keinem haltmacht. Das ist der eigentliche Grund, der mich zum Umdenken zwingt.

Nein, ich muss ihm nicht um den Hals fallen und ihm sagen, dass ich ihn liebe. Das würde so nicht funktionieren. Ich muss ihm auch kein Versöhnungsangebot unterbreiten. Das könnte er sowieso nicht als ernsthaft gemeint akzeptieren. Ich kann aber versuchen, positiv an ihn zu denken, ihm gute Wünsche zukommen zu lassen – ohne gleich wieder Ängste zu entwickeln, ich würde mich ihm damit hilflos ausliefern, was alle positiven Bemühungen ja sofort zunichtemachen würde. Sein morphisches Feld, unser gemeinsames morphisches Feld und somit auch alle übergeordneten morphischen Felder müssen das Positive erfahren. Sie müssen aufgebaut werden mit Werten, die mich und ihn besser, letztlich auch stärker machen.

Wie wir unsere Realität selbst erschaffen   113

Mit der Einsicht, dass die eigentliche Stärke nicht in den Fäusten liegt, nicht darin, dem anderen überlegen zu sein, sondern im Bemühen, miteinander das Bessere für alle zu bewirken.

Ist es nicht tatsächlich so: Jeder von uns bildet sich ein, er selbst und einige ganz wenige Leute, die er kennt, sind gut, der Rest der Welt je-doch ist abgrundtief schlecht. Er muss es sein, allein schon, weil er so anders ist und man sich deshalb kaum verstehen kann. Das ist Hochmut und maßlose Selbstüberschätzung, die geradezu automatisch zum Beginn einer neuen Feindschaft führen muss. Wie denn sollte er mich achten, schätzen oder gar respektieren können, wenn ich ihm mit dieser Einstellung begegne? Der gegenseitige Argwohn macht jede Annäherung unmöglich. Denn auch ich bin für ihn ja fremd und damit anders.

Umgekehrt: Sollte mir die Tatsache, dass es unter denen, die ich kenne, wirklich gute Freunde gibt, nicht sagen, dass es diese auch anderswo geben muss? Ist es nicht absolut unlogisch, im Anderssein gleich Bosheit und Falschheit zu vermuten? Selbst ein rauer Ton, der mir begegnet, ist doch nur zu oft ein Zeichen von Schwäche, aber nicht von Feindseligkeit.

Doch selbst dann, wenn mir die Bosheit in einer Form begegnet, die keinerlei Zweifel mehr lässt, dass man mir absichtlich schaden und mich in ein falsches Licht setzen oder mir etwas wegnehmen möchte, sollte ich diesen Gegner deswegen nicht hassen oder darüber nachgrübeln, wie ich ihm nun meinerseits Schaden zufügen könnte. Das vergiftet nicht nur die ganze Situation, es »schwärzt« mein morphisches Feld und das meines Gegners. Und damit vermehrt sich das Böse in der Welt weiter. Ich muss den Widersacher natürlich in seine Schranken verweisen, dabei aber die Emotionen ausschalten. Und ich kann oder sollte ihm gleichzeitig positive Energien schicken, damit sein morphisches Feld aufgehellt wird. Damit vermindere ich die Schattenseiten in seinem und meinem morphischen Feld. Der Tag wird kommen, an dem auch er mich nicht mehr hassen können wird.

Das dürfte doch mit dem Gebot der Feindesliebe gemeint sein: Wir Menschen sind eine Einheit. Jeder von uns ist ein Glied im Gesamten. Und Glieder können einander nicht bekämpfen.

40

MORPHISCHE FELDER
AUS DER STEINZEIT

Das widerspricht total unserem bisherigen Denken, Handeln und Verhalten.

Und so ganz einfach ist es auch bestimmt nicht, ein ganz neues Miteinander aufzubauen. Die gnadenlose Härte unserer Welt, der so kompromisslose Konkurrenzkampf im Berufsleben und zugleich die Angst voreinander lassen doch kaum Spielraum für solch lebensfremde Sentimentalitäten. Hat uns nicht Jesus als das große Ideal der Lebensgestaltung die Bergpredigt hinterlassen? Wäre es in unserer Welt denn jemals möglich gewesen, dieses Ideal zu verwirklichen – oder gar als allgemeingültig anzunehmen?

Wer immer es versucht hat, ist gescheitert. Denn dieses Ideal mag im Himmel funktionieren, gewiss nicht auf der Erde. Da sind sich doch alle einig. Oder etwa nicht? Die Aufforderung: Wenn mich einer auf die rechte Wange schlägt, soll ich ihm auch die linke hinhalten, kann nicht so gemeint sein, wie es sich anhört. Wer könnte das schon!

Bisher lautet das allgemeingültige »Gesetz«: Wenn ich nicht deftig zurückschlage, um dem Widersacher Einhalt zu gebieten, wird er sich mir gegenüber immer nur noch mehr herausnehmen. Der nächste Schritt wird sein, dass er darüber nachdenkt, wie er mich endgültig zur Strecke bringen kann. Denn er hat ja erfahren, dass man es mit mir machen kann. Er muss mich für einen lebensuntüchtigen, versponnenen Schwächling halten, der es nicht besser verdient hat.

Ist das nicht tatsächlich so? Können wir alle uns, wie die Erfahrung lehrt, denn nur dann behaupten, wenn wir anderen unmissverständlich beibringen: Mit mir nicht! Wehe, du versuchst auch nur, dich mir in den Weg zu stellen!

Das ist das Denken von gestern. Das war gewiss in der Steinzeit der Menschheit nötig, weil man sich anders nicht hätte behaupten können. Im Grunde haben wir solch eine Einstellung längst als falsch erkannt, doch wir kommen davon nicht los, weil sich die Haltung in den zurückliegenden Jahrtausenden im morphischen Feld automatisiert hat. Wir wissen jetzt, es handelt sich dabei um Felder, die im Laufe der menschlichen Geschichte so stark geworden sind, dass wir nicht dagegen ankommen. Wir haben zwar eingesehen, dass es nicht richtig, ja sogar schlimm ist, mit den Fäusten aufeinander loszugehen. Doch wir tun es immer noch, als würden wir in Höhlen leben, in einer Zeit, in der nur der Stärkste eine Überlebenschance besaß.

41

DAS

VERBRECHEN DER KRIEGE

Die Einsicht in die Existenz der geistig-energetischen Felder aber sagt uns deutlich, dass eine solche Einstellung das eigentliche Übel auf unserer Erde ist. Das gilt im Großen für die Politik ebenso wie im Kleinen für jeden von uns: Die Einstellung – wer nicht bereit ist, sich zu wehren, wer nicht zuschlägt, bevor er geschlagen wird, der hat schon verloren – bestimmt unser Handeln.

US-Präsident Barack Obama, ausgezeichnet mit dem Friedensnobelpreis, hat das so ausgedrückt: »Es gibt Situationen, in denen man militärische Gewalt nicht mehr ausschließen darf ...« Was dabei übersehen wird, ist die Tatsache, dass man das Gute mit Mitteln des Bösen zu erreichen versucht – ausgehend von der Einstellung: Wenn sich in meinem Körper ein Tumor gebildet hat, der droht, den ganzen Körper zu zerstören, dann muss ich diesen gnadenlos wegschneiden, damit der Organismus wieder heil werden kann. Das klingt logisch und entspricht unserer Einstellung zum Leben überhaupt. Man darf doch das Böse nicht wuchern lassen, sonst wird es die ganze Menschheit in den Untergang stürzen.

Das Dumme an der Geschichte ist nur, dass man doch nur allzu oft immer mehr wegschneiden muss, weil die Geschwulst wieder nachgewachsen ist, weil Metastasen auftauchen – einfach deswegen, weil das ursprüngliche Übel, die eigentliche Ursache der Krankheit, eben nicht beseitigt ist, sondern weiterbesteht. Dass ein Tumor aber auch verschwinden kann, ohne dass operiert oder die bösartige Krankheit mit Strahlen und mit Chemotherapie behandelt wurde, das gibt es durchaus, man will es nur nicht wahrhaben und macht sich viel zu wenig Gedanken darüber, was wirklich dahintersteckt.

Denken Sie beispielsweise an den unsinnigen Dreißigjährigen Krieg von 1618 bis 1648. Er hätte beinahe das menschliche Leben im Abendland ausgerottet, weil die Katholiken auf der einen Seite und die Protestanten auf der anderen sich verpflichtet fühlten, ihren Glauben mit Waffengewalt und unfassbaren Schandtaten zu verteidigen. Man kämpfte um den richtigen Glauben an den Mann, der die absolute Liebe gepredigt hatte, um die richtige Einstellung zu ihm, zu Christus. Jene, die sich um den wahren christlichen Glauben stritten, taten genau das Gegenteil von dem, was Christus gefordert hatte. Offensichtlich hatten sie überhaupt nichts verstanden. Im gegenseitigen Hass sah man im anderen nicht mehr den Bruder, sondern den Teufel, der vernichtet werden musste. Die Millionen Menschen aber, die letztlich nichts damit zu tun hatten, deren Existenz vernichtet, die geschändet und ermordet wurden, erlebten die Hölle und mussten den Glauben, um den sich die Großen stritten, doch längst verloren haben.

Ist es nicht schändlich, dass 30 Jahre lang kein Einziger dieser Großen in der Lage war, sich mit dem angeblichen Feind einmal vernünftig zu unterhalten?

Und heute? Eine fanatischer Mann wie Osama bin Laden ist fest davon überzeugt, dass die moderne Menschheit mit ihrer Sucht nach materiellem Wohlstand und ihrer unstillbaren Lebensgier dabei ist, sich selbst zu vernichten. Er handelt wie damals die Katholiken und die Protestanten. Schlimmer noch, er macht junge Menschen zu Fanatikern, denen man einbläut, sie kämen sofort ins Paradies, wenn sie sich in die Luft sprengen und Dutzende Menschen mit sich in den Tod reißen.

Auch in diesem Fall ist das genau das Gegenteil von dem, was der Religionsgründer des Islam, Mohammed, seinen Gläubigen ans Herz gelegt hat.

Ehrlicherweise muss man eingestehen, dass bin Laden mit seiner Einschätzung der westlichen Welt nicht unbedingt unrecht hat. Die große Finanzkrise, die wir gerade durchlebt haben, hat ihn ja auch bestätigt. Bin Laden fühlt sich berufen, dafür zu sorgen, dass die Kluft zwischen unermesslich Reich und Bettelarm nicht immer größer wird, dass nicht weiterhin nur das Geld die Welt beherrscht und einige wenige es horten und verbrecherisch damit umgehen. Es kann aber auch keinen Zweifel daran geben, dass die Mittel, die bin Laden anwendet, absolut falsch und verwerflich sind. Doch auch er ist eben noch dem Denken von gestern verhaftet. Auch er will den Teufel mit Belzebub austreiben. Er sät unentwegt Hass und vergiftet die Welt – im Namen Allahs – mit Terror und Schrecken und mit besonders heimtückischem Mord.

Und der moderne Mensch, der eigentlich nicht mehr dem Mittelalter verhaftet sein sollte: Wie antwortet er darauf?

Der damalige US-Präsident George W. Bush erklärte bin Laden und seinem Terrorismus den Krieg. Er hat sicherlich keine Minute darüber nachgedacht, ob bin Laden nicht vielleicht doch im einen oder anderen Punkt ein richtiges Ziel mit falschen Mitteln anstreben könnte. Er fühlte sich – wiederum von Gott – berufen, den Terror mit Einsatz seiner ganzen Militärmaschinerie zu vernichten. Der Hass wird mit demselben Hass erwidert. Millionen Menschen haben seitdem entsetzlich darunter zu leiden. Das ist nichts anderes als das, was damals im Dreißigjährigen Krieg der Menschheit angetan wurde. Mit dem großen Unterschied, dass wir diesmal in der Lage sind, alles Leben auf unserer Erde auszulöschen.

Wir haben also im Laufe der Jahrhunderte so gut wie nichts gelernt. Wir bleiben den alten morphischen Feldern verhaftet und berufen uns darauf, dass die Gesetze dieser Welt nun mal keinen anderen Weg erlauben, weil man nur mit Stärke und Entschlossenheit dem Bösen die Stirn bieten kann.

TEIL 4

DAS BÖSE
DIESER WELT

42

WIE BEGEGNET MAN
DEM BÖSEN?

Die morphischen Felder aber lehren uns, dass wir uns mit dieser Einstellung schwer verfehlen. Was mit Hass einhergeht, wird überaus mächtig und zerstörerisch, weil eben Hass immer sofort zur Seuche ausartet, gegen die niemand gefeit ist. Wir stecken einander an wie mit einer Kinderlähmung oder mit den Masern. Und wir geben die »Krankheit« sofort an den nächsten weiter. Der Hass ist somit das Dümmste und Gefährlichste, was uns leiten kann.

Es ist gewiss so, dass Leute wie bin Laden nicht mit sich reden lassen. Mit Adolf Hitler hätte wohl kurz vor dem Zweiten Weltkrieg auch niemand reden können. Doch bin Laden ist ein Mensch. Adolf Hitler war ein Mensch. Damit hat der eine und hatte der andere die direkte Verbindung im morphischen Feld mit allen anderen Menschen. Hätte man sich nicht von Hitler und von seinem Feld suggerieren lassen, dass er der große Retter ist, hätte man ihn nicht maßlos bejubelt, sondern sich zusammengeschlossen, dann hätte er sich vielleicht doch noch besinnen können. So aber hat man ihn förmlich angebetet und ihn damit immer noch größer und mächtiger gemacht. Wie Wotan und Thor wurde er zum Götzen aufgeblasen. Die anderen hassten ihn mit ebenso starken Emotionen. Somit wurden er, sein Hass und die Katastrophe, die er auslöste, immer noch größer.

Das mag noch so absurd klingen, gerade deshalb, weil wir alle noch fast unlösbar im gestrigen Denken verhaftet sind.

Doch die positive Zuwendung, die andere nicht größer, aber eben positiver macht, funktioniert. Das sollten Sie einmal im vertrauten Kreis ausprobieren. Der Erfolg wird sich nicht von einer Stunde auf die andere einstellen. Doch er wird sich sichtbar und spürbar einfinden, je intensiver es Ihnen gelingt, alles Negative zu streichen und nur noch positiv zu denken. Wenn Sie sich damit abfinden, dass der andere so und nicht anders ist, wenn Sie ihn in seiner Eigenart respektieren und ihn nicht nach Ihren Vorstellungen zurechtbiegen wollen, dann ist das Liebe. Fangen wir deshalb an, positive morphische Felder zu bauen.

43

WAS WIR VOM FLUCH
LERNEN SOLLTEN

Es ist schon eine sehr merkwürdige Geschichte: Unendlich
viele Menschen haben panische Angst vor einem Fluch. Sobald ihnen nichts mehr gelingen will, fürchten sie, jemand
müsse sie verflucht haben. Das heißt: Man glaubt an die Wirkkraft des Fluches. Und das wohl auch zu Recht. Wer jemandem aus vollem Herzen und mit allen Energien das Böse
wünscht, der nimmt unguten Einfluss auf den anderen und
kann ihm sehr wohl schaden. Vor allem dann, wenn auf der
anderen Seite schon Ängste und Befürchtungen bestehen und
das morphische Feld damit offen ist für negative Einflüsse.

Warum nur glaubt man denn umgekehrt nicht ebenso stark
an den Segen des Gebetes, der Meditation, der guten Wünsche? Warum wird diese Möglichkeit des positiven Einflusses
so wenig und nur so selten wahrgenommen?

Zunächst wohl, weil wir überhaupt an die Wirksamkeit eines
Gebetes nicht so recht glauben. Zu oft schon mussten wir erleben, dass alles Bitten und Betteln unerhört blieb. Dann
sicher auch, weil wir falsch beten. Es darf beim Gebet nicht um
ein verzagtes Hilferufen gehen. Das wäre ja schon wieder negativ. Das Gebet braucht die starke Zuversicht, dass es an-
kommt und etwas bewirken kann. Und es darf sich nicht mit
Plappern begnügen. Es sollte zumindest genauso viel leidenschaftliches Engagement besitzen, wie es im Falle des Fluches,
getragen von der enormen Kraft des Hasses, gegeben ist. Liebe
kann letztlich weit mehr als der Hass, doch sie muss eben ge-

geben sein. Nur mit ihr können wir das eigene morphische Feld bereichern und andere morphische Felder positiver stimmen. Ich muss ein unerschütterliches Vertrauen in die Instanz besitzen, die ich anrufe – und ich muss den, für den ich bete, zumindest im Augenblick des Gebets lieben. Fast möchte ich sagen: Wer beim Beten keine Erleichterung verspürt, der hat sich und anderen eher geschadet als genützt.

44

DIE
KRAFT DES GEBETES

Wie stark ein solches Gebet wirken kann, das hat eine Münchner Mutter erlebt. Kurz nach dem Zweiten Weltkrieg lag ihr 17-jähriger Sohn mit einem Blinddarmdurchbruch im Schwabinger Krankenhaus. Die Ärzte hatten ihn aufgegeben und versuchten, die Mutter schonend darauf vorzubereiten. Antibiotika gab es damals noch nicht. Das Bauchfell war bereits heftig infiziert. Der Junge glühte vor Fieber und lag im Koma.

Die Mutter aber ließ sich ihre Hoffnung nicht nehmen. Sie setzte sich an das Bett ihres Sohnes und rief den verstorbenen Pater Rupert Mayer an: »Pater Rupert Mayer, hilf! Du hast schon so vielen geholfen. Hilf meinem Bub!«

So saß sie einen ganzen Tag und eine ganze Nacht durchgehend am Krankenbett und hielt die Hand ihres Jungen. Ihr ganzer Körper war inzwischen verkrampft. Die Beine schmerzten entsetzlich. Doch sie gönnte sich keine Pause, sondern betete und benetzte die Lippen des Kranken mit Wasser.

Am nächsten Morgen erwachte der Junge. Er lächelte seiner Mutter zu und bat sie um ein Stück Brot. »Ich habe Hunger!« Die Krankheit war besiegt. Der Junge von einst wurde Chefarzt an der Klinik, in der ihn seine Mutter mit ihrem inbrünstigen Gebet gerettet hatte. Eines von über 40000 »Wundern«, die Pater Rupert Mayer, der inzwischen selig gesprochen wurde, zugeschrieben werden.

Auch hier war es wahrscheinlich so, dass der weithin bewunderte Pater, der sich zeitlebens unerschrocken für die

Münchner eingesetzt hatte, mit jedem Gebet ein immer mächtigeres morphisches Feld bekam, das jedem, der ihn anrief – gläubig oder nicht –, zugutekam und -kommen wird.

45

WENN ZWEI ODER DREI

BEISAMMEN SIND ...

Und noch ein wichtiger Hinweis zum Thema Beten: Angesprochen auf ihren Glauben, sagen heute viele moderne Menschen: »In die Kirche gehe ich nicht. Aber ich bete draußen, wenn ich allein und mit der Natur verbunden bin. Das bringt mir mehr!«

Das mag im Einzelfall ja so sein. Niemand will diesen Menschen ihr ganz persönliches Gebet wegnehmen. Das Gebet mit anderen zusammen wird allerdings immer stärker, verbindender und damit auch wirksamer sein als das im stillen Kämmerlein oder draußen, mit sich allein, in der Natur. Ganz einfach deshalb, weil sich die Seelen im gemeinsamen Gebet zusammenschließen und somit das gemeinsame morphische Feld seine volle Wirkkraft entfalten kann. Im gemeinsamen Gebet werden mein morphisches Feld und jene, für die ich bete, aufgerüstet. Im gemeinsamen Gebet ist das doch gerade so, als würde man viele Batterien zusammenschließen, sodass sehr viel mehr Energie abgegeben werden kann. Man könnte auch sagen, wer sich absondert, versagt den anderen seine Mithilfe, die ihr Gebet verstärken würde.

Als Jugendlicher im Zweiten Weltkrieg habe ich dies in einem kleinen Dorf im Schwarzwald miterlebt. Am Sonntag strömten die Bauern, ihre Frauen und Kinder, die Knechte und Mägde von ihren abgelegenen Höfen zur kleinen Kirche. Schon dieser Kirchgang war ein Ritual. Man hatte die schönsten Trachten angezogen und war sichtbar feierlich gestimmt.

Das Böse dieser Welt   129

Aus kleinen Gruppen wurden immer größere, bis man schließlich wie in einer Prozession vor der Kirche ankam. Ein wirklich festliches Bild.

Der Pfarrer hielt vorne, der Gemeinde den Rücken zugekehrt, wie das damals üblich war, die Messe in lateinischer Sprache. Kein Einziger dahinter konnte so richtig begreifen, was sich da vorne abspielte. Das war auch völlig unwichtig. Die Leute hatten ihren Rosenkranz aus der Tasche gezogen. Und einer der Bauern begann laut den Rosenkranz zu beten. Die Gemeinde stimmte mit ein. Das Gebet wogte in wunderschöner Harmonie hin und her.

Und nun konnte man in der Kirche regelrecht spüren, wie die Einzelpersonen zur Gemeinde verschmolzen waren. Jeder in sich versunken – alle miteinander in der Wiederholung der immer gleichen Texte im gleichen Rhythmus auf und ab schwingend. Das hörte sich an wie eine feierliche Melodie. Jeder hatte seine eigenen Bitten, seine Sorgen, seinen Kummer, seine Freude und seine Dankbarkeit eingebracht – und alle miteinander fühlten sich in der Gemeinschaft irgendwie geborgen und damit erleichtert. Das konnte man nach dem Gottesdienst von ihren Gesichtern ablesen.

Eigentlich schade, dass es das heute in dieser Form nicht mehr gibt. Im Gottesdienst heute hat man zwar das Gefühl, dass alle deutlicher begreifen, was sich vorne am Altar tut. Sie verstehen auch, was der Pfarrer betet. Doch ob dieses Zusammenschwingen wie damals noch zustande kommt? Das Beten bleibt fast die ganze Messe hindurch auf kurze Antworten beschränkt.

Der uralte Rosenkranz, den es längst vor der christlichen Religion gegeben hat, der so oft in unseren Tagen als das langweiligste und primitivste Gebet herabgesetzt wird, ist nebenbei das Gebet einer sehr gesunden Lebenseinstellung, die wiederum genau mit der These von den morphischen Feldern übereinstimmt:

»Den du, oh Jungfrau, vom Heiligen Geist empfangen hast.«

Das heißt doch nichts anderes, als dass alles in unserem Leben, ja unser Leben selbst, uns geschenkt ist. Unsere Talente, unsere Begabungen, aber auch unsere Schwächen stammen nicht von uns, sie wurden uns mitgegeben. Wir brauchen uns somit auf das, was wir zustande bringen, nichts einzubilden. Und wir müssen auch keine Minderwertigkeitsgefühle entwickeln, wenn wir nicht alles erreicht haben. Oder wie es ein berühmter Rabbi treffend formulierte: »Wenn ich über mein Leben einmal zur Rechenschaft gezogen werde, wird man mich nicht fragen, warum ich kein Moses geworden bin. Man wird mich an dem messen, was ich mit meinen Anlagen hätte werden können.«

»Den du, oh Jungfrau, zu Elisabeth getragen hast.«

In ihrer Freude über die Schwangerschaft ist Maria, die Mutter Jesu, zu ihrer Cousine Elisabeth gewandert, um ihre Freude mit ihr zu teilen. Wir sind also aufgefordert, nichts für uns zu behalten, sondern es mitzuteilen. Wir müssen alles teilen, nicht nur den Schmerz, sondern auch die Freude, denn wir gehören zusammen. Es gibt keine neidischen Götter, die mir das Glück wegnehmen könnten.

»Den du, oh Jungfrau, geboren hast.«

Erst wenn ich weiß, dass ich alles geschenkt bekam, wenn ich bereit war, meine Fähigkeiten, meine Möglichkeiten mit anderen zu teilen, erst dann kann ich etwas zustande bringen. Denn ich bekomme ja auch von anderen viel mit, auch wenn mir das in aller Regel nicht bewusst wird.

»Den du, oh Jungfrau, im Tempel aufgeopfert hast.«

Wenn ich tatsächlich etwas geschaffen habe, gibt es keinen Grund, sich darauf etwas einzubilden – aber umso mehr Grund, dankbar zu sein –, auch allen, die mir bewusst oder un-

Das Böse dieser Welt 131

bewusst dabei geholfen haben. Meine Leistung gehört nicht mir, sondern allen Menschen. Denn letztlich hat jeder mit seinen Gedanken, seinem Einfluss daran mitgewirkt.

»Den du, oh Jungfrau, im Tempel wiedergefunden hast.«

Wenn ich aber losgelassen habe, auf Anerkennung oder gar Bewunderung verzichtet habe, werde ich das alles zurückbekommen. Und es wird mir an nichts fehlen. Wenn ich aber ruhmsüchtig und egoistisch versuche, mir Anerkennung zu verschaffen, ist das Risiko sehr groß, dass ich leer ausgehe.

Ganz so nichtig scheint mir ein solcher Rosenkranz wirklich nicht zu sein.

Was wir jetzt noch brauchen, das ist das Gebet für jene, die uns nicht mögen oder die uns gar feindselig gesinnt sind. Wir müssen im Gebet, im positiven Denken an sie, dazu beitragen, dass in ihrem morphischen Feld die dunklen Seiten aufgehellt werden. Das ist die einzige, zugleich aber sehr wirksame Methode, eine friedlichere Welt zu schaffen. Wenn wir das nur endlich einsehen könnten! Bisher fehlt das völlig. Ich habe noch nie vernommen, dass jemand für bin Laden betet, er möge doch zur Vernunft kommen. Es ist doch gerade so, als hätten wir solche Menschen aus der Gemeinschaft ausgeschlossen. Sie zählen nicht mehr. Warum verschenken wir die Möglichkeit, ihnen zu helfen?

Um wieder konkret zu werden: Es ist natürlich gut, für die Menschen zu beten, die in Kriegsgebieten wie Afghanistan unter den niederträchtigen Selbstmordanschlägen zu leiden haben. Wir dürfen zugleich aber auch keinen Hass entfalten gegen jene, die diese Anschläge ausüben. Sie brauchen auch unsere Hilfe, um aus ihrer Verbohrtheit herauszufinden, sonst wird das Morden niemals aufhören. Wir müssen darüber nachdenken, was ihren Hass und ihr Morden an so unendlich vielen Unschuldigen ausgelöst hat, und bereit sein, uns und unser Verhalten dahin zu verändern, dass sie keinen Grund mehr finden, uns anzugreifen. Nur so kann ein gutes Miteinander zustande kommen. Sind solche Einstellungen wirklich nur utopisch?

46

DER KRIEG,
DER UNS BEDROHT

Nostradamus hat uns gewarnt: Der herrschende Hass gegeneinander wird dazu führen, dass sich die bislang so untereinander zerstrittenen islamischen Staaten zusammenschließen. Wie er andeutet, unter Führung bin Ladens – damit werden auch die gutwilligen, friedlichen Mohammedaner ins fanatische, radikale Lager gezwungen. Die beiden Blöcke, die Islamisten gegen den Rest der Welt, würden dann einen langen Krieg gegeneinander führen. Eine sehr schlimme Naturkatastrophe in Europa, die die ganze Ernte vernichtet, wird Gruppierungen in Südfrankreich und Oberitalien auf den Plan rufen, die mit den Terroristen zusammenarbeiten, um die Regierungen der europäischen Länder und auch die Mächtigen im Vatikan zu ermorden, und damit das große Chaos in Europa auslösen. Müssen wir nicht alles tun, um das zu verhindern? Nicht erst morgen, sondern schon heute? Sind wir sonst nicht bereits dabei, in einen neuen Dreißigjährigen Krieg zu geraten, der alles, was es bislang an Kriegen gegeben hat, weit übertreffen müsste?

Damit kein Missverständnis aufkommt: Wenn man den Krieg ablehnt, muss man noch lange kein Pazifist sein, um solche Ideen zu vertreten. Natürlich darf man sich wehren, anderen Grenzen setzen. Und sicher gibt es auch Grenzfälle, in denen, wie Barack Obama meint, auf Gewalt nicht verzichtet werden kann. Wenn ein Verbrecher in meine Wohnung stürmt und einen meiner Enkel umbringen will, werde ich natürlich nicht zusehen oder nur ein frommes Gebet sprechen. Doch im gleichen Moment, in dem man so etwas niederschreibt, wird einem klar, wie sehr wir alle, trotz aller Bemühungen, doch noch im alten Denken verhaftet sind: Wir müssen die alten negativen morphischen Felder loswerden. Wenn wir sie durch positive Felder ersetzen und richtig damit umgehen, dann wird es eben auch solche extremen Grenzfälle nicht mehr geben. Deshalb müssen wir versuchen, neu zu leben und zu denken, wenn die Welt sich ändern soll. Es wird nicht von einem Tag auf den anderen gelingen, doch das darf uns von unseren Bemühungen nicht abhalten.

Anders gesagt: Wir müssen alles tun, damit es zum bösartigen Tumor erst gar nicht kommt. Wir müssen so leben, dass wir dagegen gefeit sind. Sollte er aber trotzdem heranwachsen, dann muss man vor den radikalen Methoden die sanften anwenden und ihn damit in die Schranken verweisen.

47

VON DER BOSHEIT –
UND VOM TEUFEL

Die Tatsache, dass nichts, was immer wir denken und fühlen, verloren geht, führt uns nun direkt zu der Frage: Woher kommt dann die Bosheit in unserer Welt? Gibt es den Teufel vielleicht doch? Ist auch er ein mächtiges morphisches Feld, das auf alle von uns einwirkt? Wurde er etwa von Gott geschaffen, damit wir uns gegen ihn bewähren können?

Wenn wir in unseren Tagen pausenlos von schlimmsten Verbrechen hören und lesen, von Gewalttaten und Mord an Kindern, dann fragen wir uns entsetzt, wie sogar Väter und Mütter zu solchen Untaten fähig sind. Eigentlich traut man das keinem Menschen zu, weshalb wir dazu neigen, an die reale Existenz des Bösen in der Welt zu glauben. Wir machen den Teufel, als Gegenspieler Gottes, dafür verantwortlich. Woher sonst sollte so viel Bosheit und Niedertracht in der Welt denn stammen?

Es gehört mittlerweile zu den täglichen Schlagzeilen: Eltern lassen ihr Kind verhungern. Väter prügeln ihre Kinder tot. Eine Mutter bringt sich um und nimmt ihr Kind mit in den Tod. In der Tiefkühltruhe einer jungen Mutter wird ein totes Baby gefunden. Und so weiter. Alle drei Sekunden muss auf unserer Erde ein Kind an Unterernährung sterben. Ist das noch eine Welt, in der man leben möchte – und ruhig schlafen könnte?

Ist die Tatsache, dass wir das alles vernehmen und sofort zur Tagesordnung übergehen, nicht ebenso erschreckend?

Nein. Wir alle könnten es psychisch nicht verkraften, uns pausenlos mit Katastrophen, Bosheiten und Schlechtigkeiten zu befassen. Wir würden damit nur zusätzlich morphische Felder mit negativen Energien anfüllen. Wir dürfen es nicht einfach hinnehmen, doch Gram, Sorgen, Ängste, Wut oder gar Gefühle der Ohnmacht und des Hasses würden alles nur verschlimmern.

Was wir in solchen Situationen brauchen, ist zunächst die Einsicht in das Funktionieren der Bosheit und die Bereitschaft, mit unseren eigenen Möglichkeiten dazu beizutragen, dass sie überwunden werden kann.

Zunächst müssen wir einsehen, dass vieles, was wir für böse halten, keine Schlechtigkeit ist, sondern ein genetisches Erbe, welches früher als Überlebensstrategie notwendig war. Vor Jahrmillionen brauchte der primitive Mensch noch seine Aggressionen und seine starken Triebanlagen, sonst hätte er sich nicht behaupten können. Das Dumme daran ist nur, dass diese morphischen Felder immer noch gelebt werden.

48

DIE ÜBERHOLTE
STRESS-AUFRÜSTUNG

Denken Sie beispielsweise an die Stressfunktionen in unserem Körper, die heute noch genauso wie vor Jahrmillionen funktionieren: Sah sich ein Mensch einer bedrohlichen Situationen gegenüber, hatte sich sein Körper im Bruchteil einer Sekunde so perfekt aufgerüstet, dass er in der Lage war, den Kampf anzunehmen oder zu fliehen. Blitzschnell – keiner weiß bisher, wie das überhaupt in dieser Geschwindigkeit funktionieren kann – waren seine Muskeln mit Zucker und Fetten versorgt, sodass er auf Anhieb mit den notwendigen Kräften gerüstet war, der Gefahr zu entfliehen oder sich dem Kampf zu stellen.

Wenn ich heute auf die Straße trete und das heranbrausende Auto übersehe, funktioniert das noch genau so. Ohne dass ich überlegen könnte, wie ich mich retten kann – das Denken ist in diesem Moment sogar ausgeschaltet –, springe ich auf den Gehweg zurück. Dieser Sprung erfolgt schneller und er führt weiter, als ich dazu normalerweise in der Lage wäre. Ist es nicht mein morphisches Feld, das mich rettet?

Nun findet dieses körperliche Aufrüsten aber auch statt, wenn mein Chef mit dunkler Miene das Zimmer betritt. Die Situation wird noch verschärft, weil ich weiß, dass ich ihm nicht an den Kragen gehen kann. Eine Flucht ist auch nicht möglich. Ich befinde mich also augenblicklich im heftigen Stresszustand. Die »Kampfstoffe« Fette und Zucker werden in unvorstellbarer Geschwindigkeit in meine Muskeln gejagt. Ich strotze vor Kraft und bin sozusagen auf Hochtouren. Der Fehler daran ist nur: Ich brauche in meiner prekären Situation überhaupt keine »körperliche Aufrüstung«.

Selbst wenn der Chef meine Entlassung aussprechen würde, könnte ich mich mit meinen Körperkräften dagegen nicht wehren. Vielleicht wäre es noch möglich, mich mit einem guten Einfall zu retten. Doch das Denken ist in diesem Moment ja weitgehend lahmgelegt. Ich bin sozusagen bis in die Fingerspitzen kampfbereit – und fühle mich gleichzeitig entsetzlich ohnmächtig.

Wenn die kritische Situation vorbei ist, sitze ich wieder hinter meinem Schreibtisch. Immer noch »aufgeladen« im wahrsten Sinne des Wortes, ohne die Möglichkeit, mich »entladen« zu können. Das muss nun mein Körper mit großen Anstrengungen erledigen. Er muss die Stressfolgen wieder abbauen, indem er den Zucker und die Fette aus dem Blut fischt. Dazu braucht er das Insulin, das den Zucker wegschafft. Die Fette muss er, weil es keine andere Möglichkeit gibt, an die inneren Wände meiner Blutgefäße kleistern. Wenn das zum Dauerzustand wird, werde ich zum Diabetiker oder leide an Arteriosklerose. Vielleicht ist sogar beides gegeben. Was also ursprünglich so sinnvoll war, das wirkt sich heute geradezu gefährlich aus.

Das ist nur ein Beispiel dafür, wie viel von Urzeiten her noch in uns steckt und in gleicher Weise wie einst abläuft. Diese Stressreaktion macht uns aber auch deutlich, wie unerklärlich schnell sich bereits existierende morphische Felder auch in unserem Körper aufbauen. Auf jeden Fall weit schneller, als materielle Vorgänge funktionieren und reagieren könnten. Auch das ist wieder wie bei den Eisenspänen: Der Magnet, dessen Feld ja längst vorhanden ist, zwingt sie nicht nach und nach in seine Linien. Er leitet keinen Entwicklungsprozess ein, der sich dann nach geraumer Zeit vollzieht, so, wie Salz sich im Wasser auflöst und Wärme das Eis auftaut.

Das Böse dieser Welt   139

Bei den Stressmechanismen ist die Geschwindigkeit fast noch auffälliger als bei den magnetischen Linien: Auch die Aufrüstung der Muskeln geschieht im Bruchteil eines Wimpernschlags, obwohl doch recht viel Zucker und Fette von einem Ort zum anderen transportiert werden müssen. Weder das Aufrüsten der Muskeln noch die Leistung, die damit in der Notsituation erbracht werden könnte, haben etwas mit Logik zu tun. Denn Überlegungen würden ja die Reaktion verzögern oder gar verfälschen.

Es gibt deshalb keine andere Erklärung als eben die, dass es sich nicht um materielle, sondern um geistig-energetische Vorgänge handelt. Womit wir einen weiteren Beweis für deren Existenz gefunden haben.

Dieser Stressmechanismus ist also ein morphisches Feld, das nicht erst seit Jahrtausenden, sondern seit Jahrmillionen existiert und im Laufe der Zeit eher stärker als schwächer wurde. Wenn man sich vorstellt, wie dieses Feld, in jedem von uns angelegt, allein in Kriegen immer wieder aktiviert und weiter ausgebaut wurde, darf man sich wahrhaftig nicht wundern, wenn labile Naturen in schwierigen Situationen die Beherrschung verlieren und genauso zuschlagen oder gar zur Waffe greifen, wie das einstmals nötig war. Vieles von dem, was wir als Reflex bezeichnen, gehört in diesen Bereich. Ebenso das, was wir Affekthandlungen nennen. Es handelt sich um kein überlegtes Vorgehen, sondern um den Rückfall in ein uraltes, sehr ausgeprägtes morphisches Feld.

49

DAS ELEND
DER VIETNAMVETERANEN

Nach dem Krieg und der Niederlage in Vietnam sind Hunderttausende Soldaten in die USA als seelische Krüppel zurückgekehrt. Sie, die gezwungen waren, täglich zu töten, die es nicht verhindern konnten, dabei auch Frauen und Kinder umzubringen – Zivilisten, die sie von feindlichen Soldaten nicht unterscheiden konnten –, fanden sich zu Hause nicht mehr zurecht und mussten psychiatrisch behandelt werden. Sie wurden ihren Albtraum nicht mehr los.

Viele von ihnen, denen man im Krieg zu schießen und zu töten befohlen hatte, konnten einfach nicht begreifen, wieso sie sich jetzt plötzlich dem aufsässigen Nachbarn gegenüber so völlig anders verhalten sollten. Beim kleinsten Anlass griffen sie zur Waffe und handelten ebenso, als wären sie noch im vietnamesischen Urwald – entsprechend der eingeübten Gewohnheit, die vom starken morphischen Feld gebildet wurde.

Andere verkrochen sich zu Hause und waren unfähig, eine normale Arbeit zu übernehmen. Sie trauten sich nicht mehr unter Menschen – aus Furcht, sie würden sich wehren müssen. Lange genug waren sie dem bösen Dilemma ausgesetzt gewesen, in jedem Menschen, dem sie begegneten, einen Feind zu sehen, der ihnen nach dem Leben trachtet. Wie entsetzlich viele negative morphische Felder sind auf diese Weise doch gebaut worden – und existieren immer noch! Und wie viel negative geistig-energetische Energien sind über diese Heimkehrer in die morphischen Felder der Familienmitglieder eingeflossen!

Womit wir wieder bei der gegenseitigen Abhängigkeit voneinander angekommen sind. Wir alle geraten immer wieder in heftigen Stress. Zumindest die Älteren unter uns hatten noch Väter, denen man auch das Töten und viele Grausamkeiten befohlen hatte. Neuerdings gibt es wiederum Kinder, deren Väter Krieg führen müssen. Das alte Feld »Du musst töten!« wird also wieder reaktiviert und weitergegeben, auch wenn das eigentlich niemand will.

Wir alle sind aber nicht nur abhängig von unseren Zeitgenossen, sondern fast mehr noch von unseren Vorfahren, denn sie haben unsere morphischen Felder ausgestattet.

In diesem Punkt darf man wohl einen gewissen Fortschritt erkennen. Unsere Soldaten des Ersten Weltkriegs zogen noch mit Jubel und Begeisterung an die Front. Weil sie nicht wussten, was ihnen drohte, freuten sie sich auf das Kämpfen. Im Zweiten Weltkrieg hielt sich die Begeisterung schon eher in Grenzen. Heute gibt es wohl kaum mehr Soldaten, die mit freudigen Erwartungen in Kriegsgebiete fahren.

Wenn Vorfahren es gelernt haben, mit Krisen vernünftig umzugehen, also positive Felder zu errichten, die dafür sorgen, dass man auch in der Not einen kühlen Kopf bewahrt, so werde auch ich das besser können. Je mehr ein Mensch jedoch noch seinen Urtrieben – also den sehr starken Feldern der gewaltsamen Durchsetzungskraft von einst – verhaftet ist und sich von ihnen leiten lässt, umso eher und deutlicher werden diese morphischen Felder aktiviert. Dann kann es nicht nur zu Prügeleien, sondern sogar zu brutalen Gewalttaten kommen.

50

VON DER ERBSÜNDE
ZUR SCHULDBESESSENHEIT

Das gilt auch für so viele weniger heftige und folgenschwere
Fehler, die uns immer wieder unterlaufen: Wir fallen zurück in
alte oder sogar uralte morphische Felder. Und dann fühlen wir
uns schuldig oder gar schlecht. Der eigentliche Fehler ist uns
aber viel früher unterlaufen, als wir es versäumt haben, positive
Felder zu errichten, die uns zum richtigen Handeln verholfen
hätten. Das ist keine Entschuldigung für ein Fehlverhalten, es
wäre aber auch falsch, von Schuld zu sprechen – es sei denn,
wir beginnen zu begreifen, dass es sich beim Versäumnis, positive und nur positive Felder zu bauen, um die eigentliche
Schuld überhaupt handelt. »Ich habe Gutes unterlassen« –
wie es im Schuldbekenntnis der katholischen Liturgie heißt.

Der schon zitierte Jesuitenpater Pierre Teilhard de Chardin
hat uns recht zornig zugerufen: »Ihr seid doch alle schuldbeses-
sen!« Hatte er nicht recht? Es beginnt schon mit der Geburt.
Da bringen wir nach der Lehre der christlichen Kirche eine
Erbsünde mit auf die Welt, die angeblich zurückgeht auf Adam
und Eva, die durch ihr Fehlverhalten das Paradies verspielt
haben. Jeder Mensch muss deshalb in der Taufe zunächst von
dieser Erbschuld befreit werden.

Wie viel vernünftiger hört sich die Geschichte vom Verlust
des Paradieses an, wenn wir versuchen, sie ganz neu zu lesen.
Alle bisherigen Deutungen können nicht richtig sein, allein
deshalb nicht, weil sie das Gottesbild grauenvoll verzerren:
Kann ich mir einen Gott vorstellen, der alles weiß und alles

Das Böse dieser Welt 143

kann und der sein Lieblingsgeschöpf, den Menschen, auf so infame Weise hereinlegt? Er musste ja von vornherein wissen, dass Adam und Eva von den verbotenen Früchten naschen würden. Somit wäre das mit der Frucht vom Baum der Erkenntnis, der Eva nicht widerstehen konnte, keine Prüfung gewesen. Der Schöpfer hätte seine Geschöpfe bewusst ins Messer laufen lassen. Das kann nicht der Gott sein, den wir lieben könnten.

In der Bibel heißt es:

»In der Mitte des Gartens aber wuchsen der Baum des Lebens und der Baum der Erkenntnis von Gut und Böse.«

(Genesis 2,7–9)

»Verboten waren nur die Früchte des Baums der Erkenntnis.«

(Genesis 2,15–17)

Das heißt doch: Die ersten Menschen lebten noch im ursprünglichen Zustand ungetrübter, unschuldiger Natürlichkeit, eingebettet in die Harmonie der Natur, gelenkt und geleitet von den Naturgesetzen.

Und nun kam der Moment, in dem sie sich entscheiden mussten: »Bleiben wir in animalischer Unbekümmertheit und Sorglosigkeit und im natürlichen Einklang mit der Natur des Paradieses? Dann müssen wir aber auf den Evolutionssprung verzichten, der uns erst zum Menschen macht. Oder entwickeln wir Bewusstsein und Erkenntnis, aber verlieren die Führung von den bis dahin nur positiven Engeln der Natur? Denn dann würden wir selbst über Gut oder Böse bestimmen. Wir könnten uns gegen das entscheiden, was wir als richtig erkannt haben. Das ist die große Freiheit, die der Schöpfer uns einräumt. Und wir bekämen damit die Macht, an der Schöpfung teilzuhaben. Indem wir denken, fühlen, ein Selbstbewusstsein entfalten würden und uns frei entscheiden könnten, wären wir fähig, selbst morphische Felder zu schaffen, zu verändern oder auch zu verderben.«

Der Mensch hat diesen Schritt getan und damit das »Paradies« verloren. Doch die Geschichte ist damit nicht zu Ende. Wir werden das Paradies wiederfinden, verspricht uns die Apokalypse des Johannes. Vielleicht stehen wir sogar kurz davor mit dem schon erwähnten nächsten Schritt der Evolution, wenn es unmöglich geworden sein wird, einander Böses anzutun. Dann, wenn wir »über alle unsere Fähigkeiten« verfügen. Wenn die Einzelzellen alias Menschen zum Organismus Menschheit zusammengewachsen sein werden.

Die Apokalypse des Johannes schildert das neue Dasein der Menschheit so:

»Zwischen der Straße der Stadt und dem Strom, hüben und drüben stehen die Bäume des Lebens. Zwölf Mal tragen sie Früchte, jeden Monat einmal. Und die Blätter der Bäume dienen zur Heilung der Völker. Es wird nichts mehr geben, was der Fluch Gottes trifft (...) Selig, wer sein Gewand wäscht. Er hat Anteil am Baum des Lebens ...«

(Offenbarung 22, 2–3 und 14)

Das heißt: Wer vom Baum des Lebens essen darf, wird nicht mehr sterben. Er wird auch nicht mehr krank oder aber er kann sich umgehend heilen. Die Menschheit wird wieder im Paradies, im Einklang mit der Natur, sein. Es wird nichts Böses mehr geben.

51

ES GEHT NICHT,
OHNE SCHMERZEN ZUZUFÜGEN

Bis dahin aber plagen wir uns ab mit Schuldgefühlen. Es ist ja nicht so, dass wir jeweils sofort erkennen könnten, was gut und richtig, falsch und böse wäre. Ganz selten nur haben wir die Chance, zwischen Schwarz und Weiß zu entscheiden, sodass wir problemlos das Gute wählen könnten. In aller Regel haben wir doch nur Graustufen vor uns, die sich kaum voneinander abheben. Wir sind kaum in der Lage, das etwas Bessere vom weniger Guten zu unterscheiden – und selbst dann machen wir uns die Entscheidung in aller Regel nicht leicht.

Wir bleiben nicht einmal davor verschont, etwas tun zu müssen, was einem anderen, vielleicht sogar gerade dem Menschen, den wir am meisten lieben, großen Schmerz zufügt. Müssen wir uns dann etwa schuldig fühlen?

Denken wir beispielsweise an die junge Tochter, deren Mutter sie nicht loslassen kann. Die ihr immer noch vorschreiben will, was sie zu tun und zu lassen hat. Müsste sie etwa hinnehmen, dass sie weiterhin bevormundet wird und damit ihren eigenen Weg verfehlt, nur weil es Sünde wäre, die Abhängigkeit zu lösen? »Du sollst Vater und Mutter ehren, damit es dir gut geht auf Erden« – heißt es in den Zehn Geboten. Muss man als Kind wider bessere Einsichten stets nachgeben?

Oder: Die alte Mutter ist krank geworden, und wir können sie neben den beruflichen und familiären Verpflichtungen nicht mehr pflegen. Sie will in kein Pflegeheim, doch es muss sein. Ist das lieblos oder ganz einfach nur vernünftig?

Wir fühlen uns doch alle unentwegt schuldig und machen uns damit schlechter, als wir sind. In neunundneunzig von hundert Fällen handeln wir nicht boshaft. Es gäbe deshalb auch keinen Grund, sich eine Schuld einzureden. Mit diesen Schuldgefühlen aber schaffen wir unentwegt morphische Felder, in die wir dann bei jeder denkbaren Kleinigkeit hineinstolpern. Bis wir schließlich unseren Schutzengel zu einem einzigen Trauerkloß geformt haben, der es kaum mehr wagt, jemandem in die Augen zu blicken. Ich bin überzeugt davon, dass es sich bei diesen Feldern um jene handelt, die uns am meisten hinabziehen und am häufigsten krank machen.

Das ist die eine Seite. Vieles, was wir für böse halten, was uns Schuldgefühle beschert, ist gar nicht böse. Es ist an der Zeit, dies einzusehen und das Thema Schuld neu zu definieren.

52

DER

BETRUG DER GELDHÄNDLER

Die andere Seite: Natürlich gibt es das Böse. Wenn ein Bankberater einer alten Frau sogenannte Zertifikate verkauft, obwohl er eigentlich wissen müsste, dass diese Papiere absolut wertlos sind, dann ist das ein Verbrechen: Entweder hat er etwas verkauft, ohne sich ausreichend zu informieren, was es überhaupt ist. Oder, noch schlimmer, er hat seine Kundin bewusst getäuscht. Schon dann, wenn er ihr verschweigen würde, dass das Papier, das er anbietet, mit hohem Risiko belastet ist, wäre er ein Betrüger. Und es kann keine Entschuldigung sein, dass er selbst unter immensem Erfolgsdruck steht und um seine Position fürchten muss, sollte der Verkauf nicht gelingen.

Wenn jemand verdorbene oder schädliche Lebensmittel verkauft, wohl wissend, dass der Kunde daran erkranken könnte, handelt es sich ebenfalls um infame Bosheit. Und zwar doppelt und dreifach. Einmal betrügt er seinen Kunden mit falscher Etikettierung. Das ist Betrug. Zum anderen gefährdet er die Gesundheit aller, die seine Waren kaufen. Reine Geldgier hat ihn zur Untat getrieben. Vermutlich hat er sich eingeredet, es würde schon nichts passieren. Damit hat er sein schlechtes Gewissen verdrängt. Außerdem hielt er sich für besonders clever in der Erwartung, es könnte keiner seinem Fehlverhalten auf die Schliche kommen.

In all diesen Fällen – und man könnte sie wieder endlos weiterführen – weiß der Betrüger genau, was er tut. Seine Bosheit ist Absicht. Bemerkenswert an solchen Verbrechen ist aber, dass sie nicht vereinzelt auftauchen. Und hier erkennen wir wieder die Wirkung der morphischen Felder: Einer, der Fleischabfall als gute Ware verkauft, wird entdeckt. Und dann kommt lawinenartig ans Licht, dass er kein Einzelfall war, sondern viele andere ebenso wie er gehandelt haben. Keiner hat vom anderen gewusst und sich eingebildet, er allein wäre auf diese absurde und böse Idee gekommen. In Wirklichkeit hat das morphische Feld die Idee der Bosheit verbreitet – genauso wie bei den beiden Technikern in München und in Offenburg, die gleichzeitig den Dieselmotor erfanden.

53

DUPLIZITÄT –

UND DIE MORPHISCHEN FELDER

Immer dann, wenn sich Ereignisse, Katastrophen und Skandale auf ähnliche Weise wiederholen, spricht man von der Duplizität der Ereignisse, weil man weiß, wenn im Ort ein Haus abbrennt oder ein Mord geschieht, wird wohl noch ein zweiter oder gar dritter Brand oder Mord nachfolgen, ohne dass es zwischen den Bränden einen Zusammenhang geben müsste. Einer kommt auf die Idee, mit Wertpapieren, die außer dem Papierpreis keinerlei Wert besitzen, reich zu werden. Wiederum liegt die Anregung in der Luft, etwas Ähnliches zu tun – wie bei einer grassierenden Virusinfektion.

Der amerikanische Evolutionsbiologe Richard Dawkins hat dafür sogar einen neuen Begriff geprägt: Er spricht vom Mem.

Seiner Meinung nach gibt es vergleichbar den biologischen Genen geistige Gene, welche die Kommunikation ermöglichen. Ein Mem wäre demnach eine Gedankeneinheit, die sich ähnlich wie ein Computervirus vervielfältigt. Und zwar nicht so, dass vom Sender zum Empfänger einfach eine Kopie eines Gedankens geschickt wird, sondern das Mem erklärt zugleich den wesentlichen Kern der Botschaft, sodass er vom Empfänger auch verstanden wird. Meme können sich zu Komplexen zusammenbündeln, die uns dann auch schwierigere Zusammenhänge verständlich machen, und solche Komplexe sollen dann besonders »viral« wirken.

Sie haben, so Dawkins, die geistig-kulturelle Entwicklung der Menschheit vorangetrieben.

Eine interessante Theorie, die immerhin zeigt, dass Wissenschaftler damit beginnen, den Geist wieder als Realität anzuerkennen. Im Grunde ist es das, was wir von den morphischen Feldern schon kennen. Wenn es diese Meme gibt, dann wohl als Wirkweise dieser Felder.

Doch zurück zur Tatsache, dass speziell Verbrechen immer wieder als »Bündel« um sich greifen. Denken Sie an das abscheuliche Verbrechen in Österreich: Ein junger Mann entführt ein halbwüchsiges Mädchen und versteckt es in seinem Keller. Dort hält er es gefangen. Und das über viele Jahre. Niemand in der Umgebung hat eine Ahnung davon, was da passiert. Als die inzwischen junge Frau dem Peiniger endlich entfliehen kann und das schändliche Verbrechen ans Tageslicht kommt, ist die Welt erschüttert und denkt an einen besonders schlimmen Einzelfall, den Auswuchs eines einzelnen krankhaften Gehirns.

Doch kurze Zeit später wird ein zweiter Fall entdeckt. Er ist ganz ähnlich gelagert, aber noch deutlich perverser. Diesmal hat ein Vater seine eigene Tochter in einem Nebengebäude versteckt und mit ihr Kinder gezeugt. Mit perverser Genialität hat er seine zweite »Familie« abgeschirmt und versorgt – mitten in einer dicht besiedelten Wohnanlage. Erst als er wohl die Last des Gewissens nicht mehr ertragen konnte und mehr oder weniger bewusst einen Fehler beging, indem er ein erkranktes Kind vor die Tür seiner Frau legte, wurde seine Schandtat offenbar. Duplizität der Ereignisse?

Nicht genug damit: Zwei solcher Fälle hätten noch als Zufall gelten können. Doch es gab noch mehr, die fast auf gleiche Weise abgelaufen waren. Wir mussten kurz später von einem dritten und dann sogar von einem vierten Fall in einem anderen Land hören.

Es gab vor zehn oder zwanzig Jahren keinen Film mit einem ähnlichen Thema, kein Buch, das als Anregung hätte dienen

Das Böse dieser Welt

151

können. Es war bis dahin kein ähnlich gelagerter Fall bekannt, der als Vorbild gedient haben könnte.

Wieder gibt es für die unheimliche Synchronizität dieser abwegigen Verbrechen nur die eine Erklärung: die Verbindung aller Menschen miteinander im morphischen Feld Menschheit. Und darunter, so muss man folgern, liegen spezielle morphische Felder, die Verbrecher untereinander kurzschließen, auch wenn sie nie etwas voneinander erfahren sollten. Nicht nur das Gute, sondern auch das Böse ist eben ansteckend und kann sich wie eine Seuche ausbreiten.

54

DER

FÜRST DIESER WELT

Und damit gibt es auch den Teufel. Er ist der gefallene Engel, einstmals heilig in der allerhöchsten Himmelshierarchie. Er ist der Fürst dieser Welt – weil wir Menschen ihn dazu gemacht haben. Er ist das höchste morphische Negativfeld, von uns Menschen selbst in diese Rolle gedrängt.

Er wäre schon existent, würde nur ein einziger Mensch an ihn glauben. Dann entsprechend in kleinerer Form eines morphischen Feldes. Da aber seit Urzeiten inzwischen wohl Milliarden Menschen an ihn glauben, ihn fürchten, in abstrusen Formen anbeten und sich ihm gar ausliefern, um mit seiner Hilfe mächtiger, einflussreicher und unangreifbarer zu werden, ist dieses Feld immer noch riesiger, mächtiger und – ja, teuflischer geworden.

Wenn man sich ansieht, in wie vielen schaurigen Zeichnungen der Teufel bildlich dargestellt und damit auch wieder erschaffen wurde, und wenn man bedenkt, wie viele Menschen in unserer modernen Welt den Teufel zumindest für möglich halten, darf man an seiner Existenz nicht länger zweifeln. Er existiert auf die gleiche Weise, wie die bereits erwähnten germanischen, griechischen und römischen Götter auch existieren. Und er entfaltet seine Bosheit, solange diese abgerufen wird. Der Teufel ist das von uns selbst geschaffene morphische Superfeld, das alle Bosheiten dieser Erde in sich enthält. Es ist das Sammelbecken aller Bosheiten, das im Laufe der Jahrtausende immer größer geworden ist und aus dem immer wieder

Das Böse dieser Welt 153

geschöpft werden kann. Dieses morphische Feld hat unserer Welt seinen Stempel aufgedrückt, seine Gesetzmäßigkeiten festgelegt, gegen die wir längst nicht mehr ankommen. Doch das alles wird vorbei sein, wenn der Mensch mit dem Evolutionssprung über sich hinausgewachsen sein wird. Dann, wenn es die Bosheit endgültig nicht mehr geben wird.

Blickt man auf das Leben der schlimmsten Diktatoren und Massenmörder, könnte man sogar einen Schritt weitergehen und behaupten, dass dieses morphische Feld, das eine geistig-seelische Persönlichkeit darstellt, jene, die ihm folgen, tatsächlich beschützt. Wie oft ist versucht worden, einen Diktator zu beseitigen, und wie selten ist es jemals geglückt.

55

GIBT ES DENN DIE
HÖLLE?

Wenn es also den Teufel gibt, das höchste und größte morphische Feld der Bosheit, eine mächtige Persönlichkeit, die wir selbst mit unserem Verhalten immer noch größer gemacht haben, stellt sich die Frage: Muss es dann nicht auch automatisch den Ort der ewigen Verdammnis, die Hölle, geben?

Schon in uralten Zeiten hat man einen deutlichen Unterschied gemacht zwischen der Unterwelt, dem Hades, in der die Seelen der Verstorbenen dem Jüngsten Tag entgegenharren, und der Gehenna, der Hölle, in der die Verdammten im »ewigen Feuer« entsetzlich für ihre Sünden büßen müssen.

Gehenna war ursprünglich ein Tal in Israel, eine wilde Schlucht, in der einst die Menschen ihre Kinder dem Götzen Moloch geopfert haben. Ein schrecklicher Ort, den man für den Zugang zur Hölle hielt. Im Neuen Testament ist elf Mal die Rede von dieser Hölle, »in der der Wurm nicht stirbt und das Feuer nicht erlischt« (Markus 9,44). In der jene ewig büßen müssen, die den eigenen Bruder als »Narr« (Matthäus 10,28) bezeichnet haben, ebenso wie die Heuchler und Pharisäer (Matthäus 23,29). Sie werden bestraft an Leib und Seele. Es gäbe demnach nach dem Jüngsten Gericht jene, die in den Himmel, und jene, die in die Hölle kommen.

Dazwischengeschaltet ist noch das Fegefeuer, in dem man zeitlich begrenzt, je nach der Größe der Schuld, die Sünden abbüßen kann, um dann doch noch den Himmel zu erreichen.

Das Böse dieser Welt   155

Abgesehen davon, dass solche Vorstellungen dem Bild des uns
liebenden Gottes absolut widersprechen – er wäre ja schlimmer und gnadenloser als jeder Tyrann, der jemals Menschen
quälte, bösartiger als die Schergen im Holocaust –, konnten
auch die christlichen Kirchen an diesem Bild vom höllischen
Feuer, in das die sündigen Seelen nach ihrer Verurteilung
hineingeworfen werden, um ewig zu leiden, nicht länger festhalten, auch wenn Christus selbst mehrfach davon gesprochen
hat. Es kann ja sein, dass er mit seinen Zeitgenossen nicht anders reden konnte.

Es ist auch nicht unbedingt ein Ausweg, wenn man heute
sagt: Die Hölle ist die Gottferne. Die entsetzliche Einsicht, das
große Glück verspielt zu haben. Man müsste also eine nie en-
dende Ewigkeit lang mit sich selbst hadern, dass man versagt
hat. Denn selbst die Gnade, wenigstens endgültig sterben zu
dürfen, wird so nicht gewährt.

Ohne Gott kann es kein Leben, keine Existenz geben. Schon
gar keine ewige Existenz. Auch die Gottferne gibt es nicht,
denn Gott ist überall. Das Urteil »Du hast es nicht geschafft.«
wäre also die totale Vernichtung. Sie ist aber, wie wir erfahren
haben, nicht möglich, weil geistige Energien unvergänglich
sind. Mit uns würde ja auch unser Schutzengel zerstört. Oder
es kann dieses Urteil nicht geben.

Wenn es stimmt, dass die geistige Welt einen lebendigen
Organismus bildet, wenn wir alle so eng miteinander verbunden und voneinander abhängig sind, dass keiner von uns allein
schuldig wäre, sondern immer wir alle zusammen, muss man
zur Schlussfolgerung kommen, der Organismus Menschheit
insgesamt findet das Heil, mit allen, die in ihn integriert sind,
oder er verfehlt sein Ziel ganz. Eine Zwischenlösung scheint
unmöglich zu sein.

Ganz banal gesagt: Der Organismus Menschheit kann im
Endurteil nicht zerstückelt werden: Herz und Lunge schaffen

es, die Nieren und der Kopf bleiben aber auf der Strecke? Unvorstellbar.

Nein, die Hölle, ein Ort schlimmer als jedes KZ, das niemals vorbei sein wird, gibt es nicht. Was am Ende aller Zeiten mit dem Teufel passiert, auch das dürfte wieder weitgehend von uns Menschen abhängen. Wenn es uns gelingt, das Böse aus der Welt zu schaffen, könnte auch er wieder zum Lichtträger im Himmel werden.

Denn auch das galt für die großen Denker aller Zeiten: Letztlich verdanken wir auch dem Teufel viel. Denn ohne seine Verlockungen, seine Schrecken, seine Bosheiten hätten wir doch nicht die geringste Chance gehabt, uns zu bewähren und trotz aller Schwächen stets aufs Neue das Gute wenigstens immer wieder zu versuchen. Wir wüssten nicht einmal, was das Gute ist.

56

WIR FÖRDERN STÄNDIG
DAS BÖSE

Es ist sicher nicht so, wie weithin angenommen wird, dass es hinter der materiellen Welt zwei geistige Welten gibt, von denen die eine gut und die andere böse wäre. Hier Gott und die Heere seiner Engel, dort sein Gegenspieler, der Teufel mit seinen Heerscharen. Vielmehr müssen wir annehmen, dass es so wie in dieser leiblichen Welt auch dahinter in der geistigen Welt alle Facetten von Gut und Böse gibt.

Wir haben mit Blick auf die morphischen Felder festgestellt, dass unsere Engel als morphische Felder von unserem eigenen Verhalten und von dem, was wir ihnen bieten, abhängig sind. Wenn das so ist, kann auch aus dem edelsten Engel wohl der bösartigste Teufel werden, wie es wohl bei Adolf Hitler oder auch Joseph Stalin der Fall war. Sie blieben so sehr in das morphische Feld der Bosheit verhaftet, dass dieses immer noch größer und bösartiger wurde. Und dieses Feld hat andere mitgezogen, womit die schlimmsten Schandtaten aller Zeiten Wirklichkeit wurden.

Wenn das alles stimmt – und es ist wohl sinnvoll, zumindest einmal darüber nachzudenken –, dann dürfen und können wir uns nicht damit entschuldigen, dass eine höhere Macht uns zur Bosheit verleitet hat. So, wie wir nicht in die uralten Felder der Triebhaftigkeiten zurückfallen dürfen, und so, wie wir uns gegen die Macht der Gewohnheiten zur Wehr setzen müssen, müssen wir auch den dunklen Teil in uns sehen und ihn besiegen. Wir müssen unser eigenes morphisches Feld –

und das unserer Familie, das der Gesellschaft, in der wir leben, und das der Freunde, die wir haben – anfüllen mit positiven Gedanken und Regungen, damit das Gute und Positive die Überhand gewinnt und das Negative verdrängt wird. Und das immer wieder. Und im vollen Bewusstsein.

Womit wir wieder bei unserem persönlichen Anteil an der Bosheit sind: Wenn wir von einem Thriller zum nächsten schalten, stundenlang nur negativen Kram in uns hineinsaugen, dann gehören auch wir wieder zu den »Schöpfern der Bosheit«. Wir bleiben ja schließlich von dem, was wir beim Fernsehen sehen und miterleben, nicht unberührt. Wir jagen den Mörder mit. Wir erleben das Gruseln mit Vampiren, mit Zombies und anderen irrwitzigen und schrecklichen Fantasiegestalten – und denken gar nicht daran, dass wir damit diese Gestalten lebendig werden lassen, morphische Felder negativ auffüllen und uns gegenseitig damit anstecken. Nur scheinbar ist das alles ein Spiel. Doch die Verbrecher im Fernsehen, die Mörder, die abscheulichen Figuren – zu unserem Nervenkitzel erfunden – nehmen in meiner Seele und in Millionen anderer Seelen Gestalt an, obwohl sie diese selbst nicht miterlebt haben. Das ist kein lockeres Spielchen mehr, sondern bitterer Ernst. Denn nicht das Gute ist damit beherrschend in der Welt, sondern Bosheit, Intrigen, Mord und Totschlag.

Das muss sich deshalb besonders stark auswirken, weil ja nicht nur ein einzelner oder nur wenige sich mit Mord und Totschlag befassen – eine oder gar zwei Stunden lang und das oft täglich – sondern weil Hunderttausende oder gar Millionen sich gleichzeitig mit dem Mord und seiner Aufklärung befassen, womit der »Schöpfungsakt« massiv vervielfältigt wird. Es werden ungewöhnlich starke negative morphische Felder geschaffen. Und das unentwegt. Sie appellieren an unsere niedrigsten Instinkte. Und das nicht nur dann, wenn wir für die Verbrecher auch noch Sympathien empfinden.

Wenn also heute so lange und so intensiv darüber diskutiert wird, ob Filme und vor allem das Fernsehen sich negativ auf die Moral der Gesellschaft und dabei speziell auf Jugendliche auswirken, gehen diese Diskussionen am Kern der Sache vorbei. Würden die dargestellten Verbrechen nur zum Vorbild, das zur Nachahmung anregt, könnte man wohl relativ leicht Schutzmaßnahmen dagegen errichten. Doch der Eindruck geht wesentlich tiefer. Es werden ja morphische Felder aufgeweckt, die in unserer Seele schlummern. Und diese Felder werden, wie wir inzwischen wissen, mit jeder Wiederholung verstärkt. Es können also durchaus aus einer angeborenen Neigung ein Zwang und eine Sucht erwachsen.

Das ist der eigentliche Hintergrund, der uns bewusst werden muss: Das Böse darf nicht die Welt beherrschen. Auch nicht im Spiel, weshalb wir nicht leichtfertig mit dem Bösen umgehen dürfen. Wer ein blutrünstiges Monster erfindet, erschafft es. Dann ist es da und hat seinen Einfluss. Und es kann nicht mehr ungeschehen gemacht werden.

Eine junge Frau versuchte mich in diesen Tagen zu warnen: «Seien Sie vorsichtig! Ich bin eine Hexe. Und ich weiß, was ich kann. Ich habe vor Kurzem wieder einmal jemandem etwas richtig Böses gewünscht. Und es ist genau so, wie ich es wollte, eingetroffen.»

57

DAS GESCHÄFT
MIT DER BOSHEIT

Nein, dazu muss man keine Hexe sein. Man braucht keine besonderen Fähigkeiten zu besitzen. Jeder kann verfluchen und anderen das Böse wünschen, das ist heutzutage fast schon an der Tagesordnung. Es ist erstaunlich, wie viel Geld ausgegeben wird, um das Böse in die Welt zu bringen. Völlig ungeniert und ungestraft bieten sehr viele »Medien« ihre Dienste an. Glücklicherweise machen sie sich dann oft nicht einmal die Mühe, die erwartete Leistung zu erbringen. Es geht weithin nur ums Geldverdienen. Und weil das Gute weniger gefragt ist, bietet man eben das Böse an: »Ich helfe Ihnen, Ihren Partner loszuwerden.« Oder: »Voodoo! Ich schaffe Ihnen Ihre Widersacher aus dem Weg!«

Hier wird Betrug begangen an Menschen, die in ihrer Not nicht mehr weiterwissen. Und das gehört doch zum Schlimmsten, was man anstellen kann, ganz abgesehen davon, dass allein der Versuch schon eine heimtückische Bosheit ist, einem Dritten, der von diesen Machenschaften nichts weiß, mit irgendwelchem Zauber den Partner wegzunehmen.

Ich habe einen Fall miterlebt, der sich vor Kurzem mitten unter uns ereignete: Ein alte Mutter machte sich Sorgen um ihre Tochter, weil diese keinen Partner fand. Sie studierte Inserate und fand eines, das versprach: »Partnerprobleme? Kostenlose Hilfe innerhalb von nur drei Tagen. Ich löse jedes Problem!« Also rief die Mutter den Inserenten an. Er gab ihr zunächst tatsächlich ein paar Ratschläge. Kam dann aber zum eigentlichen Thema: »Im Fall Ihrer Tochter ist die Situation doch diffiziler. Wenn Sie mir 200 Euro überweisen, knie ich mich richtig rein. Dann wird es schnell funktionieren.« Die Mutter bezahlte. Das nächste Mal 500 Euro. Doch es geschah nichts, und sie wollte nicht noch mehr Geld ausgeben. Da drohte ihr der »Helfer«: »Wenn Sie mir nicht umgehend 10 000 Euro überweisen, wird Ihre Tochter krank werden. Nur ich kann ihr helfen.« Die Mutter bezahlte nicht, und prompt bekam die Tochter eine Grippe, und die Mutter erinnerte sich an die Drohung des obskuren Mediums. Sie nahm eine Hypothek auf ihr Häuschen auf. Doch der Typ im Hintergrund gab erst Ruhe, nachdem die Mutter ihr Häuschen verloren hatte und bei ihr nichts mehr zu holen war. Sie aber hatte ihre Existenzgrundlage verloren.

Damit soll selbstverständlich nicht gesagt werden, dass es den Fluch, schwarze Magie und dergleichen nicht gäbe.

Wir können uns aber auch vor bösem Zauber schützen, indem wir unsere Aura geschlossen halten. Das heißt, wir sollten alle Angst vor einem Fluch ablegen. Solange wir uns mit negativen Befürchtungen nicht anfällig machen, sondern jedem Angriff in dieser Richtung das starke morphische Feld der Selbstsicherheit entgegensetzen, kann uns kein Fluch etwas anhaben.

Man könnte es auch anders formulieren: Ängstlichkeit ist die eigentliche Herausforderung für das Böse. In ein offenes Haus einbrechen, das kann jeder. Die hohe Mauer um die Burg herum war für die verbrecherische Intelligenz aber immer schon der größere Anreiz. Es sei denn, man weiß, dass hinter der Mauer jemand wohnt, dem man nicht gewachsen ist. Jemand, der stärker ist und eigentlich keine Mauer nötig hat.

TEIL 5

METAPHYSISCHE
GEHEIMNISSE

58

SO FUNKTIONIERT

DAS ÜBERSINNLICHE

Es ist wirklich so, dass sich unser ganzes Weltbild gründlich verändert, wenn es Rupert Sheldrakes morphische, oder auch morphogenetische, Felder gibt. Wir alle müssen umdenken. Versuchen wir herauszufinden, ob nicht auch paranormale Phänomene wie Hellsehen, der Blick in die Zukunft, Geistheilen oder Channeling mit den morphischen Feldern erklärt werden können.

Sie kennen sicher die gut belegte wahre Geschichte der Katze aus Kalifornien, die volle vierzehn Monate lang ihre Familie suchte – und sie auch fand.

»Sugar« – die mit ihrem cremefarbenen Fell aussah wie eine Perserkatze – war in einer Familie in Kalifornien liebevoll aufgezogen worden. Als die Familie nach Oklahoma umziehen musste, war es ganz selbstverständlich, dass Sugar mitgenommen werden würde. Mit ihr im Auto brach man dann auch auf. Doch schon nach kurzer Wegstrecke musste man mit Schrecken feststellen, dass Sugar verschwunden war. Niemand hatte mitbekommen, dass das Tier in einem unbewachten Moment durch das halb offene Fenster gesprungen war.

Man fuhr ein Stück zurück, suchte und rief die Katze, doch sie blieb verschwunden. In der Familie herrschte Katerstimmung. Vor allem die Kinder waren kaum zu trösten. Sie schrieben Briefe an die ehemaligen Nachbarn, schickten ihnen Bilder von der Katze mit der Bitte, diese an der Straße

Metaphysische Geheimnisse

aufzuhängen. Doch es kam immer nur dieselbe Reaktion: Niemand hatte Sugar gesehen. Sie war spurlos verschwunden.

Vierzehn Monate später geschah das Unfassbare. Durch das Küchenfenster sprang mit einem Satz eine Katze auf die Schulter der Hausfrau, schnurrte und legte ihren Kopf zärtlich an ihren Hals. Das Tier war völlig abgemagert, sein Fell zerzaust und von Narben durchfurcht. So wie es aussah, musste es heftige Kämpfe mit wilden Tieren und wohl auch mit Hunden ausgefochten haben.

Diese Katze war tatsächlich Sugar – die auf ihrem Weg zur geliebten Familie, der sie über die Rocky Mountains und durch die Wüste geführt hatte, fast 2500 Kilometer zurückgelegt hatte.

Eine fast identische Geschichte wurde 2009 aus Australien berichtet. Auch dort war eine Katze monatelang auf der Suche nach ihrer Familie unterwegs, die ohne sie weggezogen war. Aufgrund der Tätowierung im Ohr konnte auch dieses Tier, nachdem es seine Familie aufgespürt hatte, eindeutig identifiziert werden.

59

WAS AUCH PARAPSYCHOLOGEN
NICHT ERKLÄREN KONNTEN

Solche Leistungen sind also offensichtlich kein Einzelfall. Sie sind nicht erfunden, sondern als Tatsache belegt. Es gibt sie, auch wenn bislang niemand dafür eine Erklärung hätte finden können.

Selbst wenn man Katzen einen besonders ausgeprägten sechsten Sinn zubilligt, wäre auch damit das Auffinden der Familie nach so langer Zeit nicht zu erklären. Die Katzen könnten in einer Vision möglicherweise die Familie, ihr Haus, die Umgebung des Hauses, die Landschaft gesehen haben – konnten jedoch den Ort gewiss nicht lokalisieren. Wenn sie ihre Familie im Traum gesehen hätten, wäre auch das keine Hilfe gewesen. Denn wohin war die Familie gefahren? Nach Norden, Süden, Osten oder Westen?

Wie also konnten diese Katzen solche »Wunder« zustande bringen? Auch ein besonders ausgeprägter Instinkt der Tiere kann keine Erklärung bieten. Es gab keinerlei Spuren, die sie auf dem Weg über die Berge, durch Eis und Schnee hätten verfolgen können. Die Familie ist ja nicht zu Fuß gegangen, sondern mit dem Auto gefahren. Außerdem wären alle Spuren doch längst verwischt worden. Was bleibt als Erklärung?

Das Einzige, was die Tiere nach und nach begreifen konnten, war: Meine Familie ist nicht mehr da. Wie sie auf die Idee kommen konnten, loszuwandern und die Suche aufzunehmen, ist mit bisherigen Vorstellungen schon nicht mehr erklärbar. Die grandiose Leistung der verloren gegangenen Katzen, die

Metaphysische Geheimnisse

ihre Familien suchten und dann auch fanden, ist als eines der großen Rätsel in die Geschichte eingegangen. Selbst Parapsychologen konnten darüber zwar berichten und irgendwelche übersinnlichen Fähigkeiten annehmen, den eigentlichen Hintergrund aber nicht herausfinden. So blieb nur die vage Erklärung: es muss irgendetwas mit dem sechsten Sinn zu tun haben.

Mit Sheldrakes morphischen Feldern werden auch solche Phänomene verständlich. Und plötzlich sieht alles doch geradezu simpel aus: Die Familie, in der die Katze gelebt hatte, vor allem wohl die Kinder, haben unentwegt an ihre verlorene Katze gedacht und damit ein immer stärkeres morphisches Feld aufgebaut, das die Katze, die ja voll in die Familie integriert war, erreicht hat. Nun brauchte sie sich nur noch blind von diesem geistig-energetischen Feld, ihrem Engel, leiten zu lassen – so wie die Eisenspäne nicht anders können, als sich entsprechend der Vorgaben des Magnets zu ordnen. Die Katzen haben genau so ihr Ziel gefunden, wie der junge Mann mit seiner Vorstellungskraft die so dringend benötigten 10 000 Doller bekam.

Gut belegt ist auch die Geschichte der Katze, die immer sofort wusste, ob Frauchen oder ein anderer am Telefon war, wenn es klingelte. Wenn Frauchen anrief – aber nur dann –, sprang die Katze auf den Tisch zum Telefon hoch und stupste den Hörer von der Gabel. Sie hörte Frauchens Stimme und gab ihr mit ihrem Miauen zu verstehen: »Es ist außer mir niemand zu Hause.« Dieses Spiel, so versicherten Wissenschaftler, die es untersucht hatten, funktionierte fehlerfrei. Aber wieso? Weil Frauchen und Kätzchen eigentlich gar kein Telefon benötigt hätten, um sich zu verständigen. Sie verstanden sich auf geistig-energetischer Ebene. Über ihre Felder und das gemeinsame Feld der Familie, das die »Verbindung« herstellte.

60

WARUM DIE WISSENSCHAFTLER
NOCH ZÖGERN

An der Universität von Erlangen haben Wissenschaftler ein umfangreiches Forschungsprogramm gestartet, das Spontanheilungen klären soll. Sie scheuen sich inzwischen nicht mehr, das Wort Wunder in den Mund zu nehmen, wenn bei einem Mann nach nur wenigen Hypnosesitzungen keine Metastasen mehr nachgewiesen werden konnten. Sie haben dokumentiert, dass ein Junge nach nur dreimaligem Handauflegen seine Kopfschmerzen loswar, deren Ursache zuvor nicht gefunden werden konnte.

Die Wissenschaftler, die als Beobachter dabei waren, bestätigen, dass »etwas Unerklärliches« passiert war. Das ist immerhin ein Fortschritt.

Sie können inzwischen sogar mit Wärmebildern nachweisen, dass beim Handauflegen und bei Geistheilungen deutliche Veränderungen etwa von Hirnsegmenten auf dem Monitor sehbar werden. Immerhin, man stellt fest, es gibt Dinge, die nicht zu erklären sind. Doch das ist noch zu wenig. Erst wenn der letzte und absolut sichere Beweis dafür gefunden ist, wer oder was Spontanheilungen auslöst, und wenn es möglich geworden sein wird, Spontanheilungen nicht nur gelegentlich, sondern immer wieder zu erzielen, erst dann sind sie wissenschaftlich bewiesen. Dann muss man umdenken.

61

DAS HELLSEHEN IST
BEWIESEN

Es gibt längst wissenschaftliche Beweise dafür, dass Menschen – und wohl auch Tiere – Gedanken lesen können und auch fähig sind, in die Zukunft zu blicken – auch wenn man das nicht zur Kenntnis nehmen will. Und offensichtlich ist es doch auch so, dass solche Begabungen nicht nur dem einen oder anderen von uns zugefallen sind, sondern dass alle Menschen darüber verfügen könnten, wenn sie darum wüssten und es denn auch wollten. Wenn wir nicht so viel Angst davor hätten, wir könnten etwas sehen oder erfahren, was recht schlimm oder gar tragisch wäre, würden wohl sehr viel mehr Männer und Frau ihre Fähigkeiten erproben.

Im Parapsychologischen Institut der Freiburger Universität hat man vor Jahren schon folgenden Versuch gestartet: Man bat ein bekanntes Medium, herauszufinden, wer an einem bestimmten Tag zu einer bestimmten Uhrzeit auf Platz 10 der zweiten Reihe im Hörsaal 5 der Universität Freiburg sitzen wird. Keiner von denen, die mit der Organisation des Treffens befasst waren, durfte wissen, wer geladen war, damit die Möglichkeit einer Gedankenübertragung, an die man offensichtlich doch glaubte, von vornherein ausgeschlossen war. Das Medium durfte auch nichts über die Art der Veranstaltung erfahren. Alle möglichen »Brücken« sollten erst gar nicht aufgebaut werden. Man hatte sich also besonders gründlich und mit wissenschaftlicher Sorgfalt vorbereitet.

Das Medium schickte von seinem Heim in Holland einen verschlossenen Umschlag an das Institut, der am fraglichen Abend geöffnet wurde. Der Hellseher schrieb nicht etwa: »Auf Platz 10 in der zweiten Reihe sitzt Frau Hilde Meyer, 47 Jahre alt, braune Haare, 1,80 m groß ...« Er hatte jedoch genau diese Frau gesehen und schilderte eine Szene, die sie erlebte. In seinem Brief hieß es: »Die hübsche Dame sitzt zu Hause an ihrem Flügel. Sie spielt Chopin. Das Tempo wird immer schneller. Jetzt drischt sie wütend auf die Tasten ein, schlägt erregt den Deckel des Flügels zu und stürzt außer sich vor Wut aus dem Haus ...«

Weiter konnte der Brief nicht vorgelesen werden. Die Frau auf Platz 10 in der zweiten Reihe sprang auf und bat: »Bitte nicht weiter. Ich bin das. Das geschah genau so vor drei Tagen in meinem Haus am Schlossberg. Alles, was hier berichtet wird, hat sich so abgespielt. Mein Gott, kann man nirgendwo mehr alleine sein, ohne befürchten zu müssen, dass irgendwo hinter einem Busch einer lauert und einen beobachtet?«

Selbstverständlich hatte der Hellseher sie nicht über den Gartenzaun beobachtet. Er hätte ja auch nicht wissen können, wen er beobachten sollte. Sonst hätte er viel einfacher ihren Namen am Türschild ablesen können. Bei seinen Bemühungen jedoch, seine gewiss nicht leichte Aufgabe zu lösen, hatte er im gemeinsamen morphischen Feld die Frau entdeckt, die er suchte. Vielleicht gelang die Verbindung mit ihr deshalb so klar, weil er sich besonders stark auf das anberaumte Treffen konzentrierte, sie aber im Zustand höchster Erregung mit besonders starker Resonanz darauf reagierte.

Mit der These von den morphischen Feldern lassen sich heute nicht nur das Hellsehen oder Wahrsagen, der Blick in die Zukunft, Wahrträume und Geistheilungen, sondern auch die Hypnose einleuchtend erklären.

62

WAS EREIGNET SICH BEI
EINER HYPNOSE?

Der Hypnotiseur versetzt suggestiv einen anderen Menschen
in einen Zustand zwischen Wachsein und Schlaf. Wenn das
gelungen ist, kann er ihn beispielsweise in einen früheren Le-
bensmoment, in die Zeit vor der Geburt, ja sogar in ein früheres
Leben zurückführen, ohne dass sich sein Gegenüber dagegen
wehren könnte. Er scheint willenlos und dem Hypnotiseur hilflos ausgeliefert zu sein. Der Hypnotiseur kann ihm sogar einen
Befehl geben, den er nach dem Aufwachen aus der Hypnose
ausführen muss.

Ein Hypnosearzt demonstriert in einer kleinen Gruppe gelade-
ner Gäste die Hypnose. Ihm gegenüber sitzt ein junger Mann,
der sich zu diesem Experiment bereit erklärt hat. Der Arzt
bittet ihn, alles zu lockern und zu lösen, was seinen Körper
einengt, sich auf das vor seinen Augen schwingende Pendel zu
konzentrieren und dann die Augen zu schließen. Er zählt bis
drei und fordert den Hypnotisierten auf: »Du fühlst dich wohl.
Dein Atem wird ganz ruhig, der Puls normal. Du wirst mir nun
alle Fragen beantworten, die ich an dich richte. Wenn ich dann
wieder bis drei zähle, wirst du wieder wach werden und alles,
was geschehen ist, vergessen haben. Ich gehe mit dir nun zurück in deine Kindheit zu dem Tag, an dem deine Mutter den
schweren Autounfall hatte, bei dem sie und du beinahe ums
Leben gekommen wärt. Du bist gerade drei Jahre alt geworden.
Sage mir, was du gerade erlebst.«

Zunächst sieht es so aus, als würde der junge Mann nicht reagieren. Der Hypnotiseur wiederholt seinen Befehl. Und nun krümmt sich der Hypnotisierte in seinem Sessel zusammen. Er presst seine Hände vors Gesicht und stammelt mit der hohen Stimme eines kleinen Jungen: »Nein! Mama! Der Baum ...« Weiter kommt er nicht. Er liegt da wie tot. Nur sein linkes Bein, völlig verbogen, zuckt noch. Das ist kein Erzählen eines früheren Erlebnisses, sondern ein erneutes, sehr heftiges Erleiden der damaligen Katastrophe. Bei dem Unfall hat er, so erfahren die anwesenden Zeugen des Hypnoseexperiments später, mehrfache Brüche seines linken Beines erlitten, blieb sonst aber unverletzt.

Der Hypnotiseur führt den jungen Mann noch in zwei, drei andere Lebensphasen, dann bricht er die Sitzung ab, jedoch nicht ohne zuvor dem Hypnotisierten den Befehl zu erteilen: »Wenn du erwacht sein wirst und das Wort Zeppelin fällt, wirst du aufstehen und um ein Glas Milch bitten.«

Nach diesem Experiment sitzt man noch in erregten Gesprächen zusammen. Inzwischen ist fast eine Stunde vergangen. Da fällt das Stichwort Zeppelin. »Wenn man heute die riesigen Flugzeuge sieht, bekommt man richtig Heimweh nach den wunderbaren silbernen Zigarren am Himmel, die ich in meiner Kindheit noch sehen durfte«, sagte der Hypnotiseur. »Ich meine den Zeppelin.«

Der junge Mann horcht verwirrt auf, blickt fragend in die Runde, steht auf und bittet die Gastgeberin stotternd: »Wäre es denn möglich, ich meine, könnte ich von Ihnen ein Glas Milch bekommen?« Es ist ihm offensichtlich richtig peinlich, diese Bitte auszusprechen. Weil er weiß, wie merkwürdig sein Anliegen in den Ohren der anderen klingen muss. Jedem in der Runde ist bekannt, dass er Milch nicht ausstehen kann und sie nicht einmal im Kaffee duldet. Doch schnell hat er eine Erklärung für seinen ungewöhnlichen Wunsch bereit:

Metaphysische Geheimnisse 173

»Ich leide gerade an einer Bronchitis. Und da soll Milch doch das beste Heilmittel sein.«

Versuchen wir, dies vor dem Hintergrund einer lebendigen geistig-energetischen Welt der morphischen Felder zu erklären:

Da ist zunächst die Hypnose. Einer versetzt den anderen in einen Zustand, in dem er zwar nicht mehr richtig wach ist, aber auch nicht schläft. Seine Gehirnwellen befinden sich im Alphabereich, sind also deutlich verlangsamt. In diesem Zustand ist er dem, der ihn da hineinversetzt hat, weitgehend ausgeliefert. Der Hypnotiseur übt so direkt und massiv Einfluss auf ihn aus, als würde er geradezu Besitz von dessen Persönlichkeit ergreifen. Fast könnte man sagen: Der eine und der andere verschmelzen miteinander. Das zeigt auch der posthypnotische Befehl: Der junge Mann wollte Milch trinken, obwohl er sie sonst verabscheute. Doch er war fest davon überzeugt, dass dies sein eigener Wunsch war. Er versuchte sogar zu erklären, warum er nach der Milch verlangt hatte.

Im Zustand der Hypnose ist es möglich, sich an Ereignisse zu erinnern, die längst vergessen waren – oder die nie zuvor überhaupt ins Bewusstsein gelangten. Man sieht es nicht nur, sondern man erleidet das einstige Erlebnis. Es handelt sich also nicht nur um ein Erinnern, sondern um ein wirkliches Zurückversetzen in ein morphisches Feld aus längst vergangenen Zeiten. Fraglich ist nur, ob es sich dabei um das eigene einstige Feld oder um das eines anderen handelt. Ist der Engel, dem wir in der Hypnose begegnen, derselbe, der uns schon einmal geführt hat, oder ein völlig anderer? Wie wir wissen, kennt unser Engel kein Gestern oder Morgen. In ihm ist alles gleichzeitig gegeben. Für ihn gibt es weder Zeit noch Raum.

In der Hypnose, so hat man den Eindruck, kann man wirklich noch einmal der sein, der man in einem früheren Leben gewesen ist. Man spricht einen unbekannten Dialekt fehlerfrei, vielleicht sogar eine andere Sprache. In aller Regel handelt es sich dabei um Sprachen, die der Hypnotisierte in diesem Leben nicht beherrscht.

Ganz so willenlos ist der Hypnotisierte allerdings trotzdem nicht. Er würde im Wachzustand keine Befehle ausführen, die er entschieden ablehnen würde. Wollte man ihm den Befehl erteilen, er müsste jemanden quälen oder gar töten, dann würde er sich widersetzen, ob er sich in Trance befindet oder daraus erwacht ist. Ganz offensichtlich gibt es Schranken, die nicht überschritten werden können. Eine Hemmschwelle, die beim einen höher, beim anderen niedriger angelegt ist. Dabei handelt es sich vor allem um stabile, von der Moral aufgebaute morphische Felder, die sich dem hypnotischen Befehl widersetzen. Anders gesagt, unser Engel, soweit wir ihn nicht längst völlig verdorben haben, weigert sich, das Böse zu tun oder zuzulassen.

Auch die Hypnose ist somit wieder ein Beweis dafür, wie stark wir einander gegenseitig beeinflussen können. Und die Form einer Art leichter Hypnose kann uns täglich begegnen. Dann glauben wir eben auch, das, was wir denken oder gar tun, stamme aus unserem eigenen Denken und Fühlen.

Denken wir zum Beispiel an die Massensuggestion, die Hitler und Goebbels perfekt beherrschten und ausübten. Sie brachten die Menschen ebenfalls in eine Art Hypnose – und dann schrien Tausende voller Begeisterung, jubelten den Rattenfängern zu und folgten ihnen bedingungslos nach, ohne dass sie sich dagegen hätten wehren können, ohne zu wissen, was sie taten: »Ja, wir wollen den totalen Krieg!« Das ist keine Entschuldigung, aber eine Erklärung.

Wenn wir heute aus der Distanz solche Reden hören, können wir beim besten Willen nicht mehr verstehen, wie die Millionen sich davon hinreißen lassen konnten. Wir fühlen uns von der Sprache, den Gesten, dem ganzen Getue abgestoßen

Metaphysische Geheimnisse 175

und empfinden das alles als widerlich – weil kein morphisches Feld in der Hypnose mehr aufgebaut wird, das uns gefangen nehmen könnte.

Wir dürfen glücklich sein darüber, dass es seinerzeit noch kein Fernsehen gab. Wie viel mächtiger hätten die Volksverführer ihre Macht ausüben und nicht nur ein Volk, sondern auch andere Völker in ihren Bann ziehen können!

63

DAS UNBEGRENZTE WISSEN
DES SCHLAFENDEN PROPHETEN

Edgar Cayce (1877 – 1945) – Amerikas schlafender Prophet –,
ein nur wenig begabter, einfacher Mann, der es in der Schule
nur bis zur sechsten Klasse schaffte und für jeden noch so einfachen Beruf ungeeignet schien, war in Trance der Größte. Er
schien alles zu wissen, sobald er den Wachzustand verlassen
hatte.

Mit 21 Jahren verlor er seine Stimme. Die Ursache war eine
Kehlkopferkrankung. Ein Heilpraktiker, der ihm nicht helfen
konnte, gab ihm den Rat: »Lass dich in Trance versetzen und
schau in dich hinein. Dann wirst du herausfinden, was dir
fehlt.« Cayce folgte diesem Rat. In Hypnose entdeckte er die
Fehlfunktion und wusste auch gleich, wie sie geheilt werden
kann. Er konnte auch wieder sprechen: »Die unteren Muskeln
meiner Stimmbänder sind teilweise gelähmt. Die Lähmung hat
einen nervösen Ursprung. Man kann sie heilen, indem man
dem Kreislauf hypnotisch den Befehl erteilt, diesen kranken
Teil besser zu durchbluten.«

Das war seine erste Aussage in Trance. Sehr schnell stellte
sich heraus, dass er als »schlafender Prophet« rein alles wusste.
Ganz Amerika setzte sich mit ihm in Kontakt, um von ihm
Hilfe zu bekommen.

In den 30er-Jahren und später vor allem während des Zweiten Weltkriegs wurde er damit zum umstrittensten Mann in
den USA, mehrfach verhaftet, aber unter dem Druck der Bevölkerung auch schnell wieder freigelassen.

Metaphysische Geheimnisse   177

Zunächst witterte der Heilpraktiker das große Geschäft, das er mit diesem begnadeten Mann machen konnte. Er wollte ihn als Gehilfen anstellen. Doch Cayce fürchtete, er könnte mit den Hypnosesitzungen etwas Verbotenes, Frevelhaftes wecken, zumal ihm immer unheimlicher wurde, was bei diesen Sitzungen zum Vorschein kam. Er war ein sehr frommer, streng religiös erzogener Mann. Wenn man ihm nach einer Sitzung vorlas, war er gesagt hatte, war er stets aufs Neue erschüttert. Besonders dann, wenn es um Sätze ging, die darauf hindeuteten, dass es eine Wiedergeburt geben könnte: »Auf dem Leben dieser Wesenheit lastet eine Schuld aus einem früheren Leben. Sie kann nur gesund werden, wenn sie versucht, das Unrecht wiedergutzumachen … Sie (die Wesenheit) war in ihrem letzten Leben hartherzig, egoistisch und herrschsüchtig ihrer Frau gegenüber. Deshalb ist es nun ihr Schicksal und ihre Aufgabe, doppelt und dreifach zu geben. Wenn sie das tut, findet sie ihr Glück und wird gesund.«

Das Thema Wiedergeburt war ihm, seiner Meinung nach, von seinem Glauben verboten. »So etwas kann mir doch nur vom Teufel mitgeteilt worden sein«, meinte er.

Edgar Cayce sprach in seinen Readings nie von einem Mann oder einer Frau, sondern immer nur von der Wesenheit, was bedeuten dürfte, dass er immer den ganzen Menschen mit seinem Engel meinte. Mensch und Engel sind ein Wesen.

Dem Arzt Dr. Ketchum gelang es dann aber doch, Cayce davon zu überzeugen, wie viel Positives und Gutes er leidenden Menschen schenken könnte. Er müsse seine ungewöhnlichen Fähigkeiten zum Segen der Menschheit nützen. Er richtete ihm ein Hinterzimmer in seiner Praxis ein und wurde schnell weit über das Land hinaus berühmt. Cayce blieb zunächst im Hintergrund. Folgsam und brav legte er sich auf das Sofa, um auf Befehl zu »schlafen«. Manchmal sprach er in Trance fließend Griechisch oder Französisch. Er, der in der Schule so

178 Götter, Engel und Propheten

kläglich gescheitert war, beherrschte alle medizinischen Fach-
ausdrücke – Begriffe, die er im Wachzustand nicht einmal
hätte aussprechen können, die er in den Niederschriften seiner Readings auch nicht lesen konnte.

64

HELLSEHER, HEILER –
ODER PROPHET?

Der kleine, unauffällige Mann mit der Nickelbrille zieht die
Jacke aus und legt sich auf das Sofa im Hinterzimmer des Arztes Dr. Wesley K. Ketchum in Hopkinsville in Kentucky. Er
löst die Krawatte, öffnet den Hemdkragen, die Knöpfe an den
Manschetten und den Gürtel. Zuletzt zieht er auch noch die
Schuhe aus. Dann streckt er sich aus und legt die Hände auf
die Stirn. Seine Frau beugt sich über ihn, berührt seine Wan-
gen und gibt ihm den Befehl, einzuschlafen. Er schließt die
Augen, faltet die Hände über der Brust und beginnt auch
schon ruhig und gleichmäßig zu atmen. Es sieht aus, als würde
er fest schlafen. Doch er schläft nicht. Er ist in Hypnose.

Während die Sekretärin Gladis Davis mit Block und Blei-
stift bereit sitzt, jedes Wort, das er sagen wird, mitzuschreiben,
stellt die Frau Edgar Cayce die Frage: »Wir möchten von dir,
Edgar Cayce, der du hier vor uns liegst, wissen, was dem Major
Gerald Thomsen, wohnhaft in New York, 5th Avenue, 5.
Stock, fehlt.«

Für einen kurzen Augenblick ist es mäuschenstill in dem
kleinen Zimmer. Die beiden Frauen warten, der Mann auf dem
Sofa liegt unbeweglich.

Plötzlich atmet er tiefer. Dann beginnt er mit schläfriger
Stimme zu sprechen: »Ja, ich sehe ihn. Er ist da. Er sitzt in der
Küche und liest gerade die Zeitung. Gegen seine Magenge-
schwüre muss er bald etwas tun. Er hat große Geschwüre ...«
Und dann gibt er exakte Anweisungen, welche Medikamente

der Major einnehmen muss, welche Behandlung nötig ist und welche Zeit die Genesung in Anspruch nehmen wird. Das alles dauert nur ein paar Minuten.

Als der Mann auf dem Sofa aus seiner Trance erwacht, fragt er nur: »Was habe ich gesagt?« Er hat keine Ahnung, wen er »getroffen« hat und ob er ihn oder sie überhaupt finden konnte. Er weiß nichts von dem, was er in der Hypnose gesehen, geraten und empfohlen hat. Gerade so, als wäre er ein anderer gewesen.

Edgar Cayce war in der Tat ein mehr als nur ungewöhnlicher Mann. Er gab auf diese Weise mehr als 30000 »Readings«, so nannte er die Aussagen in Trance, in aller Regel handelte es sich um medizinische Diagnosen, die kranke Menschen von ihm erbeten hatten. Dabei musste er seine Patienten nicht kennen. Diese brauchten ihn auch nicht zu besuchen. Sie schrieben ihm. Es genügte auch ein Anruf. Und auch dann brauchte er keine Schilderung der Krankheitssymptome. In Trance lag sein Körper auf dem Sofa. Sein Geist besuchte den Patienten und sah in ihn hinein. Und dann schöpfte er aus dem reichen jahrtausendealten Schatz irgendwo gesammelter Rezepte, die ihm in seinem Zustand der Hypnose zugänglich waren. Immer wieder. Und wie behauptet wurde, fehlerfrei.

Für Edgar Cayce gab es offenbar keine Grenzen, weder zeitlich noch räumlich. Auch ließ sich keine Frage, kein Thema finden, das er nicht hätte beantworten können. Bis zum heutigen Tag konnten ihm die Ärzte keine einzige falsche Diagnose nachweisen. Was er zu wissenschaftlichen Diskussionen beitrug, war von ungewöhnlicher Tiefe und Weisheit. Er sprach ebenso selbstverständlich von Ereignissen, die sich vor 50000 Jahren ereignet hatten, also in einer Zeit, von der wir bestenfalls aus Mythen oder vagen Andeutungen wissen, wie auch von zukünftigen Ereignissen. Diesen Mann, der nur ein einzi-

Metaphysische Geheimnisse 181

ges Buch gelesen hatte, nämlich die Bibel, diese allerdings
60 Mal von vorne bis hinten, konnte man nicht einordnen.
War er nun Hellseher, Heiler, Prophet – oder alles zusammen?

So viel vorab: Wenn man erfährt, was er alles konnte, fällt
einem sofort ein: Er war in Trance genau der Mann, den Teilhard de Chardin als Mensch der Zukunft nach dem Evolutionssprung beschrieben hat. Einer, der über alle Fähigkeiten
verfügt. Dann aber im Wachzustand. Wenn wir also zur Kenntnis nehmen, was Edgar Cayce alles beherrschte, können wir
uns noch besser vorstellen, was der Mensch von morgen imstande sein wird zu leisten.

65

VON ATLANTIS

ZUM UNTERGANG VON JAPAN

Setzte man beispielsweise die einzelnen Aussagen des schlafenden Propheten über Atlantis wie ein Puzzle zusammen, bekommt man ein sehr anschauliches Bild von diesem Kontinent, der seinen Angaben nach im Atlantik vor etwa 15 000 Jahren existiert hat. Edgar Cayce sprach im November 1923 zum ersten Mal von dieser untergegangenen Hochkultur, als er in einer Diagnose über einen Patienten feststellte: »Früher lebte er in dem schönen Land Alta oder eigentlich Poseidia. Dies war etwa 10 000 Jahre vor der Ankunft des Friedensfürsten (Christus).«

Er ergänzte diese Aussage später: Der Kontinent war ungefähr so groß wie Europa bis zum Ural. Im Jahre 15 600 v. Chr. soll es in diesem kulturell und technisch hoch entwickelten Land die erste große Katastrophe gegeben haben, wobei es in mehrere Inseln auseinanderbrach, um dann, um 10 000 v. Chr., endgültig im Ozean zu versinken. Die Völker auf Atlantis waren nach Angaben von Edgar Cayce hochgebildet und technisch unserer heutigen Zeit sogar voraus. Sie sollen die Fähigkeit besessen haben, das Sonnenlicht mithilfe großer Kristalle zu bündeln und die so gewonnene Energie als Antriebskraft, als Heizkraft und als Waffe zu nutzen. Es könnte sich um Laserstrahlen gehandelt haben, die erst nach dem Tod des schlafenden Propheten, aber von ihm vorhergesagt, erfunden wurden.

Cayce schilderte den Kristall von Atlantis so: »Der Stein wurde durch das Sonnenlicht aktiviert. Er bündelte das Licht

Metaphysische Geheimnisse 183

– und das Glas wirkte auf Instrumente, die mit den verschiedenen Verkehrsmitteln in Verbindung standen, wie es heute bei der Fernsteuerung mit Funk der Fall ist.«

»Der Rubin«, so nannte er den energiespendenden Kristall gelegentlich auch, war in großen Gebäuden unter Kuppeln mit einem Schiebedach untergebracht. Seine Strahlen gingen durch Stein und Stahl: »Die Strahlen waren für das Auge unsichtbar, wirkten aber auf Kristalle in den Motoren. Es soll in Atlantis schon Flugzeuge gegeben haben, die »von Gas gehoben wurden«. Es gab Autos – er nannte sie Vergnügungsfahrzeuge – die aber keine Räder besaßen, sondern knapp über dem Boden schwebten.

Der Untergang des Kontinents, so Cayce, kam durch Naturkatastrophen, ausgelöst durch den menschlichen Leichtsinn und die wachsende Lebensgier: »Weil immer größere Städte gebaut wurden, schwanden die Möglichkeiten, die Kräfte der Natur zur Ernährung zu nutzen, immer mehr. Der Raubbau in den Bergen und Tälern und im Meer führte zum raschen Verfall der Länder und der Menschen.« Die Energiekristalle mussten immer höher eingestellt werden, bis sie zuletzt, zu mächtig geworden, Naturgewalten entfesselten.

Die letzten Überlebenden von Atlantis, die der Katastrophe entkamen, retteten sich, so wiederum Cayce, nach Ägypten auf der einen Seite und nach Mittelamerika auf der anderen. Beide erbauten dort die Pyramiden. Tatsächlich verwendeten die alten Ägypter und die Mayas für diese mächtigen Bauwerke dasselbe Wort.

Damit sind wir wieder bei dem, was Pierre Teilhard de Chardin mit dem »dritten und gefährlichsten Schritt der Menschheit« gemeint hat: Wenn wir es nicht schaffen, das Gegeneinander aufzugeben, wenn wir weiterhin die Natur nur ausbeuten und immer noch verschwenderischer mit ihren Schätzen umgehen und wenn wir nicht zum Organismus Menschheit finden, dann könnte es uns ergehen wie den letzten Bewohnern von Atlantis: Wir würden uns gegenseitig zerfleischen, immer noch schlimmere Naturkatastrophen provozieren und am Ende unsere Erde in die Luft sprengen.

Vor 2500 Jahren schrieb der griechische Philosoph Platon über ein mächtiges Inselreich, einen ganzen Kontinent, der »jenseits der Säulen des Herakles«, also vor Gibraltar, versunken sei. Platon hat aufgeschrieben, was dem einen oder anderen damals noch im morphischen Feld, ausgelöst von der gewaltigen Katastrophe, vage in Erinnerung war. Gut möglich, dass der Untergang von Atlantis den Riesen-Tsunami ausgelöst hat, der zur Sintflut wurde, von der nahezu alle Völker rund um das Mittelmeer noch etwas wussten.

66

DIE
UNBERECHENBARE ZUKUNFT

Für den schlafenden Propheten gab es in Trance offenbar keine
Zeit, keine Vergangenheit und keine Zukunft. Er blickte nach
hinten wie nach vorne, so, als wäre das alles jetzt und gleichzeitig. Und das war letztlich auch seine Schwäche. Denn er versagte immer dann, wenn er versuchte, eine präzise Zeitangabe
für künftige Ereignisse zu nennen.

Das ist das eigentliche Problem aller Propheten: Sie sehen
wie in einem ablaufenden Film eine Szene, doch sie können
diese dann zeitlich nicht einordnen. Möglicherweise sind solche Ereignisse auch nicht fix auf einen bestimmten Zeitpunkt
festgelegt, sondern können früher oder später eintreffen: »Von
der Zeit aber, in der dies geschehen wird, weiß niemand außer
dem Vater«, sagte Jesus, als er den Jüngsten Tag ankündigte.

Nostradamus hat aus diesem Grund eine Sicherung eingebaut.
Er versetzte sich selbst in Trance. Er setzte sich auf den eiser-
nen Dreifuß in einem mit Wasser gefüllten Bottich, streute
Chemikalien, wie etwa Schwefel, in das Wasser und atmete
die Dämpfe ein. Er schrieb, was vor seinen Augen auftauchte,
auf bereitliegende Zettel. Am nächsten Morgen, wenn er »ent-
schwefelt« war, wie er selbst es ausdrückte, versuchte er dann
für das, was er gesehen hatte, die passenden astrologischen
Konstellationen zu finden.

Deshalb nennt er in seinem umfangreichen Werk auch nur
fünf fixe Daten:

- das Jahr »mit drei Sechsen« als Zeitpunkt einer verheerenden Feuersbrunst und einer fast gleichzeitigen Pestepidemie, die nur wenige Menschen in London überleben würden. Beide Katastrophen traten 1666 und 1668 ein.
- das Jahr 1703, ein Jahr, in dem nicht allzu viel geboten sein wird, in dem jedoch die Menschen geboren werden, welche die geistigen Grundlagen für die Französische Revolution schaffen werden.
- das Jahr 1791, in dem das Revolutionstribunal in Paris versuchen wird, eine neue Zeitrechung mit dem Jahr 1 zu starten. Das ist während der Französischen Revolution 1791 tatsächlich auch so geschehen – wenn vielleicht auch nur deshalb, weil die Franzosen ihren Propheten kannten und damit nur seine Prophezeiung vollzogen.
- das Jahr 1999 mit seiner Sonnenfinsternis im September, in dem »Chiren«, der Retter der Menschheit, eine Art zweiter Messias, geboren werden sollte. Ob der Prophet auch in diesem Fall wieder recht behalten wird, bleibt abzuwarten.
- und schließlich das Jahr 3797, in dem das Wassermannzeitalter zu Ende gehen wird.

67

WENN SONNE, VENUS UND MARS
IM LÖWEN STEHEN

Alle übrigen Daten sind astrologische Konstellationen, die sich immer wieder ergeben. So spricht er beispielsweise vom Angriff der Terroristen auf den Vatikan, ausgehend von der Gegend beim Iran, wenn »die Sonne, Venus und Mars gleichzeitig im Löwen stehen«.

Das heißt: In einem Juli/August, wenn diese Konstellation gegeben ist, wird es einen heftigen Terroranschlag geben, mit dem man versuchen wird, die gesamte Führung der katholische Kirche niederzustrecken:

> »Der Arabische Prinz wird dann, wenn die Sonne, Mars und Venus im Löwen stehen, die Kirche über das Meer hinweg beseitigen. Bei Persien steht gut eine Million bereit, um mit Würmern und Schlangen über die Türkei und Ägypten herzufallen.«
>
> *Centurie V/25*

Schlangen (Gift) und Würmer (Biologie) sind wohl der Hinweis, dass ein Krieg mit chemischen und biologischen Waffen vorbereitet wird. Der Diktator Saddam Hussein hatte schon Giftgas im Krieg gegen den Iran eingesetzt. Ägypten und die Türkei sind neben Saudi-Arabien die beiden islamischen Staaten am Mittelmeer, die noch offen mit der freien Welt zusammenarbeiten und sich bislang dem wachsenden Druck islamistischer Fanatiker widersetzt haben.

Diese Konstellation mit Sonne, Venus und Mars im Sternzeichen Löwe war zuletzt 1987, 1989 und 1998 gegeben. Und jedes Mal kam es im August zu einer Katastrophe, ausgelöst durch fanatische Islamisten. 1987 erlebten wir das Massaker am Grab Mohammeds in Mekka, als Schiiten und Sunniten einander bekämpften. Im Jahr 1989 herrschten ebenfalls heftige Auseinandersetzungen dieser Glaubensgemeinschaften. 1998 ließ bin Laden drei amerikanische Botschaften in Afrika in die Luft sprengen. Dabei kamen weit über 100 Menschen ums Leben. Man könnte diesen Moment als den Beginn des Krieges gegen den Terrorismus sehen.

Diese Daten wurden sozusagen zu Vorläufern für das, was noch passieren wird, wenn die entsprechende Konstellation – man könnte auch sagen, das entsprechende morphische Feld – wieder einmal gegeben sein wird. Und das wird das nächste Mal im August 2015 der Fall sein.

Man könnte daraus folgern, dass große geschichtliche Ereignisse an gewisse Spannungen am Sternenhimmel, aber nicht unbedingt an ein bestimmtes Jahr gebunden sind. Vielleicht können angekündigte Ereignisse durch ein entsprechendes Verhalten der Menschen noch einmal verschoben, vielleicht auch abgemildert werden. So wie es in den Warnungen der Marienerscheinungen von La Salette und Fatima immer wieder heißt: »Das alles wird geschehen, wenn Ihr euch nicht ändert!« Und das würde bedeuten, dass Prophezeiungen zwar richtig, aber zeitlich nicht unverrückbar festgelegt sind.

68

IST UNSERE ZUKUNFT
ALSO NOCH OFFEN?

Sie erinnern sich, dass wir festgestellt haben, dass unser Engel
und alle anderen Engel keine Zeit kennen. Sie sehen uns immer als Kind und als Greis gleichzeitig. Und wechseln mit uns
zwar den Ort, ohne sich aber zu bewegen. Und so ist es Edgar
Cayce wohl auch ergangen. Er blickte immer wieder in die
Zukunft, konnte sich aber nicht auf den Zeitpunkt festlegen,
wann etwas geschehen würde. Und wenn er es trotzdem versuchte, lag er stets gründlich daneben. Seine Kritiker tun ihm
aber unrecht, wenn sie sich immer nur an diesem einen Punkt
festkrallen.

Edgar Cayce warnte beispielsweise davor, die Erdachse würde
kippen. Schon seit dem Jahr 1936 drehe sich der Erdkern in
anderer Richtung als der Erdmantel. Und diese andere Dre-
hung würde nach und nach auch den Mantel zwingen, sich der
neuen Umdrehung anzupassen. Cayce fürchtete, das könnte
noch im 20. Jahrhundert geschehen. Da der Prophet dies gesehen hat, muss man davon ausgehen, dass es einmal geschehen wird. Das wäre wohl das schlimmste vorstellbare Szena-
rium. Offen bleibt nur der Zeitpunkt. Das Wann.

Schon in der Bibel wird davor gewarnt, dass die Sterne vom
Himmel fallen werden, sich der Himmel einrollen würde wie
ein Vorhang, der zusammengefaltet wird. Michel Nostradamus
hat davor gewarnt, dass sich die Sterne verschieben werden
und man kein Horoskop mehr erstellen können wird.

Offensichtlich wäre ein solcher Polsprung kein Ereignis, das es nicht schon gegeben hätte. Selbst Wissenschaftler halten ihn irgendwann für möglich. Denn offensichtlich gab es diesen Sprung zumindest schon einmal. Man nimmt an, dass vor circa 12 000 Jahren der Nordpol noch in der Karibik lag, ehe sich der Sprung zum heutigen Ort vollzogen hat. Tatsache ist, dass sich unter dem Eis am Nordpol Reste einer sehr üppigen Vegetation finden. Es müsste demnach dort einmal ein Klima wie heute in Afrika oder Südamerika geherrscht haben.

Bei Nostradamus finden sich deutliche Hinweise, dass das Mittelmeer zu einem Kristall gefrieren würde. Sollte der Nordpol tatsächlich im Süden Europas zu liegen kommen, müsste sich die gesamte Bevölkerung Europas und Nordafrikas eine neue Heimat suchen. Wir bekämen es mit einer Völkerwanderung zu tun, bei der viele Millionen Menschen unterwegs sein würden.

Edgar Cayce sprach davon, dass Japan nahezu völlig im Pazifik untergehen, während der Kontinent Atlantis im Atlantik wieder auftauchen würde. Auch das sollte in unseren Tagen passieren. Vor wenigen Jahren noch hätten wir alle schallend darüber gelacht und es für völlig unmöglich gehalten. Und heute? Es kann keinen Zweifel mehr daran geben, dass die Naturkatastrophen immer häufiger auftreten und immer schlimmer werden.

Der schlafende Prophet sah besonders drastische Veränderungen für seine Heimat Amerika. Er war überzeugt davon, dass die Landkarten des Landes neu gezeichnet werden müssten.

Edgar Cayce fuhr eines Tages nach einer Einladung im Zug nach Hause und döste dort ein. Plötzlich befand er sich als kleiner Junge wiedergeboren im Jahr 2100. Er lebte in Nebraska und wunderte sich, dass diese Stadt jetzt an der Küste lag:

»Dort, wo früher der Westen der Vereinigten Staaten von Amerika war, ist nur noch Meer. Alles ist im Meer ertrunken. Schon mit zwei Jahren weiß ich, dass ich im früheren Leben Edgar Cayce gewesen bin und vor rund 200 Jahren gelebt habe. Ich erzählte das meinen Eltern. Jetzt kommen gelehrte Männer. Sie haben lange Bärte, Glatzen und dicke Brillen. Sie stellen mir viele Fragen. Sie nehmen mich mit. Ich soll ihnen zeigen, wo ich als Edgar Cayce gelebt habe. Wir fliegen. Aber nicht in einem Flugzeug, sondern in einer Art Zeppelin aus Metall. Aber sehr schnell. Wir kommen nach Hopkinsville und nach Virginia Beach. Und dann zu einer riesengroßen Stadt. Die Häuser sind fast alle gänzlich aus Glas. Ich frage, wie die Stadt heißt. Und sie antworten: ›Das ist das neue New York. Die alte Stadt ist ja zu deiner Zeit zerstört und dann wieder aufgebaut worden ...‹«

69

DIE
QUELLE DES WISSENS

Natürlich muss man sich fragen: War dieser schlafende Prophet wirklich ein besonders begnadetes Genie oder nur ein außergewöhnlich geschickter Scharlatan? Wenn er in Trance tatsächlich so gut wie alles wusste: Wie kam er zu diesem unbegrenzten Wissen? Wo fand er es?

Die alten Inder hätten gesagt: Er stieß vor zur Akasha-Chronik, in der irgendwo im Universum alles gespeichert ist, was sich jemals auf unserer Erde ereignet hat, was auch der einfachste Mann und das kleinste Kind jemals gedacht oder gefühlt haben. Entsprechend könnten sie in seiner Leistung auch nichts Außergewöhnliches erkennen. Denn diese Chronik ist ihrer Meinung nach für jeden zugänglich, der es mit einer bestimmten Technik versteht, sie »anzuzapfen« und auszuschöpfen.

Edgar Cayce selbst war sich immer wieder recht unsicher, woher sein Wissen stammen könnte. Doch er fand mehr und mehr zur Überzeugung, dass es gut sein muss, weil er damit so viel Gutes tun konnte: »An ihren Früchten werdet ihr sie erkennen.«

Absolut sicher ist: Das Wissen stammte nicht von ihm. Er hätte nicht über die dazu nötige Fantasie verfügt. Ein Scharlatan kann er wahrhaftig nicht gewesen sein. Diesem schlichten Gemüt hätte dazu das Wissen, aber auch die kriminelle Energie gefehlt. Die Vorstellung einer Akasha-Chronik ist da schon stimmiger.

Metaphysische Geheimnisse   193

Wir wissen jetzt, dass es diese Akasha-Chronik, die neuerdings auch seriöse Wissenschaftler fordern, tatsächlich gibt. Allerdings wohl nicht, wie schon angedeutet, in einer riesigen Bibliothek, die jedem von uns zugänglich wäre, sondern im lebendigen Wissen der Engel und Erzengel. Wir müssen keine dicken Lexika lesen. Wir bekommen dies von unserem Engel mitgeteilt, weil wir über ihn eingebunden sind in alle existierenden morphischen Felder. Und sie alle stehen uns offen. Und sind damit auch in unserer Seele. Edgar Cayce ist der Beweis dafür, dass dieses Wissen zugänglich und umsetzbar ist. Wir müssen somit nur den Zugang zu ihm freischaufeln. Nicht aus purer Neugierde, nicht um mehr als andere zu können. Sondern im Bestreben, anderen, so wie Edgar Cayce, helfen zu können und das Gute noch mehr in die Welt zu bringen.

Edgar Cayce hat es so ausgedrückt:

»Alle Kraft, die Heilung jeglicher Art ist eine Veränderung der Schwingungen im Innern. Harmonie zwischen dem Göttlichen innerhalb des lebenden Gewebes des Leibes und den Kräften des Schöpfers. Dies allein ist Heilung. Ob sie nun herbeigeführt wird durch die Anwendung von Heilmitteln, durch das Skalpell des Arztes oder was auch immer: Es ist die Übereinstimmung der atomaren Struktur der lebendigen Zellkräfte mit ihrem geistigen Ursprung.«

Noch zu Lebzeiten Edgar Cayces haben Ärzte in Amerika eine wissenschaftliche Gesellschaft zur Auswertung seiner Readings ins Leben gerufen. Sie sammelten die Aussagen des schlafenden Propheten und machten sich daran, seine Rezepte systematisch auszuwerten und in Behandlungsmodellen zu erproben. An Kliniken in Arizona bildeten sich Ärzteteams, die laufend über ihre Erfahrungen mit der »Edgar-Cayce-Medizin« berichteten. Viele Hundert Ärzte in Amerika nahmen diese

Medizin in ihr Behandlungsprogramm auf. Es gibt heute rund um Virginia Beach eine Reihe von Privatsanatorien, die sich ebenfalls der Erforschung der Cayce-Readings und ihrer praktischen Anwendung widmen. Vieles, was Edgar Cayce gesagt hat, ist weltweit selbstverständlich geworden, ohne dass die Millionen, die es anwenden, noch wissen, woher diese Weisheiten eigentlich stammen.

Beispielsweise:

»Wenn täglich eine Mandel gegessen wird – und zwar regelmäßig –, werden sich kaum Tumore oder derartige Krankheiten im Körper bilden. Eher als der tägliche Apfel macht die Mandel täglich den Arzt arbeitslos.«

Teil 6

HEILGEHEIMNISSE

70

HEILUNG

Der Engländer Tom Johannson, ein sehr nüchterner Mann
und erfolgreicher Werbegrafiker, bekam eines Tages den Anruf
eines Mönches, der ihn beschwor, er möchte endlich seine
Heilkräfte anwenden. Der junge Mann hielt gar nichts davon.
Doch der Mönch ließ nicht locker. Weil Johannson nicht reagierte, schickte ihm der Mönch einen gelähmten Jungen. Sein
Vater trug ihn auf einer Bahre herein. »Der Mönch hat mich
zu dir geschickt. Du sollst mich heilen!«, bat der Junge.

»Mir war hundeelend«, berichtet Johannson. Was sollte er
denn tun? Er glaubte nicht an das Geistheilen und hatte keinerlei Erfahrung. Doch er musste etwas tun. Der treuherzige,
hilfesuchende Blick des Jungen ging ihm durch Mark und
Bein. Es blieb ihm nichts anderes übrig, als etwas zu versuchen.
Also beugte er sich über den Jungen und legte ihm die Hände
auf. Nach 15 Minuten stand der Junge auf, bedankte sich freu-
destrahlend und ging, als wäre es absolut selbstverständlich.
Sein Vater trug die Bahre hinter ihm her.

Zurück blieb ein völlig verstörter junger Mann, der keine
Ahnung davon hatte, was geschehen war. Doch dieser Moment seiner »Bekehrung«, wie Tom Johannson es nennt, hat
sein Leben völlig umgekrempelt. Er wurde zum wohl berühm-
testen Geistheiler unserer Tage. Zu Tom, wie man den Heiler
weit über Großbritannien hinaus kurz nennt.

»Heilen kann nur ein Heiliger. Und das bin ich nicht«, hatte
er dem Mönch auf dessen Aufforderung hin geantwortet. Er
hatte heftig daran gezweifelt, dass es überhaupt einen Menschen gibt, der ohne Medikamente oder chirurgische Eingriffe

heilen kann. Für sich selbst hielt er das für völlig ausgeschlossen. Doch nun war etwas passiert, was er sich nicht erklären konnte. Und das machte ihn neugierig. Tom ging zum damals bekanntesten Medium in England, Harold Sharpe, und ließ sich von ihm in der Entfaltung der paranormalen Fähigkeiten sieben Jahre lang ausbilden. Doch auch danach zweifelte er noch immer an seinen Fähigkeiten, heilen zu können. Dann wurde an der Belgrave Square in London die erste ambulante Geistheilerklinik in London eröffnet, und er wurde eingeladen, in dieser Klinik zu arbeiten.

»Ich hatte damals zwar schon erkannt, dass ich heilen kann, doch ich war mir selbst gegenüber immer noch sehr skeptisch. Mir war mulmig zumute, als ich zum ersten Mal in einem kleinen Raum dieser Klinik den ersten Patienten erwartete. Ich wusste wirklich nicht, wie das ausgehen sollte. Ich betete inbrünstig, legte während des Betens meine Hände auf den Kopf meines Patienten. Zu meiner größten Überraschung fühlte sich dieser Patient gleich sehr viel besser.«

So wurde aus dem ungläubigen und zuerst widerwilligen Skeptiker einer der begabtesten Heiler unserer Tage, für den es keine unheilbaren Krankheiten, wohl aber unheilbar kranke Menschen gibt.

Und der überzeugt davon ist, dass jeder Mensch heilen kann, sofern er sich das zutraut und die richtige Einstellung dazu mitbringt.

71

MITGEFÜHL,
EINSICHT, TOLERANZ

Was sind nach Tom Johannsons Erfahrungen die wesentlichen
Voraussetzungen für das Wunder, das doch keines ist?

Der Heiler nennt als wichtigste Punkte: Mitgefühl, Einsicht,
Toleranz, Aufrichtigkeit, Demut und Glauben. Und er betont
es immer wieder mit deutlichem Nachdruck: »Jede Heiler ist
nur das Werkzeug einer geistigen Intelligenz, die durch ihn
wirkt. Es kann sogar sein, dass ein Heiler als Kanal dient, ohne
selbst die Krankheit und deren Ursache zu kennen. Die hei-
lende Geistkraft braucht kein Wissen des Heilers. Sie wirkt
und operiert durch ihn an der richtigen Stelle.«

Was er damit meint, erläutert Tom an einem Beispiel:

Eines Tages behandelte er ein kleines kahlköpfiges Kind, das er
für einen Jungen hielt. Tom legte ihm die Hände auf, ohne zu
wissen, warum es keine Haare hatte. Als er Monate später
wieder in die Stadt kam, in der das geschehen war, trat eine
Frau auf ihn zu, um ihm für die Heilung ihrer kleinen Tochter
zu danken. Das Kind sei völlig gesund geworden und müsse
nicht mehr operiert werden. Tom wusste nicht, wovon die
Frau sprach. Erst als sie ihn an die Kahlköpfigkeit des kleinen
Mädchens erinnerte, konnte er sich wieder an diesen Fall erinnern. Als er die Frau fragte, was dem Kind damals gefehlt
hatte, erfuhr er: Das Kind hatte an einer schweren Nierener-
krankung gelitten, von der beide Nieren befallen waren. Die
Ärzte hatten befürchtet, das Kind hätte nur noch höchstens

ein halbes Jahr zu leben, und wollten mit einer Operation einen letzten Versuch zu seiner Rettung starten. Als es jedoch nach der Begegnung mit Tom zur Operation ins Krankenhaus eingeliefert wurde, erkannten die Ärzte, dass es völlig gesund war.

Diese Geschichte, so Tom, beweist, dass der Geistheiler kein Medizinstudium braucht. Er muss nicht wissen, was er zu tun hat. Er wird ja nur als Instrument benutzt. Als Transformator der heilenden Intelligenz und Vermittler der Energie, die durch ihn hindurch wirkt. Diese Energie kann so stark sein, dass er beim Handauflegen seine Patienten regelrecht verbrannte. Seine Hände waren dann feuerrot auf ihrer Haut abgebildet, obwohl er diese nicht direkt berührt hatte. Er musste also lernen, seine Heilenergien etwas behutsamer einzusetzen. Immerhin dienten die »Verbrennungen« ihm und anderen als Beweis dafür, dass bei den Heilungen tatsächlich etwas passiert. Und diese Beweise sind später auch unter strengster Kontrolle durch Ärzte, Biologen und Physiker bestätigt worden.

Im Klinikum St. Bartholomew's in London sollte Tom Johannson seine Fähigkeiten an Krebskulturen beweisen. Er hielt seine Hände fünf Minuten lang über die Kulturen. Danach war die Hälfte der Krebszellen abgetötet. Nach weiteren fünf Minuten war wiederum die Hälfte der Zellen abgestorben. Nach sieben Stunden gab es keine einzige lebende Krebszelle mehr.

Ein Test mit einem Oszillografen, mit dem man die »Healing Power« zu messen versuchte, war beinahe noch aufschlussreicher.

Man stellte Tom gesunde und kranke Menschen vor. Er wusste nicht, wer von ihnen krank und wer gesund war. Das Messgerät schlug aber immer nur dann aus, wenn er einen Kranken behandelte. Bei den Gesunden floss keine Energie.

Damit wurde deutlich, dass es nicht vom Willen oder von den Anstrengungen des Heilers abhängt, ob die Heilenergien fließen.

Die Heilintelligenz, wie sie Tom Johannson nennt, besitzt ihre eigenen Gesetzmäßigkeiten und Wirksamkeiten. Und die sind unabhängig vom Heiler. Er muss nur ein durchlässiger Kanal sein. Wenn das gegeben ist, kann er auch über größte Entfernungen hinweg heilen, ohne den Patienten zu kennen.

Tom Johannson akzeptiert die unterschiedlichsten Methoden der Heilung wie das Handauflegen, das Abstreichen des Körpers vom Kopf bis zu den Füßen, ohne dabei den Körper direkt zu berühren, das Aurakämmen. Das alles, meint er, kann helfen. Einzig entscheidend für ihn ist aber der Wunsch des Heilers, ein Kanal zu sein für die Kraft, die durch ihn wirkt. Sie setzt voraus, dass der Heiler meditativ eine höhere Bewusstseinsstufe erreicht. Wenn sie gefunden ist, manchmal früher, manchmal später, spürt man, dass man gleichsam »unter Strom steht«. Dann finden die Hände wie von selbst die Stellen des Körpers, welche die heilenden Energien brauchen.

»Heilen ist einfach. Keep it simple«, sagt Tom.

Gleichzeitig weist er aber immer auch darauf hin, dass Heilen nicht immer möglich ist. »Es gibt Fälle, in denen können und dürfen wir nicht heilen.« Manchmal wird die Heilung durch eine Blockade im Geist des Patienten verhindert – oder seine Lebensweise und seine Reaktion verhindern den Heilungsprozess. Oder die Patienten lieben ihr Leiden, weil sie damit die Aufmerksamkeit ihrer Mitmenschen auf sich lenken. Für manche ist die Krankheit die einzige Möglichkeit, umsorgt und beachtet zu werden.

»Zum Heilen gehören immer zwei Menschen, der Heiler und der Patient. Auf beiden Seiten muss es stimmen, damit eine Heilung zustande kommen kann«, sagt Tom Johannson.

Ich persönlich bin überzeugt davon: Die Zeit ist reif. In nicht allzu ferner Zukunft wird es für alle Menschen selbstverständlich sein, zu heilen, wahrzusagen und Gedanken lesen zu können. Wir stehen bereits an der Schwelle zu einer ganz neuen Menschheit.

72

DER ZUSAMMENSCHLUSS
VON ZWEI FELDERN

Wieder gibt es nur eine überzeugende Erklärung für das, was bei der Heilung tatsächlich geschieht: Wenn jeder Mensch ein geistig-energetisches Kraftfeld hinter sich, in sich und um sich hat, das sein Wachsen und Werden formt, das auch dafür sorgt, dass der Körper mit all seinen Organen richtig funktioniert, dann gehen auch Fehlfunktionen und -entwicklungen im Körper von diesem Feld – oder sagen wir es deutlicher – von seinem Schutzengel aus. Dann wird dieses Feld nämlich von falschen Gedanken und Regungen, von negativen Energien wie Angst, Neid, Hass oder Schuldgefühlen gespeist. Und dann produziert es Fehler und kann diese Fehler nicht mehr verhindern und im Falle einer daraus entstehenden Krankheit auch nicht mehr korrigieren.

Dann kann das morphische Feld eines anderen Menschen seine Aufgabe übernehmen und die Heilung mitunter sogar umgehend einleiten. Niemand zweifelt mehr daran, dass die Funktionen unseres Körpers ganz unmittelbar von geistigen, gefühlsmäßigen Regungen, also von Kopf und Herz, abhängig sind.

Wenn Tom aber von Heilintelligenz spricht und davon, dass sich der Heiler und der Patient zusammenschließen müssen, meint er doch genau das, was wir heute unter der Wirkung der Zusammenschlüsse zweier morphischer Felder meinen.

Es gehört mit zu den wichtigsten Ergebnissen moderner Forschung in der Medizin, die sogenannten Botenstoffe entdeckt zu haben. Sie unterrichten beispielsweise die unterschiedlichsten Steuerungssysteme unseres Körpers über das, was der Kopf will und was das Herz fühlt. Ganz einfach ausgedrückt: Wenn ein Mensch sagt: »Ich kann nicht mehr!«, erfährt das Immunsystem umgehend: »Wir können unsere Bemühungen einstellen. Er hat aufgegeben!« Die Botenstoffe haben das mitgeteilt. Und sie können offensichtlich auch sehr deutlich unterscheiden, ob das, was sie erfahren haben, ernst gemeint ist, oder ob das in einer momentanen depressiven Phase nur so dahingesagt wurde.

Handelt es sich bei diesen Botenstoffen nicht auch wieder um die Kommunikation einzelner morphischer Felder miteinander?

73

DAS
WUNDERWERK IMMUNSYSTEM

Stellen Sie sich einmal das Funktionieren unseres körpereigenen Immunsystems vor: Im Knochenmark werden sozusagen die Rohlinge der Immunzellen gebildet. Die meisten von ihnen bleiben, nachdem sie in den Blutkreislauf gewandert sind, ungebildetes Fußvolk. Andere werden in der Thymusdrüse zur Elite geschult. Sie ist die Universität in unserem Körper. In kürzester Zeit, die wohl nur wenige Augenblicke dauert, lernen die künftigen Chefs der Abwehrkräfte alle möglichen Angreifer, alle Arten von Viren, Bakterien und Pilzen, kennen. Wenn sie dann zum Einsatz kommen, wissen sie exakt, wer der in den Körper eingedrungene Feind ist, wie stark er ist, welche Abwehrmaßnahmen getroffen werden müssen und wie viele Abwehrkräfte nötig sind, um den Angriff abzuwehren. Man kann unter dem Mikroskop beobachten, wie diese Führungskräfte auf normale Abwehrzellen treffen und ihnen mitteilen, wie oft sie sich teilen müssen, damit die genau berechnete Zahl der Schutztruppen erreicht wird.

Wer würde nicht sofort wieder an die morphischen Felder denken, die als Lehrmeister und Organisatoren dieses geniale System leiten? Es gibt auch in diesem Fall keine andere Erklärung. Denn: Auf welche Weise sonst könnte in der Thymusdrüse eine Schulung stattfinden? Woher sonst sollten die Abwehrkräfte ihr »Wissen« haben? Wie sonst könnten sie Eindringlinge im Körper von körpereigenem Leben unterscheiden?

Heilgeheimnisse 205

Und noch ein Punkt dazu: Unsere Thymusdrüse, also die geniale Schule der Immunkräfte, funktioniert vor allem in der Kindheit. Wenn man sie sofort nach der Geburt entfernt, gibt es keine Überlebenschance. Hat sie aber auch nur zwei, drei Tage nach der Geburt funktioniert, dann kann man auch ohne sie gut leben. Ab der Pubertät ist sie gewissermaßen überflüssig geworden. Die Thymusdrüse hat mit unserem Wachstum zu tun, ihre Hormone sind aber Gegenspieler zu den Sexualhormonen. Wer, wenn nicht morphische Felder, sollte dieses komplizierte Kräftespiel in unserem Körper steuern? Und welcher stoffliche Prozess könnte sich in derartiger Geschwindigkeit vollziehen?

74

DIE
SPRACHE DES BILDES

Ein berühmter Geistheiler, der sich gerade in einer Krise befand, gestand mir einmal: »Man hat mir von drüben mitgeteilt, ich müsste von meinen sexuellen Übertreibungen ablassen, wenn ich weiterhin meinen Patienten helfen möchte.« Was gewiss nicht heißt, eine gesunde Sexualität stünde dem Heilen im Weg. Es geht hier um »Übertreibungen« und wohl auch um eine gewisse sexuelle Sucht, bei der ein Schaden an sich selbst oder an anderen entstehen könnte.

Das Heilen funktioniert ähnlich, wie es bei der Anwendung übersinnlicher Fähigkeiten ist: Wenn ich beispielsweise Tarotkarten vor mir ausbreite, dann schaffe ich den direkten Kontakt mit meinem Engel über das Bild. Diese Bilder sind, wie es der berühmte Psychoanalytiker C. G. Jung genannt hat, die Archetypen einer ursprünglichen Ursprache. Bevor es die Schrift gab, konnten sich die ersten Menschen nur über Bilder miteinander verständigen. Und auch heute scheint es noch so zu sein, dass der eigene Körper, wenn ich ihm etwas sagen will, vor allem das Bild versteht. Weil es für meinen Engel keine räumliche und keine zeitliche Beschränkung gibt, kann er mir auch von Dingen berichten, die erst in der Zukunft geschehen werden.

Wenn ich zum Wahrsager gehe, besteht zunächst immer das Risiko, dass er meine Ängste und Befürchtungen anzapft. Vieles von dem, was er mir dann sagt, ist zunächst nur die Verbindung meiner Gedanken mit seinen. Deshalb sind seine Aussa-

Heilgeheimnisse

gen zunächst oft so verblüffend: Er kennt meine Ängste und weiß, was ich befürchte. Wenn er wirklich etwas kann, wird es ihm oder ihr dann aber gelingen, sein morphisches Feld mit meinem zu verbinden. Und dann werden auch richtige Aussagen und wirksame Hilfen möglich. Vorausgesetzt, es handelt sich um eine einwandfreie Persönlichkeit, die sich mir liebevoll zuwendet.

Beim Arzt und beim Heiler gilt dasselbe. Wenn es mir nicht gelingt, das volle Vertrauen zu ihm aufzubauen, wird sich trotz starker Medikamente auch keine Heilung einstellen. Unsere Engel müssen miteinander kommunizieren. Und dabei spielen auch das Bild und die Vorstellungskraft wieder eine entscheidende Rolle. Je besser es gelingt, sich eine Heilung vorzustellen, desto schneller wird sie sich vollziehen.

Viel Aufsehen erregten kurz nach dem Zweiten Weltkrieg die sensationellen Heilerfolge eines amerikanischen Onkologen, der zurückgekehrte und an Krebsleiden erkrankte Soldaten behandelte. Er brachte ihnen bei, wie sie sich die Bekämpfung ihrer Krankheit plastisch vorstellen müssen: »Nehmt an, es handelt sich um Festungen. Ihr seid nun die Piloten, die eingesetzt werden, diese Bollwerke eines nach dem anderen zu zerstören. Stürzt euch hinab auf die Festungen. Seht zu, wie sie getroffen werden und auseinanderfallen.« Für die Soldaten war das einfach das richtige Bild.

75

HEILEN

IST EINE ANDERE WELT

Es kommt noch ein wesentlicher Punkt hinzu: Für den nüchternen Geschäftsmann Johannson war das Heilen etwas, womit er sich niemals beschäftigt hatte. Das Geheimnis seines ersten Erfolgs verdankte er der liebevollen Zuwendung: Er konnte den flehenden Augen des kleinen Jungen nicht widerstehen. Er war unfähig, ihm den Rücken zuzukehren, ohne etwas für ihn getan zu haben.

Seine Verblüffung hatte aber schon damit begonnen, dass er den Anruf eines Mönches bekam, der ihn und den er nicht kannte. Wie war der Mönch ausgerechnet auf ihn gekommen? Was wusste er von ihm? Von wem? Es gab keine erkennbare Brücke.

Dem folgte das Ansinnen, endlich damit zu beginnen, seine eigentlichen Fähigkeiten zu erkennen und anzuwenden. Woher wollte der Mönch von Fähigkeiten wissen, die er, Johannson, selbst nicht kannte? Wer steckte hinter alledem?

Schließlich, nachdem er sich geweigert hatte, auf die Bitten des Mönches einzugehen, folgte die Konfrontation mit dem gelähmten Jungen. Und zuletzt dann auch noch die Tatsache, dass sein Handauflegen dem Jungen auf die Beine geholfen hatte. Eine unerklärliche Merkwürdigkeit nach der anderen. Johannson ist, ohne dass er es wollte oder gar angestrebt hätte, in eine völlig andere Welt geraten, von der er bisher keine Ahnung gehabt hatte, in der er bislang nicht gelebt hatte.

Ergeht es uns nicht allen so? Solange wir uns gesund fühlen, interessiert uns kein Heiler. Wenn wir krank werden, ist der Arzt zuständig. Der hat sein Fach studiert. Erst wenn ich in die Situation gerate, dass mir dieser Arzt und auch andere Ärzte nicht mehr helfen können, beginne ich, mich für den Mann oder die Frau der letzten Hoffnung zu interessieren.

Das ist die eigentliche Problematik des Heilers: Sein Patient lebte bisher ebenfalls in einer anderen Welt. Er hat sich nie mit dem beschäftigt, was ihm nun in letzter Minute doch noch geschenkt werden soll. Solange es ihm gut ging oder zumindest noch die Hoffnung bestand, dass alles wieder gut werden wird, stellte sich die Frage nicht, was Gesundheit ist, wem oder was er sie verdankt – und was er tun muss, dass sie ihm weiterhin erhalten bleibt. Er wusste zwar, das Rauchen bei 40 Prozent aller, die zur Zigarette greifen, Bronchialkrebs verursacht. Doch das drehte er um: Also bleiben 60 Prozent verschont. Warum sollte ich zur Minderheit gehören? Außerdem gibt es den Bronchialkrebs auch bei Männern und Frauen, die nicht rauchen. Erst nachdem es ihn nun doch erwischt hat und der Arzt ihm nicht mehr helfen kann, versucht er einen letzten Rettungsversuch, auch wenn die Heilungschancen mittlerweile im weit fortgeschrittenen Stadium doch recht minimal sein müssen.

So ist unser Leben: Solange wir gesund sind, prahlen wir gerne: Warum sollte es ausgerechnet mich treffen? Liegen wir flach, dann rätseln wir: Warum nur hat es ausgerechnet mich getroffen? Ein Zeichen dafür, dass wir wohl weithin keine gesunde Einstellung zu Gesundheit und Krankheit haben.

76

KRANKHEIT
IST KEINE STRAFE

Vielleicht steckt auch noch ein gutes Stück alttestamentarische Vorstellung in uns allen: Dem Volk Israel hatte Jahwe versprochen, jeder würde gesund bleiben, lange und glücklich leben, viele Kinder haben und reich werden – solange er sich an die göttlichen Gebote halte. Die konsequente Schlussfolgerung daraus: Wenn jemand krank wurde, musste er, es war gar nicht anders denkbar, gesündigt haben. Er ist wegen eines Verstoßes gegen die Gebote Jahwes bestraft worden. Kranke mit ansteckenden Krankheiten sind entsprechend als Sünder aus jeder Gemeinschaft ausgeschlossen worden. Erst wenn sie wieder völlig gesund waren und ein Priester, nicht etwa ein Arzt, das festgestellt hatte, durften sie zu ihrer Familie zurückkehren.

Jesus von Nazareth konnte von seinem Volk deshalb nicht als Prophet oder gar der ersehnte Messias anerkannt werden, weil er einen so schändlichen Tod am Kreuz erlitt. Und das passte doch überhaupt nicht zum Versprechen Jahwes, dass der Gute und Gerechte ein gutes Leben geschenkt bekäme. Er musste ein Sünder sein, der bei Gott in Ungnade gefallen war.

Wieder muss man sich fragen: Denken wir nicht immer noch so?

Die andere Version ist genauso falsch: Viel zu viele Männer und Frauen akzeptieren ihre Krankheit und wehren sich nicht mehr dagegen, weil sie glauben, das Leid wäre ihnen vom Himmel auferlegt als Möglichkeit, sich damit die ewige Seligkeit doch noch verdienen zu können. Sie klammern sich geradezu an die Krankheit, in der Befürchtung, am Ende des Lebens keine andere Leistung vorweisen zu können. Die Theologie vom Kreuz hat dem deutlich Vorschub geleistet: »Nehmt euer Kreuz auf euch und folgt mir nach.« Und weder Arzt noch Heiler haben auch nur die geringste Chance, die Krankheit zu besiegen.

Krankheit ist der Hinweis, dass wir in einer falschen Welt leben. Wir alle bräuchten den Mönch, der uns anruft und uns damit in die wahre, die eigentliche Welt führt.

77

LEISTUNG –
ODER NUR GLÜCK GEHABT?

Auch das Fernsehen hat vor nicht allzu langer Zeit dieses so wichtige Thema der angeblich unerklärlichen Spontanheilungen entdeckt – und damit mehr Verwirrung als Aufklärung gebracht. Jeder weiß es, doch keiner will es wahrhaben – schon gar nicht die Schulmediziner –, dass es Heilungen gibt, die sich mit wissenschaftlichen Methoden bislang nicht erklären lassen. Weil nicht sein darf, was nicht sein kann, passen somit alle Heilungen, die ohne Operation und ohne Medikamente erfolgten, nicht in das wissenschaftliche Denken der Schulmedizin und können damit auch nicht erfolgt sein. Basta! Dass es sie trotzdem gibt, ist für sehr viele Ärzte ein Ärgernis. Wer ohne medizinische Hilfe gesund wird, kann letztlich nicht geheilt sein.

Ein Autor in der Talkrunde »Menschen bei Maischberger« erzählt von seinem Unfall, der eine Querschnittslähmung zur Folge hatte. Er ist vom Dach gefallen und hat sich bei diesem Sturz die Wirbelsäule verletzt. In der Klinik war er nun, zusammen mit vielen anderen, dazu verurteilt, über sich und sein Leben nachzudenken. Das hat er offensichtlich gründlich und schonungslos getan. Als die Reha zu Ende war, konnte er, anders als die anderen, ohne Rollstuhl auf seinen eigenen Beinen die Klinik verlassen. Inzwischen bereist er wieder die ganze Welt. Er ist geheilt.

Doch wie kam diese Heilung zustande? Genau darum ging es in der Diskussion. Der Autor versuchte, seine Heilung mit einer grundlegenden Bewusstseinsveränderung zu erklären. In der langen Zeit in der Klinik und im Rollstuhl, so erzählte er, habe er sein bisheriges Leben überprüft und sei dabei zur Einsicht gelangt, dass er am Leben vorbeigelebt habe. Er habe den Entschluss gefasst, alles, was falsch und unwesentlich war, fortan sein zu lassen und ein ganz neues Leben zu beginnen.

Der anwesende Schulmediziner widersprach heftig und versuchte, ihm klarzumachen, er habe doch einfach nur Glück gehabt, im Gegensatz zu den anderen, die es eben nicht hatten. Und dann beschimpfte er den Geheilten auch noch, weil der sich einbilde, er hätte im Gegensatz zu allen anderen etwas geleistet und richtig gemacht. Alle, so sinngemäß seine Meinung, die versuchen, mit Handauflegen, Beschwörungen oder Gebeten zu heilen, bilden sich ein, etwas zu können, was es nicht gibt – und sind letztlich nur auf satte Geldeinnahmen aus.

Es versteht sich von selbst, dass es in dieser Diskussion keine Annäherung geben konnte. Gut – irgendwie ist da jemand gesund geworden. Man kommt nicht darum herum, dies anzuerkennen. Der Mann kann schließlich wieder gehen. Doch weil das eigentlich nicht sein dürfte, macht man sich auch nicht die Mühe, darüber nachzudenken, was hinter der Heilung wirklich stecken könnte. Da es Geist und Seele nicht gibt, können sie es jedenfalls nicht gewesen sein, die das »Wunder« vollbracht haben. Und damit kann auch eine neue geistig-seelische Ausrichtung nichts in dieser Richtung bewirken. Das ist mehr als nur überheblich. Im Grunde auch eines Wissenschaftlers nicht würdig. Denn jeder, der keine »Neugierde« im wahrsten Sinn des Wortes mehr besitzt, sondern nur noch stur festhält an dem, was schon erforscht ist, kann kein Wissenschaftler mehr sein.

78

DAS HEIKLE THEMA

PLACEBO

Damit sind wir aber mitten im Thema: Niemand kommt daran vorbei, dass es den Placeboeffekt gibt. Ihn müssen auch die Schulmediziner anerkennen: Verabreicht man einem Patienten eine völlig wirkungslose Pille, von der dieser aber annimmt, es handele sich um einen neuen starken Wirkstoff gegen sein Leiden, verspürt er möglicherweise eine deutliche Besserung. Die Wirkung kann im Extremfall sogar stärker sein als jene des neuen Medikaments, das gleichzeitig an anderen Patienten getestet wird. Genau diese Tatsache macht es heute so problematisch, neue Stoffe und Medikamente auf ihre Wirkung hin zu überprüfen. Denn auch der Wirkstoff selbst wird im Test durch zusätzliche Placeboeffekte aufgewertet, sodass man letztlich nie sicher sein kann: Was ist dem neuen Wirkstoff und was »nur« dem Placeboeffekt zuzuschreiben?

Und wenn gar kein Wirkstoff vorhanden ist: Wer oder was hat dann geholfen? Alles vielleicht nur Täuschung und Einbildung? Solche Placeboeffekte sind keineswegs selten. Selbst bei recht guten Ergebnissen neuer Medikamente schneiden Placebos oft nicht sehr viel schlechter ab.

In den USA sollte vor Jahren einmal ein neues Krebsmittel vor seiner Zulassung klinisch getestet werden. Man suchte Freiwillige – und es meldete sich ein Multimillionär, dem seine Ärzte keine Hoffnung mehr geben konnten. Weil er so schwer krank war und damit das Testergebnis negativ beeinflusst hätte, lehnte man ihn als Teilnehmer an der Studie ab. Doch er bezahlte eine hohe Summe an die Pharmafirma und durfte dann doch teilnehmen. Nach kurzer Behandlung fühlte er sich gesund. Er flog mit seinem eigenen Jet nach Hause und nahm seine Arbeit wieder auf.

Doch dann, nach vielen Wochen, las er in einem Fachblatt, dass das Medikament wegen Wirkungslosigkeit nicht zugelassen werde. Und schon war er wieder sterbenskrank. Als er erfuhr, dass das verbesserte Medikament erneut getestet wird, war er wieder zur Stelle – und wurde wieder gesund. Die Kunde, dass auch die Verbesserung wiederum keine Zulassung erhält, hat ihn schließlich umgebracht.

79

NUR DER GEIST
KANN HEILEN

Betrachtet man solche Erfahrungen rein objektiv, muss man festhalten: Hoffnung und Enttäuschung, Glaube und Verzweiflung haben hier doch wohl die entscheidende Rolle gespielt. Die Einstellung des Patienten hat das Auf und Ab mit sich gebracht. Somit muss doch der Geist – oder auch die Seele – im Hinblick auf Erkrankungen, aber dann auch auf Heilung, weit mehr können, als wir annehmen.

Wir wissen heute, wie eng Körper und Seele miteinander verbunden sind und sich gegenseitig beeinflussen. Es besteht kein Zweifel daran, dass viele Erkrankungen, wenn nicht sogar die meisten oder alle, eine verletzte Seele als eigentliche Ursache dafür besitzen, dass die sonst so perfekt funktionierenden Heilkräfte sich nicht mehr richtig einschalten können. Und wenn wir Seele sagen, meinen wir die kleine Hierarchie der morphischen Felder, die unseren Körper steuern.

Der traditionell geschulte Mediziner, der das liest, wird aufschreien. Denn genau das muss er entschieden ablehnen, weil Geist und Seele für ihn nicht wirklich existieren, sondern nur das Ergebnis eines funktionierenden Gehirns sind, weg und vorbei, sobald dieses Gehirn zu funktionieren aufgehört hat. Sie können also nichts Eigenständiges und auch kein wesentlicher Bestandteil des Menschen sein.

Der Arzt, besser gesagt, sehr viele Ärzte sehen nur den wachsenden Tumor und versuchen, ihn wegzuschneiden, mit Bestrahlung oder Chemotherapie zu vernichten. Sie erkennen vielleicht als Ursache der bösartigen Fehlentwicklung ein Virus, eine Chemikalie oder eine Strahlung. Sie fragen jedoch nicht danach, warum der Körper in diesem Fall nicht in der Lage war, diesen Angriff zu bewältigen – obwohl sich inzwischen doch die Einsicht durchgesetzt hat, dass sich in jedem Körper täglich viele Krebszellen bilden, die vom gesunden Körper umgehend vernichtet werden.

Das ist der Ansatzpunkt der Geistheilung und das Heilgeheimnis des querschnittgelähmten Autors: Er hat in vielen Stunden des bewegungslosen Liegens, das ihm durch die Lähmung aufgezwungen worden war, nach dem Sinn seines Lebens geforscht und darüber nachgedacht, was er falsch gemacht hatte und wie sein zukünftiges Leben aussehen soll. Das waren die positiven Signale seines Geistes an seinen Körper: »Ich will gesund werden und noch vieles unternehmen.« Er hat sein morphisches Feld positiv »aufgeladen« – und damit auch alle untergeordneten morphischen Felder, die für die Heilung zuständig sind.

Der echte Geistheiler – selbstverständlich tummeln sich hier auch Scharlatane – versucht in erster Linie, den Patienten aus seiner Resignation herauszuholen und ihm neuen Lebensmut zu vermitteln. Es geht ihm also darum, zusammen mit seinem Patienten positive morphische Felder zu bauen. Wenn er ihm durch Handauflegen eigene oder kosmische Energien übertragen kann, ist das eine zusätzliche Hilfe, aber nicht mehr. Heilen kann sich letztlich nur jeder Kranke selbst.

Das heißt: Nichts gegen gute Medikamente, auch nichts gegen notwendige Operationen und ärztliche Bemühungen ganz allgemein. Unsere Ärzte leisten in der Tat großartige Arbeit, für die wir nur dankbar sein können. Doch alles, was sie zu leisten imstande sind, kann letztlich nicht ausreichen – solange sie Geist und Seele als eigentlichen Hintergrund der Erkrankung nicht anerkennen. Das Risiko, dass der Krebs zu-

218 Götter, Engel und Propheten

rückkehrt, weil der Geist nach wie vor die falschen Signale aussendet, ist einfach zu groß. Wenn aber Geist und Seele krank machen können – dann können sie auch die Wurzel der Erkrankung beseitigen und somit heilen. Das ist die einzig logisch richtige Schlussfolgerung.

80

EIN KÖRPER –
VIER SCHWINGUNGEN

»Heilung ist kein plötzliches Ereignis, das auf wunderbare
Weise durch bestimmte Aktionen zustande käme. Heilung ist
ein ständiger Prozess. Entweder wir bewegen uns in Richtung
Gesundheit – oder wir bewegen uns in Richtung Krankheit.
Kein Mensch befindet sich in einem statischen, unveränderli-
chen Zustand. Es gibt negative Umwelteinflüsse, die uns in
Richtung Krankheit treiben, und es gibt positive Einflüsse, die
uns in Richtung Gesundheit führen. Der Heiler kann lediglich
zur Richtungsänderung beitragen.«

Das sagt der Amerikaner Dr. Keith Sherwood. Er ist so etwas
wie der »Chefideologe« des Geistheilens. Vor Jahren bin ich,
wie alle Kongressteilnehmer, dem in sich gekehrten Heiler auf
Lanzerote im Seminarzentrum Etora mit einer gewissen Scheu
begegnet. Man wagte sich nicht so recht in seine Nähe, wollte
ihn, der in sich gesunken still in einer Ecke saß, nicht aus der
Meditation oder dem Gebet herausreißen.

Sobald er zu uns sprach, wurde er jedoch zur lodernden
Flamme. Seine Augen blitzten. Die Begeisterung riss jeden mit.
Und jeder fühlte sich ganz persönlich von ihm angesprochen.
Wenn man ihm dann gegenübersaß, offenbarte sich eine Herz-
lichkeit, als würde man sich seit Jahren kennen. Und eine bei-
spiellose Geduld.

Keith Sherwood gehört zu den Heilern, an denen man nicht
vorbeikommt, will man über das Wunder der Heilung sprechen – nicht nur seiner außergewöhnlichen Erfolge wegen,

sondern auch deshalb, weil für ihn das, was bei einer Heilung geschieht, sonnenklar und zugleich höchst einfach ist. Er hat ein eindrucksvolles System geschaffen, das in elegantem Bogen alle Heilsysteme umfasst.

Keith Sherwood ist kein »Naturtalent« im herkömmlichen Sinn, nicht unbedingt der erdverbundene, in sich ruhende »Unverbildete«. Er gehört zu den hochgebildeten Heilern, die sich unentwegt in zähem, unermüdlichem Ringen um das Heilen bemühen, weil sie letztlich nur ein Anliegen kennen: leidenden Menschen etwas in die Hand zu geben, damit sie sich wieder selbst helfen können.

Nach Meinung dieses Heilers besteht der Mensch aus vier Körpern, die ein und dasselbe sind und sich nur durch unterschiedliche Schwingungsfrequenzen unterscheiden:

- der *physische, materielle Körper*, der sich mithilfe seiner fünf Sinne informiert
- der *ätherische Körper*, der den physischen Leib mit Energien versorgt, in ihn passt wie die Hand in den Handschuh und ihn mit der Aura gleichzeitig wie eine schützende Hülle umgibt
- der *mentale Körper*, das Zentrum des Denkens, das mit dem ätherischen Körper zusammen die Seele bildet
- der *spirituelle Körper*, der Wohnsitz des unendlichen göttlichen Bewusstseins

Der materielle Körper ist, wie er sagt, ebenso Energie wie die übrigen, doch er besitzt die langsamste Schwingung. Der ätherische Körper ist ebenfalls ein stofflich wirklich vorhandener Körper. Er schwingt aber bereits sehr viel intensiver. Noch rascher der mentale. Und am schnellsten schwingt der spirituelle Körper.

Keith Sherwood vergleicht das mit den physikalischen Zustandsformen: Im Eis sind die Bewegungen der Atome träge, im Wasser bereits lebhafter, im Dampf am schnellsten. Und es gibt in der Physik auch noch einen vierten Zustand: Plasma. Doch ob Eis, Wasser, Dampf oder Plasma: Immer handelt es sich um das chemische Element Wasser in seinen vier Zustandsformen.

Auf dieser Vorstellung baut sich nun das Heilen auf: Die Heilenergien, die von ganz oben nach unten fließen, müssen unten, im materiellen Körper, ankommen und dürfen auf diesem Weg nicht blockiert werden. Die Blockade kann vor allem im mentalen Körper mit falschem Denken und Fühlen stattfinden. Dann kann auch der ätherische Körper seine Energieversorgung nicht mehr perfekt erledigen. Dann beginnt der physisch-materielle Körper zu leiden. Deshalb geht es bei jeder Heilung also darum, solche Blockaden aufzulösen.

Wir können auch das wieder umsetzen in unsere Vorstellung von den morphischen Feldern: Die Kommunikation zwischen niedrigen und höheren morphischen Feldern ist unterbrochen. Wenn ein Magnet seine Kraft verloren hat, werden sich die Eisenspäne nur noch grob oder gar nicht mehr in seine Linien einordnen. Wenn das Wasser am Fenster negativ aufgeladen ist, sei es durch eine natürliche Verschmutzung oder durch schlechte geistige Energien, wird die Eisblume nicht mehr perfekt.

Ist es nicht genauso mit den organischen Funktionen? Scheinbar funktioniert die Leber noch einigermaßen richtig, doch es schleichen sich, von oben her falsch gesteuert, Fehler ein, die sich summieren. Und irgendwann ist es dann so weit, dass diese Leber nicht mehr kann und sie versagt.

81

DER
WICHTIGE ALPHABEREICH

Nun gibt es eine Beobachtung, die überaus wichtig ist: Schon vor längerer Zeit hat der amerikanische Forscher José Silva nachgewiesen, dass sich Heiler und ihre Patienten im Augenblick der Heilung in einem eng begrenzten Schwingungszustand befinden: Er zeichnete das EEG von Geistheilern während ihrer Arbeit auf. Ihre Gehirnströme zeigten während des Heilens eine Frequenz von ziemlich genau 10 Hertz, also Alphawellenbereich. Genau dasselbe konnte der Forscher, nicht immer, aber oft, auch bei den Patienten messen.

Das heißt aber: Zu Beginn jeder Behandlung oder auch Selbstbehandlung müssen Heiler und Patient erst abschalten, sich mit einer zu inneren Ruhe führenden Atemtechnik in den Alphabereich begeben. Voraussetzung dafür, dass die Heilenergien fließen können, ist also offensichtlich eine Frequenz der Gehirnströme im Alphawellenbereich zwischen 7 und 14 Hertz.

Im Tiefschlaf fließen die Gehirnströme bis zu vier Schwingungen pro Sekunde. Bei Schläfrigkeit liegen sie zwischen 4 und 7 Hertz, also im Thetabereich. Bei großer Wachheit und angestrengtem Denken, aber vor allem auch im Stress, bei Angst, Glück und Schmerz erhöht sich die Schwingung in den Betabereich mit Frequenzen über 14 Hertz. Zu 80 Prozent verbringen wir im Wachzustand unser Leben in dieser Hirnstrom-Hektik. In diesem Zustand scheint aber ein Heilen oder Selbstheilen kaum möglich zu sein – eher ein Krankwerden.

Denn in diesem hektischen Bereich sind die Energieströme von oben nach unten gestoppt.

Keith Sherwood erinnert an den schlafenden Propheten, an Edgar Cayce. Nach der Bedeutung der spirituellen Energien für die Heilung befragt, gab er in Trance die Antwort:

»Durch das Vertrauen in das Spirituelle wird die Reaktion des physischen Körpers beschleunigt. (…) Denn jede Heilung im geistigen oder physischen Bereich bedeutet, dass jedes Atom des Körpers, jeder Reflex der Gehirnkräfte mit der Wahrnehmung des Göttlichen, das in jedem Atom und jeder Zelle des Körpers wohnt, in Übereinstimmung gebracht wird.«

Ist das nicht auch wieder nur eine andere, besonders schöne Umschreibung der Wirkung der morphischen Felder?

Keith Sherwood ist ein frommer, gläubiger Mensch, aber ebenso ein Wissenschaftler. Nach einer gründlichen Ausbildung an der State University von New York in Binghampton ließ er sich zum Leiter von Encountergruppen ausbilden und war zunächst als Therapeut für Drogenabhängige tätig. Das »Helfenwollen« hatte über den wissenschaftlichen Ehrgeiz gesiegt. Und dann kam der entscheidende Schritt vom Helfer zum Heiler. Wie viele andere ist er längst fest davon überzeugt, dass jeder ein Heiler sein kann. Denn:

»Heilenergie durchströmt uns unaufhörlich. Sie wartet nur darauf, dass wir sie nutzen. Jedem wird sie zuteil, der mit offenem Herzen darum bittet. Sie ist mit dem Erneuerungsprozess vergleichbar, der sich ununterbrochen in uns abspielt und uns gesund erhält. Der Heiler tritt gleichsam als Vermittler auf, der bei einer gesundheitlichen Störung eine Beschleunigung des Heilungsprozesses bewirkt.«

Was ist Heilenergie? Ein chemischer Stoff, den wir in Tabletten pressen, in Kapseln stopfen, mit Spritzen in den Körper pumpen? Bei all dem handelt es sich um Materie, die nur wirken kann, wenn sie Heilenergie besitzt.

Heilenergie, der Name sagt es schon, ist Energie, die im Falle einer Erkrankung, einer Verletzung oder einer Störung den Fehler entdeckt, den Heilungsprozess einleitet und beschleunigt und letztlich weiß, wie die volle Gesundung wieder erreicht werden kann. Sie kann nur geistig sein. Und so wie den Geist selbst können wir auch die Heilenergie nicht länger als das Ergebnis eines funktionierenden Organs verstehen. Sie durchströmt uns unaufhörlich. Von einem morphischen Feld zum anderen. Vom Großen ins Kleine – und vielleicht auch umgekehrt.

Es ist nicht zu übersehen, sondern geradezu verblüffend: Wo immer man bei den Großen aller Zeiten nachforscht, um zu überprüfen, wie sie sich den großen menschlichen und kosmischen Rätseln angenähert haben, findet man die gleichen Antworten: Es könnte keine rein materielle Welt existieren, gäbe es nicht dahinter, in ihr, um sie herum die geistig-energetische Welt. Die materielle Welt verdankt ihre Existenz dieser geistigen Welt, die sie geschaffen und geformt hat, die sie immer weiter entfaltet, repariert und am Leben hält.

Dies ist genau das, was Rupert Sheldrake mit den morphischen Feldern wissenschaftlich untermauert hat und was auch mehr und mehr seine Kollegen zu belegen versuchen.

Wir kehren noch einmal zurück zur Kunst des Heilens im Alphabereich unser Gehirnwellen. Letztlich heißt das ganz einfach ausgedrückt: Wir müssen wieder lernen zu entspannen, weil eine ständige Anspannung mit der Gehirnstrom-Hektik es mit sich bringt, dass wir uns in Richtung Krankheit und nicht mehr in Richtung Gesundheit bewegen.

Wir müssen von unseren Kindern wieder lernen, die das noch beherrschen. Völlig entspannt wie eine Katze können sie sich fallen lassen. Sie spüren auch, ob der Platz, an dem sie sich befinden, ihnen guttut, und werden ihn meiden, wenn sie sich dort unwohl fühlen. Instinktiv legen sie ihre kleinen Händchen der Mutter genau an die Stelle, an der sie Schmerzen verspürt.

Alle Kinder sind auf diese Weise kleine Heiler, die anderen und sich selbst helfen können.

Es ist ein Jammer, dass unsere Kinder spätestens im Schulstress diese Fähigkeit verlieren und mit erhöhten Gehirnstromfrequenzen zusätzlich ihre Heilung blockieren. Das dürfte sogar das eigentliche gesundheitliche Problem unserer Gesellschaft sein.

82

HOMÖOPATHIE

UND INFORMATION

Das erklärt uns auch die Tatsache, dass die Homöopathie so hilfreich sein kann. Auch sie ist bis heute immer noch weithin ein Ärgernis für die Schulmedizin und deren falsches Denken: Wenn ein Wirkstoff so weit verdünnt wird, dass man in der Verdünnung kein einziges Molekül von ihm mehr nachweisen kann, dann kann auch keine Wirkung mehr zu erwarten sein, sagen sie, womit das Thema für sie erledigt ist.

Auch das ist wieder das Denken von gestern. Was dabei völlig übersehen wird, ist die Tatsache, dass es bei einer Heilung oftmals nicht darum gehen kann, dem Körper einen materiellen Stoff zuzuführen, der im fehlt. Häufiger als das braucht er stattdessen eine verloren gegangene Information.

Thorwald Dethlefsen hat das in einem treffenden Bild so formuliert: Wenn ich von jemandem eine Telefonnummer benötige, dann spielt es keine Rolle, ob man mir diese mitteilt, oder ob mir diese Nummer auf einen Zettel geschrieben wird. Was ich brauche, das ist die Nummer. Wollte ich nun den Zettel mit der Nummer chemisch analysieren, fände ich nur Papier und Tinte, aber nicht die Nummer. Es geht um eine Information. Und diese wird umso deutlicher mitgeteilt, je weniger sie im Materiellen verhaftet bleibt. Die Homöopathie liefert also die von der Materie immer mehr losgelöste, schließlich sogar befreite Information. Deshalb ist die stärkste Verdünnung zugleich die höchste Potenz.

Heilgeheimnisse

Wenn wir nun davon ausgehen – und das ist doch so, dass alle Zellstrukturen in der Pflanzenwelt, in der Tierwelt und im Menschen auf gleiche Weise aufgebaut sind und dass chemische und biologische Prozesse im menschlichen Körper auf gleiche Weise ablaufen wie bei den Pflanzen und Tieren –, dann können wir uns wahrhaftig gut vorstellen, dass verlorene Informationen beispielsweise durch Essenzen von Pflanzen ersetzt werden können. Ich hole mir sozusagen den Geist der Pflanze, also sein morphisches Feld zur Hilfe.

Es ist also immer dasselbe Heilen: Der Heiler »ersetzt« mein verstimmtes morphisches Feld vorübergehend durch sein intaktes Feld, sodass die fehlende Information, die meinen Heilkräften verloren gegangen ist, wieder gegeben ist. Die Heilpflanze tut genau dasselbe – am besten, wenn die benötigte Information aus der Materie herausgelöst ist, also in der Homöopathie.

83

VON DER BIOENERGIE
UND VOM BIOPLASMA

Auch in der rein materialistisch eingestellten Welt der damaligen Sowjetunion gab es schon die Geistheilung. Man nannte es nur anders. In den 20er-Jahren entdeckte der Biologe Professor Alexander Gurwitsch eine Strahlung, die von der lebenden Zelle ausgeht. Damit wurde der Begriff Bioenergie geboren für die Kraft, die Spontanheilungen bewirken kann. Der »Astralleib« westlicher Esoteriker erhielt den Name Bioplasma. Man sah darin eine Art Flüssigkeitskristall, von dem man sogar annahm, ohne an den Himmel zu glauben, dass es den Tod des Menschen überleben kann. Mit wissenschaftlich exakten Methoden wurden paranormale Phänomene untersucht. Heiler, die sehr strenge Prüfungen bestanden hatten, durften dann als »Bioenergietherapeuten« neben den Ärzten am Krankenbett tätig werden.

Der Pole Dr. Jerzy Rejmer ist einer von ihnen. Das Wort Wunder ist für ihn ein Gräuel. Seiner Meinung nach kann nichts auf der Welt natürlicher sein als die Heilung. Sein großes Anliegen ist es, das immer wieder zu beweisen. Ihm genügt es nicht, dass sich ein Patient subjektiv wohler fühlt. Er lässt seine Arbeit ständig mit großem technischen Aufwand überprüfen, denn der Wissenschaftler will nachmessbare, objektiv eindeutige und jederzeit wiederholbare Ergebnisse vorweisen.

Begonnen hatte das alles schon in seiner Kindheit. Der kleine Jerzy, der am 21. März 1953 in Kielce, Polen, geboren wurde, erzählte mit drei oder vier Jahren seinen Eltern, dass er

Heilgeheimnisse   229

seltsame Strahlen rund um Menschen sehen würde. Die Eltern
erschraken, denn sie dachten natürlich an einen Augenfehler
ihres Kindes. Deshalb gingen sie mit ihm zum Augenarzt. Doch
dieser konnte nur feststellen, dass Jerzys Augen völlig gesund
waren. Heute weiß Dr. Rejmer, dass er schon als Kind gesehen
hat, was ihm heute eine wertvolle Hilfe bei der Heilung ist: Er
sah die sogenannte Aura seiner Mitmenschen, Lichtausstrah-
lungen rund um den Körper. Flackernd, als züngelten kleine
Flammen aus dem Körper. Mit der Zeit hat er gelernt, Farbun-
terschiede, Farbveränderungen und Lücken in der Aura zu erkennen und aus der Intensität der Strahlkraft, aus der Größe
und Form und eben aus den verschiedenen Farben gesundheitliche Störungen zu erkennen.

Es gibt viele Menschen, die von sich behaupten, sie könnten
die Aura eines Menschen sehen. Vermutlich können das alle
noch unverbildeten Kinder: Das wäre eine Erklärung dafür,
warum sie so selbstverständlich auf Fremde zugehen – oder
sich weigern, sich ihnen zu nähern. Vielleicht ist es aber ganz
einfach nur so, dass Kinder nicht nur den eigenen Engel, sondern auch den anderer Menschen sehen können. Denn was
anderes könnte die Aura sein, wenn nicht die Ausstrahlung
unseres Engels?

Für Jerzy Rejmer bedeutete die Wahrnehmung der Aura und
ihre Deutung ein wichtiges Diagnosehilfsmittel. Allerdings
sah er in seiner Begabung nicht gleich den großen Heilauftrag.
Er steuerte zunächst eine wissenschaftliche Karriere an, studierte Philologie und Philosophie. Erst danach erwarb er das
Diplom zum Bioenergietherapeuten. Und dann erhielt er
auch noch einen weiteren Doktortitel im Fach Therapeutische
Philosophie von der University in Tucson, Arizona.

Seltsamerweise hat Jerzy Rejmer nie den dringenden Wunsch
verspürt, Medizin zu studieren. Er sah seine Berufung darin,
unvoreingenommen und im wahrsten Sinn des Wortes »un-

verbildet« die philosophischen Grundlagen für das Verständnis des Wunders zu schaffen, Schulmediziner und Heiler zusammenzuführen und beiden Seiten wissenschaftlich fundierte Erkenntnisse über das Wesen der wahren Heilung zu liefern. Er will eben zeigen, dass das Wunder kein Wunder ist.

Seine Bilanz ist beeindruckend: In den Kliniken, in denen er neben Ärzten als Bioenergietherapeut arbeitete, hat man Statistiken über 3837 Behandlungen erstellt. In 80,25 Prozent der Behandlungen war Jerzy Rejmer erfolgreich. In 50,67 Prozent der Fälle konnte die heilsame Wirkung seiner Behandlungen in Analysen und medizinischen Untersuchungen bestätigt werden. Nur in 4,35 Prozent der Fälle zeigten sich während der bioenergetischen Behandlung keine wesentlichen Veränderungen. Dabei gilt anzumerken, dass sich die deutlichen Besserungen im Durchschnitt schon nach nur drei Begegnungen einstellten.

Diese Ergebnisse werden noch erstaunlicher, berücksichtigt man, dass sich Dr. Jerzy Rejmer hauptsächlich mit Epilepsien, Lungen-, Augen-, Magenleiden, mit Allergien, Störungen des Drüsensystems und mit Frauenleiden befasste. Unter seinen Heilungen finden sich auch so dramatische wie das Beseitigen von Krebstumoren. Diese schmelzen unter seinen Händen weg.

Im polnischen Fernsehen ist vor einiger Zeit einer seiner Patienten vorgestellt worden. Bei ihm, einem 53-jährigen Mann, war von den Ärzten Bronchialkrebs nachgewiesen worden. Das Plattenepitelkarzinom hatte sich schon so weit ausgebreitet und saß so ungünstig, dass eine Operation nicht mehr infrage kam. Als Jerzy Rejmer den Patienten zu sehen bekam, befand er sich in erbärmlichem Zustand: Fieber, Husten, körperliche Hinfälligkeit. Nach Absprache mit den behandelnden Ärzten übernahm Dr. Jerzy Rejmer die Behandlung. Innerhalb von drei Monaten legte er dem Krebspatienten achtmal die

Hände auf. Derweil konnten die Ärzte am Bildschirm verfolgen, wie sich der Tumor veränderte, nämlich kleiner und kleiner wurde.

Solche überzeugenden Heilungen sind einwandfrei dokumentiert. Es gibt Röntgenaufnahmen vor und nach der Behandlung. Dr. Jerzy Rejmer arbeitet immer unter der aufmerksamen Kontrolle der Ärzte. Betrug und Täuschung sind somit ausgeschlossen.

Und wie erklärt er nun seine Heilungen? Im Grunde mit fast denselben Worten wie andere auch:

>Die kosmische Energie ist allgegenwärtig. Der Heiler transformiert diese kosmische Energie. Heilen heißt immer Stimulieren der Organe beziehungsweise des Biofeldes. Heilen ist die Regulierung des Biofeldes.«

Ist der Begriff Biofeld nicht nur ein anderes Wort für das, was wir als morphisches Feld bezeichnen? So wie auch Bioenergetik nur die Wirkung dieser Felder benennt?

84

WIE HEILT
DR. JERZY REJMER?

Bei der Diagnose kommt Dr. Rejmer zunächst zugute, dass er die Aura seines Patienten sehen kann. Er erkennt sofort, wo sie schwach oder gar fehlerhaft strahlt.

Sodann lässt er seine linke Hand, die Innenseite dem Körper des Patienten zugewandt, über dessen Körper gleiten, ohne ihn zu berühren. Ein Wärme-Kälte-Gefühl oder auch ein Prickeln schildern ihm den Zustand der Organe. An den Veränderungen der Empfindungen in der linken Hand kann Dr. Jerzy Rejmer feststellen, wo genau im Körper die Energieflüsse in ihrem Gleichgewicht gestört sind. Und dort findet sich in aller Regel dann auch die Funktionsstörung oder auch schon die organische Schädigung.

Die Bioenergietherapie zur Beseitigung solcher Störungen geschieht nun mit dem Handauflegen, wobei wiederum der Körper des Patienten nicht direkt berührt wird. Damit soll Energie direkt an die energieleere Stelle des kranken Körpers gebracht oder die defekte Aura ausgestrichen werden. So wie man etwas Deformiertes zurechtbiegt. Die kleinen Flämmchen müssen wieder überall gleich stark züngeln und eine gesunde Farbe annehmen.

Die in der Hand verspürten Sensationen, etwa das Prickeln oder das Wärmegefühl, zeigen dem Bioenergietherapeuten genau an, wann eine Therapie beendet werden soll.

In aller Regel müssen therapeutische Anwendungen nicht länger als sechs- bis achtmal durchgeführt werden. Meistens genügen jedoch schon drei bis vier Behandlungen auf diese Weise.

1986 demonstrierte Dr. Jerzy Rejmer der Wissenschaft, dass er sogar in der Lage ist, Kristalle während der Kristallisation in ihrer Struktur zu verändern. Die Experimente wurden im Labor der Psychotronischen Gesellschaft in Warschau durchgeführt. Als Material verwendete man Kupferchlorat. Dessen Kristallisation wurde genau vermessen, dann noch einmal fünf Minuten nach Dr. Rejmers Einfluss. Es ergaben sich Veränderungen, die normalerweise nicht zu erklären sind. Diese Experimente konnten beliebig oft wiederholt werden und funktionierten immer wieder auf gleiche Weise.

Dr. Jerzy Rejmer hat vor nicht allzu langer Zeit in Zug in der Schweiz ein Forschungszentrum aufgebaut, in dem das «Wunder» weiterhin wissenschaftlich exakt untersucht werden soll.

Uns bleibt nur festzuhalten: Nachdem wir um die Existenz der morphischen Felder wissen, kommt uns das alles längst bekannt und selbstverständlich vor. Klar, dass ein Wissenschaftler, in einer rein materialistischen Welt aufgewachsen und geschult, nicht davon sprechen kann, dass es hinter der materiellen Welt eine geistige Welt gibt. Doch das, was sie unter Bioenergie und Bioplasma verstehen, ist doch wirklich nur der Versuch, die Begriffe Geist und Seele zu vermeiden. Letztlich spricht Jerzy Rejmer wiederum genau von unseren morphischen Feldern.

234 Götter, Engel und Propheten

85

DIE
GLAUBENSHEILER

Es war Ende der 80er-Jahre. Die Kirchen wurden aufge-
schreckt von einer großen Bewegung, die sich »Charismatische
Erneuerung« nannte. Vor allem sehr junge Menschen nahmen
den Auftrag Christi wörtlich: »Heilt Kranke, weckt Tote auf,
macht die Aussätzigen rein, treibt Dämonen aus« (Matthäus
10,8). Zwanzig Millionen aus allen christlichen Konfessionen
fühlten sich aufgefordert, diesem Appell zu folgen und die »Ga-
ben des Heiligen Geistes« wahrzunehmen. Sie versammelten
kranke Menschen in den Kirchen und legten ihnen die Hände
auf, wie das bereits in der Urkirche selbstverständlich gehand-
habt wurde. Sie hatten Erfolg. Nicht immer, aber doch sehr
oft. Sie beteten füreinander. Auch das erwies sich als heilend.

An einem Sonntagabend im Jahr 1988 standen und saßen
die Menschen in der Hamburger Petrikirche so dicht gedrängt,
dass man sich kaum bewegen konnte. Der Pastor hatte zum
Heilgottesdienst geladen.

Nach Gesängen und einer Predigt traten die »Propheten«
auf, junge Burschen, die die Kranken nach vorne riefen und die
überzeugt davon waren, in einer Vision eine Botschaft genau
für jene, die sie riefen, bekommen zu haben:

»Hier unter uns ist eine Frau. Sie leidet an einer Ohrener-
krankung. Es ist eine eitrige Entzündung. Diese Frau, sagt mir
der Heilige Geist, soll vortreten. Ihr wird geholfen.«

Eine junge Frau, ärmlich gekleidet, tritt vor. Vier, fünf junge
Männer und Frauen nehmen sie in ihren Kreis, legen ihr nach-

Heilgeheimnisse   235

einander die Hände auf und beten mit ihr. Mit glücklichem
Lächeln zieht sie sich wieder in die Menschenmenge zurück.

Eine Frau, fast noch ein Mädchen, ruft laut in die Kirche:
»Hier sind 39 Menschen mit Herzbeschwerden. Sie mögen
bitte aufstehen.« Sie wartet ein wenig ab und fügt dann hinzu:
»Da muss noch jemand mit einem schweren Herzfehler da
sein, der sich bisher nicht gemeldet hat ...«

Ein älterer Herr begibt sich nach vorne und wird von den
jungen »Heilern« in Empfang genommen.

Ein Dritter ruft in die Kirche:

»Vor mir, auf der rechten Seite, ziemlich weit hinten sitzt
ein kleiner Mann mit rundlicher Gestalt. Er wurde eben von
seiner Frau geschieden, die er von Kindheit an gekannt hat.
Diesem Mann lässt Jesus sagen: Wenn er nicht heute einen
entscheidenden Schritt tut, ist er verloren.«

So geht das eine Stunde lang weiter. Sofort angesprochen
fühlt sich der Heilpädagoge Horst Meyer. Er kennt keinen in
der übervollen Kirche. Und keiner kennt ihn. Er ist mehr oder
weniger zufällig in die Kirche gekommen, weil er nicht mehr
ein noch aus wusste. Horst leidet seit über elf Jahren unter
schlimmsten Depressionen, war zuletzt neun Monate lang in
der Klinik, kann längst seinen Beruf nicht mehr ausüben. Als
er gerufen wird, spürt er einen heißen Strom durch seinen
Körper fließen.

Er geht vor und wird von zwei jungen Männern in Empfang
genommen. Sie bitten ihn, in einem kurzen, einfachen Gebet
sein Anliegen vorzutragen. Horst betet: »Christus, wenn du
mich gesund machen willst, dann mache mich gesund. Wenn
du aber willst, dass ich durch das Leid wachse, dann bin ich
bereit, meine Krankheit zu ertragen!«

Die beiden Gemeindemitglieder unterbrechen ihn: »Nein,
so können wir den Krankensegen nicht sprechen. Jesus hat
jeden geheilt und keinen zurückgewiesen. Das Gebet ist falsch.

Die einzige und entscheidende Frage hier ist: Willst du gesund werden?«

In diesem Augenblick wird Horst klar, wie viel Versteckspiel mit seiner Krankheit verbunden war, wie sehr er sich in sie geflüchtet hatte, um sich damit den Schwierigkeiten des Lebens und notwendigen Entscheidungen zu entziehen. Zum ersten Mal in seinem Leben kann er ehrlich und ohne jeden Vorbehalt aussprechen: »Jesus, ich will gesund werden. Heile mich!«

Und er wird geheilt. Die beiden legen ihm die Hände auf und beten mit ihm. Horst Meyer beginnt zu weinen und fühlt sich dann fast heiter gestimmt. Erlöst kehrt er nach Hause. Weil er aber die Heimtücke seiner Krankheit kennt, bleibt er misstrauisch und wartet auf den üblichen Rückfall. Doch er stellt sich diesmal nicht ein. Täglich wächst die Gewissheit: Ich bin gesund. Das bestätigen ihm dann auch die Ärzte, welche die Medikamente nach und nach reduzieren und dann ganz absetzen können.

Ein Pastor aus Bremen hatte am Gaumen einen bösartigen Tumor, einwandfrei vom Professor der Universitätsklinik diagnostiziert. Dieser Tumor war, als er operiert werden sollte, nicht mehr da. Zehn Freunde hatten sich vor der Tür des Krankenzimmers eingefunden und für den kranken Pastor gebetet.

In Hamburg traf ich einen Arzt, der selbst von einer schwierigen Erkrankung der Stimmbänder geheilt worden war – durch das Gebet seiner Freunde in der Gemeinde. Er bestätigte mir, dass er bereits seine Stimme verloren hatte und seinen Beruf als Arzt nicht mehr ausüben konnte. Dieser Arzt war nicht bereit, mit Namen und Adresse zu seiner Heilung zu stehen. Er fürchtete den Spott und vielleicht sogar die Verachtung seiner Kollegen.

Ich könnte noch viele Heilungen durch das Gebet und die Anrufung Jesu anführen. Und ich weiß, dass es sie auch heute noch gibt, wenngleich sie nicht mehr in der Öffentlichkeit, sondern im Verborgenen geschehen.

Eine wissenschaftliche Untersuchung in Amerika hat erst kürzlich bestätigt, dass Kranke, für die gebetet wird, schneller gesund werden als andere, für die niemand betet. Die Wissenschaftler dieser Untersuchung erfuhren erst hinterher, für wen gebetet worden war und für wen nicht.

Die Frage ist nun: Findet bei solchen Heilungen etwas ganz Natürliches statt, wie wir das bei Bemühungen der Heiler erfahren haben? Oder kam die Hilfe vom angerufenen Jesus? Doch spielt diese Frage überhaupt eine Rolle? Zunächst geht es offensichtlich darum, daran zu glauben, dass der Geist heilen kann. Je größer und stärker dann das morphische Feld ist, dem ich mich anvertraue, umso eher ist der Erfolg zu erwarten.

Damals, in den 80er-Jahren, reisten Leute wie der berühmt gewordene Amerikaner John Wimber mit großem Anhang durch die Welt. Ich habe ihn mit 6000 Menschen in der Frankfurter Messehalle erlebt. Was ich sah und hörte, hat mich erschüttert. Es fand kein inniges Gebet statt, sondern die Menschen gerieten, angestachelt vom schwer übergewichtigen Mann mit dem weißen Vollbart auf der Bühne – begleitet von einer Band –, in Ekstase und schreckliche Krämpfe. »Lasst es kommen. Lasst die Kraft kommen!«, rief er ins Mikrofon. »Mehr, Herr, gib ihnen mehr!«

Neben mir sinkt eine Frau lautlos zu Boden. Ihr Körper wird von entsetzlichen Zuckungen geschüttelt. Vier Freunde, die sich zu ihr herunterbeugen, sind nicht imstande, sie festzuhalten. Nur einige Schritte davon entfernt liegen zwei Frauen und ein junger Mann. Seine Hände sind verkrampft. Sein Atem geht keuchend, als müsste er jeden Moment ersticken. Eine Frau bricht hysterisch in helles Lachen aus und kann sich nicht dagegen wehren. In der riesigen Halle ist das Chaos ausgebrochen. Man schreit, man tobt, man schluchzt.

Am Ende des langen Abends präsentiert man den völlig erschöpften Tausenden ein Kind, das angeblich gelähmt war und nun einige Schritte gehen kann.

Das war etwas völlig anderes als die Heilungen in der Kirche. Eine Art Massensuggestion.

Trotzdem: Nachweislich haben John Wimber und seine Leute immer wieder erstaunliche Heilungen in der Zuwendung zum Einzelnen, aber auch bei Massenveranstaltungen bewirken können.

John Wimber hat den 6000 Menschen in Frankfurt nicht gepredigt. Er hat ihnen von seiner verkorksten Kindheit erzählt, von seinen verzweifelten Versuchen, es dem übermächtigen Vater ein einziges Mal wenigstens recht machen zu können – und dem entsprechenden Versagen, das ihn mit Schuld- und Minderwertigkeitsgefühlen belastete. Und er rührte damit einen Punkt an, der für jeden von uns eine ganz wichtige Rolle spielt. Ein Punkt, der sehr schnell zur Ursache einer Krankheit werden kann.

Schuldgefühle, die aus der Prägungsphase der Kindheit herrühren, sind die schlimmsten. Ich bin überzeugt davon, dass sie bis zu 80 Prozent aller Krankheiten verursachen. Wenn das aber so ist, müssen wir endlich den morphischen Feldern, die alleine heilen können, die Bedeutung zukommen lassen, die ihnen zusteht. Auch das würde die Heilkunst in eine neue Zukunft führen.

86

DIE

ANONYMEN HEILER

Und noch eine Form moderner Heiler: Sie sind wohl auch in Ihrer Nähe. Unerkannt, aber hellwach: Männer und Frauen, die beobachten, ob irgendein leidender Mensch ihre Hilfe braucht. Sie melden sich nicht. Keiner wird jemals etwas davon erfahren, dass vielleicht auch ihm von diesen Menschen geholfen wurde. Man sieht und hört von ihrem Wirken so gut wie nichts. Doch die inzwischen wohl rund 10 000 »anonymen« Heiler, die sich überall in unserer Heimat in kleinen Gruppen finden, sind ständig unterwegs, um ihren Beitrag für eine heilere Welt zu leisten. Sie fühlen sich dem seinerzeit so umstrittenen Heiler Bruno Gröning verpflichtet. Vielen von ihnen hat er selbst in den 50er-Jahren geholfen. Aus Dankbarkeit wollen sie das Geschenk der Gesundheit weitergeben.

Die ältere Dame bewegt sich schwerfällig durch den Eingang des Supermarktes. Ihre Beine sind dick mit Binden umwickelt. Ihr Gesicht ist schmerzverzerrt. Sie hat offensichtlich schmerzhafte Wunden an den Unterschenkeln, die nicht mehr heilen wollen, die sogenannten »offenen Beine«. Die Leute um sie herum sind viel zu sehr mit sich selbst beschäftigt, um sie und ihr Leid wahrzunehmen. Sie würden das auch nicht wollen. Doch einer ist da, der sie sieht. Und dieser trifft sich abends mit seinen Freunden und berichtet von seiner Begegnung: »Wir müssen dieser Frau helfen!«

Die »Bruno-Gröning-Freunde« beten für die kranke Frau und gehen dann auseinander mit dem Vorsatz, diese Frau

240 Götter, Engel und Propheten

fortan mit Gebet und guten Gedanken zu begleiten, bis sie feststellen können, dass ihre Beine frei von Binden und offensichtlich geheilt sind. Sie wird niemals erfahren, dass ihr jemand geholfen hat. Die anonymen Heiler freuen sich und wenden sich, wenn sie von einer anderen Erkrankung erfahren, dieser Person zu. Weithin ist es nicht einmal bekannt, dass es diese Bruno-Gröning-Freunde gibt. Männer und Frauen, unter ihnen sehr viele Jugendliche, die Bruno Gröning selbst nicht mehr kennenlernten. Sie handeln selbstlos, so, wie der Heiler es kurz vor seinem Tod angekündigt hatte: »Wenn ich nicht mehr in meinem Körper sein werde, wird der Weg offen sein für alle. Das Heilen wird weitergehen. Jeder kann die göttliche Kraft weitergeben.«

Vor mir liegen Hunderte von »Erfolgsberichten«, in denen Menschen offen, mit Namensangabe, Beruf, Wohnort, Bild, bekennen: »Ich habe mich an Bruno Gröning gewandt – und ich bin gesund geworden.« Man weiß noch um die seinerzeit sensationellen Auftritte des Mannes aus Danzig, die Tausende in seinen Bann zogen und immer wieder mit plötzlichen und unerklärlichen Heilungen die Welt, vor allem aber die Ärzte verwirrten. Nie zuvor hat ein Heiler so großen Zulauf gehabt. Nie war einer umstrittener. Keiner ist heftiger angegriffen und mit Prozessen verfolgt worden. Keinem hat man häufiger das Heilen verboten. Den Ausgang seines letzten Prozesses hat er selbst nicht mehr erlebt. Der Mann mit dem zuletzt riesigen Kropf starb, so die offizielle Version, an Krebs. Er ist innerlich verbrannt, sagen seine Freunde.

Das schier Unglaubliche: Seine Stanniolkugeln, die er als Heilkraft verteilte, werden heute noch weitergereicht. Und die »Wunder«, die er wirkte, finden sich auch 70 Jahre nach seinem Tod noch beinahe täglich.

Um nur ein Beispiel zu nennen:

Frau Christel Schreiber aus Kassel schrieb an die Bruno-Gröning-Freunde: »Wir haben ein hartes Jahr hinter uns, aber wir haben es hinter uns. Unser Sohn Raimund, geboren am 22.09.1983, schien gesund, solange ich ihn stillen konnte. Ab dem 5. Monat fing es an: Die Augenlider waren dick geschwollen. Er hatte zu viel und übel riechenden weißen Stuhl. Raimund musste ins Krankenhaus. Dort stellte man fest, dass er an Eiweißmangel litt. Nach dreiwöchiger Untersuchung fand man die Ursache in erweiterten Lymphgefäßen im Darm. Gleichzeitig stellte man fest, dass Raimund über nahezu keine Immunstoffe verfügte, also anfällig war für jede Infektion. Raimund wurde an die Universitätsklinik in Göttingen überwiesen. Der Professor ließ uns wissen: ›Das Kind wird nie gesund sein können.‹ Und eine Ärztin sagte sogar: ›Das Kind wird nie wie sein Bruder spielen können. Damit müssen Sie sich abfinden. Sie müssen Ihr Leben danach einrichten: Das wird nie mehr.‹ Meine Mutter tröstete mich: ›Christel, es gibt Wunder, du musst daran glauben!‹ Und das Wunder wurde wahr. Die Bruno-Gröning-Freunde erfuhren von unserem Leid und nahmen den Bruno-Gröning-Heilstrom für mein Kind auf. Es wurde gesund. Er ist prächtig und ohne jegliche Behinderung aufgewachsen. Seine Augen strahlen.«

Zwei Jahre später, am 18.2.1987, berichtete Frau Christel Schreiber erneut: »Raimund ist völlig gesund. Er kann alles essen und ist niemals krank. Der Professor kann das alles überhaupt nicht begreifen. Er wollte unbedingt wissen, ob wir das Kind anderswo behandeln ließen.«

Raimund war auch zehn Jahre später noch kerngesund. Es handelte sich also keineswegs nur um ein vorübergehendes Phänomen, eine Einbildung oder etwas dergleichen.

In diesem Zusammenhang darf man darauf hinweisen, dass Bruno Gröning seinerzeit viel Unrecht angetan wurde. Er hat niemals von sich behauptet, er besitze eine besondere Heilkraft. Er hat auch keine Massenheilungen veranstaltet. Er hat die Menschenmenge nicht mit einer Massensuggestion aufgeputscht. Meistens stand er bis zu einer Stunde regungslos, schweigend vor den Menschen. Dann sprach er zu ihnen von Gott als dem einzigen Heiler. Schließlich forderte er die Menschen auf zu beten. Erst ganz am Ende seiner Auftritte ließ er sich von einigen ihre Krankheit schildern und legte ihnen die Hand auf.

Fast könnte man sagen: Bruno Gröning war ein sehr schlichtes Gemüt, das im Grunde nicht wusste, was er tat. Er sah nur die Heilungen, zu denen er beitragen durfte, und fühlte sich verpflichtet, den leidenden Menschen seine Hilfe nicht zu versagen.

In späteren Jahren ließ er dann die Stanniolkugeln verteilen. Deren Wirkung versuchte er so zu erklären:

»Wenn ich eine Kugel berührt habe – sie ist ja ein kleines Gleichnis unserer Welt –, dann kehren in ihr alle Strahlungen, von denen unsere Erde umflossen ist, wieder und bringen den Menschen mit der himmlischen Strahlung in eine sich niemals erschöpfende Verbindung. Von dem Moment an, in dem ein Mensch diese Kugeln in die Hand nimmt, erfährt er eine vollständige Neuregelung. Es werden alle Erregungszentren im menschlichen Nervensystem angesprochen, sodass auch der Blutkreislauf wieder in Bewegung kommt. Sämtliche Erkrankungen von Organen und Gliedern werden so bekämpft, dass sie von den heilenden Strömungen überwältigt werden, selbst wenn es sich um so schwere Krankheiten wie Tuberkulose, Knochenfraß, ja sogar Wirbel- und Knochenveränderungen und Krebs im Anfangsstadium handelt. Es gibt nichts, wogegen man mit der Kugel nicht angehen könnte.«

Heilgeheimnisse 243

Solche Aussagen mussten in den 50er-Jahren als Skandal aufgenommen und mit dem immer lauteren Ruf beantwortet werden, diesem Mann müsse das Handwerk gelegt werden.

Gelegentlich versuchte der eine oder andere Arzt, mit ihm zusammenzuarbeiten. Diese Ärzte bekamen aber umgehend große Schwierigkeiten, weil es Ärzten im Grunde auch heute noch verboten ist, mit Laien zusammenzuarbeiten.

Schließlich wurde Bruno Gröning auch noch von falschen Freunden schamlos missbraucht. Die Prozesse haben den sensiblen Mann letztlich fertiggemacht.

Erfährt man nun heute, wie segensreich sein Geist weiterwirkt, wie Menschen in seinem Sinne im Verborgenen für leidende Menschen da sind, erinnert man sich an das Bibelwort: »An ihren Früchten werdet ihr sie erkennen.«

In einem Punkt war sich Bruno Gröning sicher: »Wenn ich nicht mehr hier bin, werden die Menschen so weit sein, dass sie sich selbst heilen können.«

Der Tag, an dem sich diese Vision erfüllen wird, dürfte nicht mehr so weit in der Zukunft liegen.

TEIL 7

ENGEL UND ANDERE
WESENHEITEN

87

VOM UMGANG
MIT UNSEREN ENGELN

Wenn Rupert Sheldrake mit seinen Thesen über die morphischen Felder recht hat – und so vieles, wie wir gesehen haben, spricht doch dafür –, dann müssen wir uns klarmachen, dass zwischen uns und unseren Engeln eine sehr enge Wechselbeziehung besteht, die wir immer vor Augen haben müssen. Denn dann sind nicht nur wir gewachsen und haben uns ständig verändert, sondern auch unsere Engel haben sich weiterentwickelt. Sie sind durch unser Verhalten, unser Denken und Fühlen und unsere Regungen vielleicht sogar völlig anders geworden.

Der Glaube an Engel, an gute und böse Geister, ist weit älter als alle Religionen. Im Laufe der Jahrtausende ist das Reich der Engel zu einer großen Hierarchie ausgebaut worden. Man spricht auch heute noch in der christlichen Liturgie von den Engeln, den Thronen und Herrschaften.

Demnach gibt es im Reich der Engel drei Hierarchien und neun Chöre.

An der Spitze dieser Hierarchien stehen die *Erzengel* Michael, Raphael, Gabriel. Im Alten Testament gab es auch noch Uriel. Michael (»Wer ist wie Gott«) hat, so der Volksglaube, den ursprünglich höchsten Engel, Luzifer (Lichtträger), in die Hölle gestürzt, nachdem dieser sich gegen Gott auflehnte und selbst wie Gott sein wollte. Er wurde auch immer schon als der Schutzengel Deutschlands verehrt. Gabriel (»Kraft ist Gott«) verkündete Maria, sie werde den Sohn Gottes zur Welt bringen. Raphael (»Gott hat geheilt«) galt als Schutzgeist der Reisenden und der Apotheker.

Dann die *Cherubim*, die um den Thron Gottes versammelt sind, früher dargestellt als die vier Wesen Adler, Mensch, Ochse und Löwe. Im Neuen Testament hat man diese Symbole den vier Evangelisten zugeordnet.

Schließlich die *Serafim*, die über dem Thron Gottes schweben und ihn lobpreisen, dargestellt mit sechs Flügeln.

Diesen »Mächten und Thronen« sind die »einfachen« Engel nicht einfach untergeordnet. Sie sind in sie eingebunden. Jede Pflanze, jedes Tier und jeder Mensch hat seinen Engel. Im späten Barock hat man sich an die Putten der Antike erinnert und sie zu den niedlichen Engeln gemacht, die spärlich bekleidet die Altäre in den Kirchen umschwirren. Hübsch, gewiss. Doch mit der Kraft und der riesigen Aufgabe, die unsere Engel zu bewältigen haben, haben diese Engelchen nichts zu tun.

Ist es nicht verblüffend, wie exakt diese Engelshierarchie unseren Vorstellungen von den morphischen Feldern entspricht?

88

AUCH ENGEL
KÖNNEN SÜNDIGEN

Moses, das jüdische Kind, das seine Mutter in einem Weidenkörbchen in den Nil setzte, damit es nicht dem Kindermord zum Opfer fällt, wurde am Hof des Pharaos aufgezogen. Seine Lehrer brachten ihm neben viel Wissen auch viel über die altägyptische Heilslehre bei. Einiges davon ist später, nach der Befreiung der Juden aus der Knechtschaft, in das Alte Testament der Juden übernommen worden. So beispielsweise die Vorstellung einer Riesenkatastrophe am Anfang der menschlichen Geschichte, der auch die Götter zum Opfer fielen. Daraus wurde der große Kampf der Engel, angeführt von Michael auf der einen und Luzifer auf der anderen Seite.

Im Ägyptischen Totenbuch werden Sinn und Aufgabe dieses irdischen Lebens darin gesehen, den gestürzten und leblosen Göttern – sprich Engeln – durch ein heiliges, heilsames Verhalten wieder Leben einzuhauchen. Das für uns Interessante an dieser Vorstellung ist die Tatsache, dass also auch die alten Ägypter schon von einer Wechselbeziehung zwischen den Menschen und ihren Engeln überzeugt waren – und von der großen Aufgabe, die wir Menschen haben, den Engeln zu helfen, damit sie uns ihrer Bestimmung entsprechend leiten können.

Diese Urkatastrophe am Anfang taucht übrigens in sehr vielen »Erinnerungen« der verschiedensten Völker und Kulturkreise der Menschheit auf. Vielleicht ist es ja nun doch so, dass wir noch vom Untergang einer Hochkultur, etwa von der Katastrophe des Kontinents Atlantis, wissen?

Engel und andere Wesenheiten   249

Aus der Geschichte der Engel muss man nun folgern: Alle Engel dürften durchaus ursprünglich reine Wesen gewesen sein. Doch auch sie sind ebenso anfällig wie wir Menschen und nicht zuletzt durch uns Menschen für die Sünde. Engel müssen entsprechend wie wir Menschen einen freien Willen besitzen, sodass sie sich gegen das, was sie als richtig und gut erkannt haben, entscheiden können. Luzifer war sicherlich nicht der Einzige, der aus höchster Position abstürzte. Er müsste eigentlich viele untergeordnete, in sein morphisches Feld eingebundene Engel mitgezogen haben.

Es ist eben nicht so, dass die Sünde nur in unserer körperlichen Ausstattung zu suchen wäre. In diesem Punkt haben uns die griechischen Philosophen in die Irre geführt. Sie betrachteten Geist und Seele als rein und edel, aber eingesperrt in den sündigen Körper, darauf wartend, diesen primitiven und stets hinabziehenden Kerker loszuwerden. Das wurde zur verhängnisvollsten Irrlehre durch die Jahrtausende, die mit ihrer Körperfeindlichkeit unendlich viel Leid ausgelöst hat.

Vor allem der heilige Paulus, griechisch geschult, ist in diesem Punkt bis heute immer wieder gründlich missverstanden worden. Er war der Meinung, er würde die Endzeit noch erleben, also die Wiederkehr Christi zum Jüngsten Gericht. Er war deshalb rastlos unterwegs, um auch den letzten Heiden noch die frohe Botschaft zu verkünden, und er hat deshalb seine Zeitgenossen davor gewarnt, sich weiterhin in Nichtigkeiten zu verzetteln. Er rief sie dazu auf, sich auf das Ende der Tage und auf das einzig Wichtige zu konzentrieren: gerüstet zu sein für den letzten Tag des Jüngsten Gerichts. Den »Gelüsten des Fleisches« musste er deshalb einen ganz anderen Stellenwert einräumen, als diesen normalerweise zukommt. Doch auch er war von seiner Schulung her nicht frei von einer gewissen Geringschätzung des Körpers. Er sprach vom »Stachel im Fleisch«, der offensichtlich auch ihm zu schaffen machte, und sah in den körperlichen Bedürfnissen das, was uns immer wieder schnell vom rechten Weg abbringt.

Doch zugleich lehrte er auch:

>Wisst ihr nicht, dass euer Leib ein Tempel des Heiligen Geistes ist, der in euch wohnt und den ihr von Gott habt? Verherrlicht also Gott in eurem Leib.«

(1. Korinther 6,19)

Die eigentlichen Sünden, daran ließ Paulus keinen Zweifel, liegen nicht in den Begierden des Körpers, sondern im geistigen Fehlverhalten. Egoismus, Hochmut, Lieblosigkeit, Falschheit und Lüge – das sind seiner Meinung nach die eigentlichen Laster, die es abzulegen gilt. Unser Körper, der nach uralter christlicher Vorstellung auferstehen wird, ist nicht unser eigentliches Problem. Wir werden nach dem Tod nicht zu körperlosen Engeln. Wir werden Menschen bleiben. Denn das ist unser Wesen.

Die wahren Fehler, die uns unterlaufen, gehen somit von unserem Geist aus und von der uns geschenkten Möglichkeit, uns gegen das Gute und das Richtige zu entscheiden. Luzifer, der Lichtträger und höchste Engel, hielt sich in seiner Machtfülle für so groß und so vollkommen, dass er keinen Gott mehr über sich haben und nicht länger die zweite Geige spielen, sondern den Ton angeben wollte. Der Hochmut, der übertriebene Ehrgeiz, der Versuch, aus der ihm zugedachten, sehr wichtigen Rolle auszubrechen und die große Gemeinschaft, die in einem so starken morphischen Feld gebündelt ist, zu sprengen, letztlich also seine Lieblosigkeit Gott und der gesamten Schöpfung gegenüber, hat ihn zu Fall und damit das Böse in die Welt gebracht.

Es ist also gewiss nicht so, dass es von Anfang an zwei voneinander getrennte Geisterwelten gab, neben den guten En-

Engel und andere Wesenheiten 251

geln die Teufel, Kobolde, Dämonen und viele andere gefährliche böse Geister, die im schlimmsten Fall Besitz von uns ergreifen. Gott hat nicht die gute und daneben die böse Welt geschaffen, sondern so wie bei uns Menschen auch finden sich seit dem Sturz Luzifers auch im Reich der Engel alle Schattierungen von heilig bis hin zu teuflisch.

Der Wissenschaftler Rupert Sheldrake hat zusammen mit dem Theologen Matthew Fox ein Engelbuch geschrieben: »Engel – die kosmische Intelligenz« (Kösel Verlag). Darin schreibt Sheldrake:

»Als wir beide unsere ersten Diskussionen über dieses Thema führten, waren wir fasziniert über die Parallelen zwischen den Aussagen des Kirchenlehrers Thomas von Aquin über Engel im Mittelalter und den Aussagen Albert Einsteins über Photonen in diesem Jahrhundert.«

Das theologische und philosophische Genie des Mittelalters – Thomas von Aquin (1225–1274) – beschrieb die Welt der Engel so:

»Zur Vollkommenheit des Universums ist es notwendig, dass es geistige Wesenheiten gibt. Denn das Verstehen kann kein körperlicher Akt sein und auch nicht irgendeine körperliche Kraft, weil jeder Körper auf das Hier und Jetzt festgelegt ist. Daraus ergibt sich als notwendig, dass das Universum zu seiner Vollkommenheit unkörperliche Geschöpfe enthalten muss. Diese unkörperlichen Wesen sind in der Mitte zwischen Gott und den körperlichen Geschöpfen. Die Mitte aber scheint im Vergleich zu jedem Ende das jeweils andere Extrem zu sein, wie Laues, verglichen mit dem Heißen, kalt erscheint, verglichen mit dem Kalten aber warm. Deshalb können die Engel im Vergleich mit Gott als materiell und körperlich erscheinen, nicht aber, weil sie von sich aus körperlicher Natur wären.«

Das hört sich an, als hätte Thomas von Aquin etwas von dem erahnt, was später die Esoterik als feinstofflichen Körper bezeichnete. Über die Aufgaben der Engel schrieb der Kirchenlehrer:

>Die gesamte körperliche Welt wird von Gott durch die Engel verwaltet. Die Engel sind ein Teil des Universums, denn sie bilden nicht eine eigene Welt, sondern gehören wie auch die körperlichen Geschöpfe zum Zustand des einen Universums. Das ergibt sich aus der Beziehung eines Geschöpfes zum anderen, denn die Beziehung der Dinge zueinander ist das Wohl des Universums. Denn kein Teil ist vollkommen, der vom Ganzen getrennt ist.«

Ist das nicht genau das, was wir mit den morphischen Feldern zu erklären versuchen? Die Verbindung der Menschen untereinander ist nur möglich, wenn wir einsehen, dass wir alle nur Teile eines Ganzen sind, eingebunden mit unseren morphischen Feldern – also unseren Schutzengeln – in die nächsthöheren Felder.

Nun gilt es wohl, einen entscheidenden Unterschied zwischen unseren persönlichen Engeln und den höher gestellten Erzengeln, Serafim und Cherubim, Mächten und Thronen zu machen:

Die Theologen haben in den zurückliegenden 2000 Jahren immer wieder heftig darüber gestritten, wann wohl Gott die Engel geschaffen hat. Denn zu jedem Engel gehört ja seine spezielle Aufgabe, die er zu erledigen hat und ohne die er nicht vorstellbar ist. Bevor es die Schöpfung der materiellen Welt gab, dürfte es somit die Engel, zuständig für Galaxien, Sonnensysteme, Sonnen und Planeten, nicht gegeben haben. Sie hätten ja keine Aufgabe vorgefunden. Auch den Engel der

Engel und andere Wesenheiten   253

Menschheit und unseren Schutzengel dürfte es noch nicht gegeben haben.

Man könnte daraus folgern, dass es ursprünglich nur die in der Hierarchie höchsten Engel gegeben hat, deren Aufgabe allein darin bestand, Gott zu loben und mit ihm zusammen zu sein. Diese Engel muss man sich entsprechend als absolut rein, schön, erhaben und unfassbar mächtig vorstellen. Sie umfassen als die eigentlich mächtigen Felder unterhalb und innerhalb des Heiligen Geistes alle Felder darunter. Der ursprüngliche Schöpfer aller morphischen Felder kann somit nur Gott selbst sein, der zusammen mit der materiellen Welt immer zugleich auch deren morphische Felder geschaffen hat.

89

DAS UNIVERSUM
IST EIN ORGANISMUS

Nun haben wir aber erfahren, dass das Universum nicht etwas ist, was einmal erschaffen wurde und sich nun innerhalb bestimmter Gesetze ewig gleich bewegt, sondern es entwickelt sich ständig wie ein wachsender Organismus weiter. Die Schöpfung ist nicht abgeschlossen, sondern wir befinden uns noch mittendrin. Sheldrake formuliert das so:

»Das Universum begann ganz klein und heiß in einer ursprünglichen Feuerkugel, kleiner als ein Stecknadelkopf, und hat sich ständig ausgedehnt. Während es wächst, kühlt es sich ab. Immer mehr Strukturen, Formen und Muster entwickelten sich darin. Zunächst gab es keine Atome, Sterne oder Galaxien, keine chemischen Elemente wie Eisen oder Kohlenstoff, keine Planeten und kein biologisches Leben. Während das Universum sich ausdehnte, traten all diese Dinge irgendwo zum ersten Mal in Erscheinung und wurden dann an vielen Orten und zu vielen Zeiten zahllos wiederholt. Dieses wachsende, sich entwickelnde Universum gleicht in nichts einer Maschine, sondern ähnelt mehr einem sich entwickelnden Organismus ...«

Wächst nicht auch jedes Lebewesen aus einer einzigen, winzigen Zelle? Sheldrake weiter:

»In einem evolutionären Universum erscheint es sinnvoller, sich auch die Naturgesetze selbst in Entwicklung vorzustellen. Und ich halte es auch für sinnvoller, sich diese Regelungen der Natur eher als Gewohnheiten vorzustellen. Und solche Ge-

Engel und andere Wesenheiten 255

wohnheiten entwickeln und verändern sich. Statt von einem
ewigen mathematischen Geist regiert zu werden, könnte die
Gesamtheit des Universums auf einem innewohnenden Gedächtnis beruhen. Das bildet die Grundlage meiner Hypothese
der morphischen Resonanz, des Gedächtnisses in der Natur.«
Wenn das so ist, dann müssen sich auch die morphischen
Felder weiterentwickeln. Dann »wachsen« auch die Engel.

Wir haben erfahren, dass jeder Mensch mit guten und
schlechten Gewohnheiten unentwegt neue morphische Felder
bildet, die sich wiederum weiterentwickeln, die auch von anderen Menschen übernommen werden können. Daraus müssen wir schließen, dass es zum Menschsein gehört und zu der
uns damit geschenkten Freiheit, an der Schöpfung teilhaben
zu dürfen. Wir sind neben den Engeln wohl die einzigen Geschöpfe, die morphische Felder nicht nur vorfinden und von
ihnen geformt und geleitet werden, sondern sie selbst auch
schaffen und verändern können. Das wäre damit neben der
Möglichkeit, gut und böse zu erkennen und sich für das eine
oder andere zu entscheiden, das eigentliche Geschenk, das
uns beim Verlassen des Paradieses mitgegeben wurde.

Das würde aber bedeuten, dass mein eigener Schutzengel
nur so sein kann, wie er von meinen Vorfahren, den Eltern
und von mir selbst mit den entsprechenden Energien versorgt
wurde. Er könnte demnach ein wirklicher Schutzengel sein,
der mich vor Schaden und Fehlverhalten schützt. Er könnte
aber, wenn ich selbst nur von negativen Energien beherrscht
bin, mich auch fehlleiten. Denn alles, was ich an Neid, Hass,
Missgunst und Feindseligkeit versprühe, landet bei meinem
Engel. Und dann ist er eben kein Schutzengel mehr, sondern
gibt mir alles, womit ich ihn aufgebaut habe, zurück. Er be-
stärkt mich in meinen Fehlern.

Eine erschreckende Vorstellung. Zugleich aber auch eine
riesige Verantwortung, die ich meinem Engel gegenüber be-

sitze. Man sagt, dass Kinder ihren Engel sehen können, sich mit ihm auch unterhalten. Ich bin überzeugt davon, dass das stimmt. Dieser ganz natürliche Kontakt geht uns, wenn wir heranwachsen, leider verloren – wohl nicht zuletzt deshalb, weil wir an der Existenz unseres Engels zweifeln und nicht mehr an ihn glauben und weil wir ihn verändern.

Ganz deutlich gesagt: Wer bei Tag und in der Nacht darüber nachgrübelt, wie er einem anderen schaden könnte, wer betrogen oder hintergangen wurde und nur noch Pläne schmiedet, wie er sich dafür rächen könnte, oder auch, wer egoistisch nur an sich denkt, den eigenen Vorteil sucht und sich anderen gegenüber lieblos verhält, der darf nicht erwarten, dass ein guter Engel daherkommt und ihn auf den rechten Weg zurückführt. Im Gegenteil. Dieser Engel müsste ihn mehr und mehr in seinem falschen Verhalten bestärken. Denn auch dieser Engel ist Resonanz.

Vergessen wir das übliche Bild, dass rechts von uns der Schutzengel steht, der uns zum Guten überreden möchte, links der Teufel, der uns in die Irre zu führen versucht. Es gibt nur den einen Engel, meinen Engel, ein geistig-energetisches, persönliches Wesen, das absolut von mir abhängig ist. Der immer nur so gut und so schlecht sein kann, wie ich es selbst bin.

90

ENGEL DENKEN
UNSERE GEDANKEN

Wenn ich also will, dass mir mein Engel zum richtigen Verhalten verhilft, muss zuerst ich ihm helfen. Ich muss mich ihm zuwenden, ihn lieben und ihm möglichst immer nur Positives vermitteln. In unserem irdischen Leben ist es beinahe unmöglich, immer nur positiv zu leben. Doch das Positive muss zumindest überwiegen.

Dabei darf nicht übersehen werden, dass auch Ängste und Zweifel negativ sind. Wovor sollte ich mich eigentlich fürchten, wenn ich weiß, dass mein Engel hinter mir steht und ich ihn täglich mit positiven Energien auflade?

Der große schwedische Philosoph, Seher und Forscher Emanuel Swedenborg (1688–1722), der sich viel mit Engeln und Geistern befasst hat, versuchte, uns das Miteinander mit den Engeln zu erklären. Er schrieb in seinen »Offenbarungen«:

»Engeln oder Geistern ist es nicht gestattet, mit einem Menschen aus seiner eigenen Erinnerung heraus zu reden, sondern nur über das, woran der Mensch sich selbst erinnern kann. Engel und Geister haben nämlich gleichermaßen wie der Mensch ein Gedächtnis. Wenn er mit einem Menschen aus seiner eigenen Erinnerung sprechen würde, dann wüsste der Mensch nichts anderes, als dass die Dinge, an die er sich erinnert, von ihm selbst stammen, obwohl sie vom Geist herrühren. Das käme der Erinnerung an eine Sache gleich, die der Mensch in Wirklichkeit noch niemals gehört oder gesehen hat. Dass dem so ist, wurde mir durch eigene Erlebnisse zu wissen gegeben.«

Einfacher ausgedrückt: Swedenborg war fest davon überzeugt, dass unsere Engel – und auch verstorbene Seelen – mit uns nicht so sprechen, dass wir sie hören und verstehen könnten, sondern dass sie unsere Gedanken denken, von denen wir dann meinen, es wären unsere eigenen. Jeder von uns gerät mit seinen Überlegungen, Planungen und Entscheidungen immer wieder einmal in eine Sackgasse und weiß nicht mehr, wie er da herausfinden könnte. Und plötzlich ist die rettende Idee da. Und zwar so, dass es keinen Zweifel daran gibt: Das ist mir nicht selbst eingefallen. Es ist mir zugefallen. Immer dann darf man davon ausgehen, dass mein Engel mir wieder einmal geholfen hat. Wenn uns unser Engel also etwas mitteilen will, sind wir überzeugt davon, wir wären selbst auf die Idee gekommen. Wenn wir dann ehrlich zu uns selbst sind, müssen wir zugeben, dass wir alleine doch niemals darauf gekommen wären.

Weil das so ist, darf der Engel mir nichts eingeben, was ich dann als eigene Erinnerung verstehen könnte. Hier spielt der Philosoph auf das Thema Wiedergeburt an. Er verfocht die Meinung, viele vermeintliche Erinnerungen an ein früheres Leben wären nur ein Missverständnis, das entstehen kann, wenn wir, wie wir heute sagen würden, von einem anderen morphischen Feld etwas erfahren haben, das wir dann für ein eigenes Erlebnis halten.

Denken wir daran, wenn Swedenborg vom Gedächtnis der Engel spricht, dass es für diese geistig-energetischen Persönlichkeiten keine Zeit und keine räumliche Begrenzung gibt. Man könnte deshalb sagen: Sie können sich an alles erinnern, was sich jemals in der Schöpfung ereignet hat. Sie kennen alle Gedanken und Wünsche. Sie erleben uns nicht nur im mo-

Engel und andere Wesenheiten 259

mentanen Zustand, sondern sehen uns zugleich immer als Persönlichkeiten in ihrer Gesamtheit, vom Augenblick der Zeugung an bis zum Tod. Sie kennen unsere Vergangenheit ebenso wie unsere Zukunft, sind uns also meilenweit voraus und überlegen.

91

SPRECHEN WIR
MIT UNSEREM ENGEL

Das ist erneut so ein Punkt, der uns doch wesentlich bescheidener auftreten lassen sollte. Und der zugleich eine immense Dankbarkeit meinem Engel gegenüber auslösen müsste. Er ist eben nicht die niedliche, neckische Putte, ausgestattet mit kleinen Flügelchen. Er ist ein unvorstellbar mächtiges Wesen an meiner Seite, dem ich sehr viel mehr verdanke, als ich mir überhaupt vorstellen kann. Und: Wir riesig ist meine Verantwortung diesem Wesen gegenüber, das sich auch dann nicht von mir abwenden kann, wenn ich dabei bin, mein Lebensziel und meine Berufung zu verfehlen, weil es trotz aller Kraft und aller Fähigkeiten von mir abhängig ist.

Und das bedeutet doch nun in erster Linie: Bei allem, was ich tue, muss ich mir darüber im Klaren sein, dass es auch meinen Engel betrifft. Von einer Bosheit meinerseits mag sie sonst von keinem wahrgenommen werden: Mein Engel bekommt sie ab. Und damit nicht nur er, sondern auch der übergeordnete Engel der Familie, meines Dorfes, meiner Stadt, des Landes, des Kontinents, der Erde, des Kosmos. Damit bin ich auch an allen Bosheiten, die irgendwo auf dieser Welt geschehen, als Mittäter beteiligt. Das ist das neue Denken und Begreifen der Schöpfung, das wir brauchen, wollen wir unsere Welt retten.

Doch drehen wir es ins Positive: Wenn wir uns so oft über die Zustände unserer Welt beschweren und uns zugleich so hilflos fühlen in der Meinung, wir kleinen Erdenbürger könnten sowieso nichts ändern, dann lehren uns die morphischen

Felder, dass wir sehr wohl in der Lage sind, unseren Beitrag zu leisten. Und zwar einen wesentlichen.

Um ganz unten zu beginnen: Ich kann meinen Eltern, meinen Geschwistern, meinen Kindern, Enkeln am einfachsten Gutes zukommen lassen, indem ich mich darum bemühe, den gemeinsamen Engel der Familie nur mit positiven Energien zu bereichern. Wenn Sie mit jemandem aus der Familie nicht zurechtkommen, sollten Sie sich an den Engel der Familie wenden und ihn positiv aufbauen. Versuchen Sie es doch. Sie werden sehen, dass das funktioniert. Nicht auf Anhieb, aber doch spürbar nach und nach. Eben dann, wenn die positiven Energien die negativen überwiegen. Und es ist auch nicht wichtig, ob wir gerade dieses oder jenes tun. Wir müssen uns an keinerlei Regeln halten. Wichtig ist nur, dass das, was wir tun, positiv ist.

Ist es nicht wunderbar, dass es das Reich der Engel gibt? Müssen wir nicht alle Anstrengungen unternehmen, sie rein und gut zu erhalten, damit sie wirklich auch Schutzengel bleiben?

Die Astrologie kennt vor allem zwei Planeten, die für den Kontakt zum Schutzengel zuständig sind: Pluto und Neptun.

Pluto war in der Mythologie der Gott und Hüter der Unterwelt. Wir sagen heute: Er bewacht das Unbewusste in unserer Seele als jene Wissensinhalte, die nicht ins Bewusstsein dringen dürfen, weil wir sie möglicherweise nicht verkraften können – zugleich aber auch alles, was unser Engel weiß.

Neptun ist die Seele, das gute Gespür, die Inspiration, Tiefe, Weite und Grenzenlosigkeit.

Wenn beide zusammenwirken, was in so vielen Horoskopen heute lebender Menschen zu finden ist, hat man den Zugang zu den verborgenen und verschütteten Schätzen unserer Seele. Dann verfügt man nicht eben selten auch über mediale Begabungen. Unsere großen Dichter und Denker hatten diese Verbindung im bestmöglichen Winkel (Trigon). Kurz vor der Jahrhundertwende zum 20. Jahrhundert gab es die Verbindung im Zusammentreffen beider Planeten (Konjunktion). Das waren die Zeiten der großen Erfindungen wie Auto, Strom, Telefon und dergleichen mehr. Im 20. Jahrhundert war immer wieder der 60-Grad-Winkel gegeben, das Sextil.

Das alles weist uns darauf hin, dass es besonders gute Zeiten gibt, mit dem Engel in Kontakt zu kommen. Nutzen Sie deshalb gute Neptun-Mond-Winkel und ebenso gute Pluto-Mond-Winkel, um das Gespräch mit dem Engel aufzubauen.

Dass es die Engel gibt, man sie verehren soll und um Hilfe anrufen kann, ist im 2. Vatikanischen Konzil in den 60er-Jahren von der katholischen Kirche ausdrücklich bestätigt worden.

92

WER IST
DER HEILIGE GEIST?

Bei all unserem bisherigen Nachdenken über die morphischen Felder, ihre formende, gestaltende und bewahrende Kraft und ihre Auswirkungen auf unser Leben, ist eine Frage immer drängender geworden: Wie passt der Schöpfergott in dieses neue Weltbild? Haben wir Menschen ihn aus einem gewissen Schutzbedürfnis heraus nicht genauso geschaffen wie einst die Griechen, die Germanen ihre Götter? Ist er nicht auch nur ein von Menschenhand kreiertes morphisches Feld, in dem alle unsere guten und schlechten Gedanken und Regungen gespeichert sind? Lässt er vielleicht deshalb so viel Böses in unserer Welt zu, weil auch alle unsere Bosheiten in ihm gespeichert sind?

Das wäre ganz sicher absolut falsch gedacht. Und es widerspräche auch den Thesen der morphischen Felder.

Doch wir müssen zugleich einsehen: Das Risiko ist natürlich gegeben, und es ist recht groß, dass wir Menschen im Wunsch, Gott zu begreifen, stets versucht sind, uns ein Bild von Gott zu malen, um dann etwas zu verehren, was nur ein klägliches Abbild, ein Götzenbild ist. Das müssen wir uns, denken wir an die morphischen Felder, klarmachen.

Als Jahwe, der Gott der Israeliten, Moses im brennenden Dornbusch erschien und ihn aufforderte, er müsse sein Volk aus der ägyptischen Knechtschaft in die Freiheit führen, antwortete er auf die Frage, wer er denn sei: »Ich bin das Sein.« Das ist auch die einzig erlaubte Definition Gottes.

Dieser Satz ist im Laufe der Geschichte immer wieder anders übersetzt worden. Früher stand in der Heiligen Schrift: »Ich bin, der ich bin.« Das hört sich fast an, als wollte Gott zu Moses sagen: »Es geht euch überhaupt nichts an, wer ich bin. Basta!« Heute übersetzt man das Wort Jahwe so: »Ich bin das Dasein«, womit man ausdrücken möchte, dass Gott eben immer da und bei uns ist, in welcher Situation wir uns auch befinden mögen: Er ist da, und darauf dürfen wir uns fest verlassen. Ein schönes Bild, gewiss.

93

DU SOLLST DIR
KEIN BILD VON MIR MACHEN

Doch darum geht es bei der Aussage nicht. Die Frage war nicht: Wo bist du? Sondern: Wer bist du? Und darauf war die Antwort: Ich bin Jahwe, hebräisch: Ich bin das Sein. Gott ist das Sein, das keinerlei Zusatz verträgt.

Jeder noch so gut gemeinte Zusatz wäre sofort und immer eine Einschränkung. Gott ist nicht da, noch so oder anders. Er ist nicht gut, nicht groß, nicht klein. Er ist. Und in diesem »ist« ist zugleich alles, was man sich denken und vorstellen könnte, enthalten. Die absolute Leere des Wortes »Sein« ist zugleich die allumfassende Fülle. Das ist genau das, was die fernöstliche Religionsphilosophie seit vielen Jahrtausenden schon als das Nirwana bezeichnet.

Die Unbegreiflichkeit Gottes und das ständige Risiko, an seiner Stelle ein morphisches Feld zu schaffen, das gewiss recht schön und gut, aber eben nicht Gott wäre, ist der eigentliche Hintergrund, warum in den Zehn Geboten gleich zu Beginn gefordert wird: »Du sollst dir kein Bild von mir machen.« – eben darum nicht, weil mit präzisen Vorstellungen versehentlich dieses weit niedrigere morphische Feld geschaffen werden könnte, das in keiner Weise der Unvorstellbarkeit Gottes entsprechen könnte. Und dann erginge es uns wie den Griechen, Römern und Germanen: Wir würden etwas verehren, was wir uns selbst geschaffen haben. Das könnte nur ein Götze sein, aber nicht Gott.

Natürlich brauchen wir Menschen Bilder, wollen wir uns etwas vorstellen können. Das völlig leere Sein mit seiner allumfassenden Fülle ist nicht vorstellbar. Gott ist letztlich nicht begreifbar. Wenn wir ihn Vater nennen, kann das nur ein nicht eben unproblematisches Gleichnis sein. Denkt man an die vielen Väter, die so jämmerlich versagen, können wir mit dem Begriff »Vater« Gott wahrhaftig nicht gerecht werden.

94

GEIST IST EBENFALLS
EIN FALSCHER BEGRIFF

Wir werden später noch einmal intensiver auf diese Gedanken zurückkommen. Wenden wir uns vorerst dem Heiligen Geist zu. Dabei müssen wir uns erneut zunächst klarmachen, wie unzutreffend das doch recht kalte Wort Geist ist – für das, was wir wirklich meinen. Wir denken ja nicht an den Intellekt, an die rein geistigen Fähigkeiten, rechnen, schreiben, lesen, denken und kommunizieren zu können. Wir meinen auch nicht den Gegensatz zur Materie. Denn auch sie lebt, ist von diesem Geist geformt, durchdrungen und strukturiert.

Wir haben kein passendes Wort für die wiederum unvorstellbare Urkraft, die alles geschaffen, entfaltet hat und lebendig hält. Die alle Kreativität umfasst, die begeistert, das Feuer der Liebe entzündet, wie es in einem alten Gebet zum Heiligen Geist heißt. Dieser Geist, den wir meinen und als dritte Person im Wesen des dreifaltigen Gottes verehren, ist der Gegensatz zum Tod, zur ewigen Stille, zur öden, unbeweglichen Eintönigkeit. Er ist das Leben, die Kreativität, die Entwicklung.

In früheren Zeiten sprach man, wenn man diese Urkraft meinte, wenn es um diesen »Geist« ging, vom Wind und vom Sturm. Das war fast noch treffender als das Wort Geist, lateinisch Spiritus.

In unseren Überlegungen über die morphischen Felder hat sich die große Hierarchie dieser Felder herauskristallisiert. Arthur Koestler hat uns empfohlen, dafür das Wort Holarchie zu verwenden, weil die morphischen Felder nicht übereinanderstehen, sondern wie größere und kleinere Kugeln ineinander existieren.

So forderte Matthew Fox im Buch, das er mit Rupert Sheldrake zusammen über die Engel geschrieben hat:

>»Es geht um eine dreidimensionale Beziehung. Wenn wir es auf eine zweidimensionale Leiter reduzieren, dann fällt uns das Motiv der Herrschaft und Dominanz auf. Betrachten wir dies aber als Kugeln innerhalb von Kugeln, dann stehen diese nicht aufeinander, um einander Befehle zu geben, sondern haben jeweils ihren eigenen Raum und ihre eigene Stellung.«

Ihrer Art nach existieren die morphischen Felder von einfachsten geistig-energetischen Feldern wie etwa dem Magnetfeld, das die Eisenspäne in sein Muster zwingt, über die Felder, die in der Materie Kristallmuster schaffen, über die persönlichen Felder, die alles Leben bewirken und gestalten, bis hin zu mächtigen Persönlichkeiten, den »Engeln, Cherubim und Serafin, den Mächten und Thronen«, wie sie in der Heiligen Schrift genannt werden. Sie alle sind geschaffen – und sie sind zugleich umfasst und eingebettet in den Ursprung aller morphischen Felder – den Heiligen Geist.

Denn: Woher sollten sie ursprünglich stammen, gäbe es nicht die Urenergie, die so unvorstellbar mächtig von Gott ausströmt, dass sie selbst in der Gestaltung des gesamten Universums zur göttlichen Persönlichkeit geworden ist, richtiger gesagt, immer schon war. Die Urenergie, die alle Kreativitäten, alle schöpferischen Energien und alle Regungen umfasst. Sind solche Überlegungen etwa ketzerisch?

Die »Große Frau des Mittelalters«, Hildegard von Bingen (1098–1179), beschreibt das Miteinander des Heiligen Geistes und der Engel so:

Engel und andere Wesenheiten 269

»Das ursprüngliche Feuer, aus dem die Engel brennen und leben, ist Gott selbst. Die Engel umfangen Gott in ihrer Glut, denn sie sind lebendiges Licht. Sie haben nicht Flügel wie die Vögel, aber sie sind schwebende Flammen in der Kraft Gottes. Gott ist die ursprüngliche lebendige Quelle, die die Wellen aussandte. Als er die Worte »Es werde« sprach, existierten erleuchtete Wesen. Ihr Wesen ist ein glühendes Brennen. Sie brennen aus Gott, der die Wurzel des Feuers ist. Durch nichts anderes können sie entzündet oder ausgelöscht werden. In der Liebe Gottes brennt dieses Feuer unauslöschlich.«

95

UND WIE IST ES
MIT UNS MENSCHEN?

Das eben ist doch die Freiheit, die Gott uns Menschen eingeräumt hat, dass wir unsere morphischen Felder auch mit negativen Energien anfüllen können, indem wir voll bewusst gegen
unsere Einsicht handeln können. Und das ist die eigentliche
Sünde, von der es in der Bibel heißt, dass sie als Sünde wider
den Heiligen Geist nicht vergeben werden kann: das Denken
und Handeln wider besseres Wissen in der vollen und unge-
trübten Einsicht, dass es falsch ist und mir und anderen schaden wird. Wie viel Schuldgefühle könnten wir uns ersparen,
würden wir uns das immer wieder klarmachen!

Ein eigenes Thema im Hinblick auf die morphischen Felder
sind jedoch unsere Ängste, Sorgen und das mangelnde Vertrauen in den Heiligen Geist.

Der Dauerzustand bestimmter Ängste und Befürchtungen,
die negativen Energien Missgunst, Neid oder gar Hass haben
nun in aller Regel nichts mit bewussten Entscheidungen zu
tun. Sie sind von Emotionen geleitet, Ausfluss einer krankhaften Gemütsverfassung. Sie belasten unsere morphischen Felder
wohl weit mehr als Fehlentscheidungen. Sie dokumentieren,
dass das große Urvertrauen fehlt, weil es nie gefunden wurde
oder durch bittere Erfahrungen wieder verloren ging. Denken
Sie an die alten Ägypter: Der eigentliche Sinn des Lebens besteht darin, die Ängste zu besiegen!

Eine momentane Angst im Augenblick einer Bedrohung
ist ein hilfreiches Warnzeichen. Man muss es als etwas ganz

Engel und andere Wesenheiten

Natürliches und Positives verstehen. Die momentane Angst kann mich vor einem Fehler oder auch vor einer Gefahr retten. Nur: Angst darf nicht zum Dauerzustand werden. Man muss sie wieder ablegen, sobald die Bedrohung vorbei ist. In ständiger Angst zu verharren oder gar grundlos Ängste zu entwickeln, das gehört wiederum wohl zum Schlimmsten, was man sich antun kann.

Auch negative Gefühle wie etwa der Hass können jeden als spontane Einbrüche heimsuchen. Man muss schnell wieder davon wegkommen. Denn jede negative Energie manifestiert sich in einer Ausstrahlung, die von anderen als Aggression verstanden wird. Opfer und Täter haben immer nahezu identische Horoskope! Ein Zeichen dafür, dass alles, was wir in das eigene morphische Feld hineingeben, auch die Felder anderer Menschen anfüllt. Somit ist vieles von dem, was wir als Aggressionen anderer erfahren, doch nur die Antwort auf unsere eigene Verfassung.

Das eigentlich Unfassbare aber ist dann die Einsicht, dass die unvorstellbar riesige Hierarchie oder Holarchie aller morphischen Felder geborgen, hineingenommen, umfasst und geformt ist vom urmorphischen Feld Heiliger Geist, dem sie ihren Ursprung und ihre Existenz verdankt. Jeder von uns gehört mit seinem Engel dazu, ist Zelle nicht nur im Organismus Menschheit, sondern auch im Heiligen Geist. Jesus hat das mit dem Bild vom Weinstock angedeutet: »Ich bin der Rebstock, Ihr seid die Reben.«

Um noch einmal Hildegard von Bingen zu zitieren: Für sie stellte der Mensch das Zentrum und den Mittelpunkt der Schöpfung dar. Alles, was existiert, vom Wind über die Sterne bis zu den Tieren, Pflanzen und dem Gestein, ist dem Menschen zugeordnet. Die Schöpfung, so ihre Überzeugung, ist von Gott für den Menschen gemacht. Und der Schöpfer selbst ist in allem, was existiert, für den Menschen gegenwärtig.

So hört sie Gott in ihrer Vision zu sich sprechen:

>Ich, das feurige Leben der Gottwesenheit, flamme dahin über die Schönheit der Felder. Ich leuchte in den Wassern. Ich brenne in der Sonne, im Mond, in den Sternen. In jeglichem Geschöpf bin ich die lodernde Kraft.<

Für ihre Zeit war eine solche Aussage ungeheuerlich. Der bisher unantastbare, ferne und allmächtige Gott hinter der Schöpfung wird in die Schöpfung hineingeholt. Bei Hildegard sind Gott und seine Schöpfung nicht mehr voneinander zu trennen. Andere sind solcher Aussagen wegen auf dem Scheiterhaufen gelandet.

Doch gibt es für den Heiligen Geist eine treffendere Darstellung?

Das ist die Geborgenheit, die wir wieder annehmen müssen: Wir existieren nicht verloren am Rande einer Galaxie unter Milliarden Galaxien – unsere Winzigkeit wegen vergessen und übersehen. Unbedeutend wie ein Sandkorn am weiten Strand. Wir haben nicht nur die Engel an unserer Seite und sind in ihr morphisches Feld aufgenommen. Wir sind zugleich auch eine der Kugeln, die von der größten, allumfassenden Kugel Heiliger Geist umfasst werden. Es kann uns somit letztlich nichts widerfahren, nichts Ungutes, nichts Schlimmes, nichts Zerstörerisches, was nicht von übergeordneten morphischen Feldern aufgefangen würde. Und wir werden auch niemals etwas leisten, was verloren gehen könnte. Unsere Schuld könnte noch so groß sein. Sie müsste im morphischen Urfeld verschwindend klein und vom Guten verdrängt werden.

Wenn wir das begreifen, ist jedes Gefühl der Angst, jede Regung der Nichtigkeit überflüssig geworden.

Engel und andere Wesenheiten 273

Es geht Ihnen wohl auch so, wie allen, die sich mit Rupert Sheldrakes Thesen von den morphischen oder morphogenetischen Feldern befassen, dass Sie sich schwertun, sich unter diesen Begriffen etwas vorstellen zu können. Ich will es gerne zugeben: Sie sind nicht gerade glücklich gewählt. Rupert Sheldrake hat diese Fachbegriffe der Wissenschaft entnommen. Es wäre längst an der Zeit, für das, was sie tatsächlich meinen, einen treffenderen Begriff zu finden. Wenn wir von »Feldern« sprechen, mag das für elektromagnetische Felder zutreffend sein. Da wir aber nun wissen, dass sich die immateriellen, geistig-dynamischen «Felder« bis hin zu Persönlichkeiten entfalten können, müssen wir für sie einen neuen Namen finden, der die ganze Bandbreite dieser Wesen umfasst.

Wie schon erwähnt: Der Begriff Felder ist wissenschaftlich für den Biologen absolut korrekt. Doch wie wir erfahren haben, formen diese »Felder« nicht nur Kristalle. Sie entwickeln nicht nur Zellen zu Organen und letztlich zu Lebewesen. Sie bestimmen auch unser Verhalten, indem jeder Gedanke, jede psychische Energie in bestehende morphische Felder einfließt oder gar neue Felder errichtet.

Diese geistige Welt ist damit ursprünglich wohl rein und gut. Doch sie entfaltet sich in der Abhängigkeit unseres menschlichen Verhaltens und kann es deshalb nicht bleiben, wenn wir sie immer nur mit negativen Energien anfüllen. Das heißt dann aber – und das ist für mich der wichtigste Punkt –, dass wir eine ungeheuer große Verantwortung nicht nur füreinander und alle Lebewesen dieser Welt haben, sondern auch für die geistig-energetische Welt mitverantwortlich sind, die uns prägt, formt und steuert. Denn es ist unsere Aufgabe, sie mit positiven Energien aufzubauen.

Ist es jedoch nicht aufregender, wichtiger und schöner, zu begreifen, dass wir als geistbegabte Menschen auch Verantwortung für die Engel haben? Macht es uns nicht größer? Oder sind wir doch nur unmündige Kinder, die sich nur führen lassen müssen, ohne selbst Einfluss nehmen zu können? Dürfen, können wir uns der Pflicht des Miteinanders entziehen? Ich bin fest davon überzeugt, dass gerade das zu den menschlichen Fähigkeiten und zu seiner Freiheit gehört, in diese geistig-energetische Welt mit einwirken zu können.

Schließlich: Gäbe es denn einen besseren und wirksameren Weg, positiven Einfluss auf andere Menschen auszuüben, als den, sich an deren Engel zu wenden, ihm positive Energien zukommen zu lassen, damit er diese positiven Energien an seinen »Schützling« weiterreichen kann? Umgekehrt: Ist es nicht so, dass wir mit falschem Verhalten die Welt der Engel auch »vergiften« können?

Wenn es denn die morphischen Felder gibt – und je mehr wir uns damit befassen, desto einleuchtender werden sie uns –, können wir nicht länger einfach so weiterleben, wie das bisher der Fall war. Es müsste ein Ruck durch die Menschheit gehen, der ein ganz neues Gefühl des Miteinanders auslöst. Denn es bleibt dann kein Platz mehr für Egoismus. Die Verantwortung füreinander und das Wissen um die Verbundenheit miteinander müssten im Mittelpunkt stehen. Wir müssten uns klarmachen, welch enorme Kraft unsere Gedanken und auch unsere Regungen besitzen, wie viel Gutes und Schlimmes sie anrichten können.

Selbstverständlich ist es tröstlich, einen reinen und guten Geist hinter mir und um mich herum zu wissen. Also: Verhalten wir uns entsprechend, dass das auch so ist und bleibt.

Wir sollten aber wohl nicht mehr von »morphischen« oder »morphogenetischen« Feldern sprechen, sondern vielleicht von der Geistwelt, die alles, was existiert und lebt, beseelt.

96

GEHÖRT DER MENSCH
ZUR GEISTWELT?

Nach allen unseren bisherigen Überlegungen über die Konsequenzen aus Rupert Sheldrakes morphischen Feldern stellt sich nun eine interessante Frage: Wenn es diese morphischen Felder gibt und wenn es richtig ist, dass hinter unserer materiellen Welt eine riesige Geistwelt existiert, die diese steuert, eine Welt aus einfachsten geistig-energetischen Feldern bis hin zu machtvollen Persönlichkeiten, gehören wir Menschen dann zur materiellen Welt? Oder sind wir nicht zugleich auch ein Teil der Geistwelt? Haben wir nicht ein Selbstbewusstsein und ein Seelenleben entwickelt, das uns in die Lage versetzt, morphische Felder zu bilden und sie zu verändern? Können wir nicht positiven wie auch negativen Einfluss auf andere morphische Felder nehmen? Sind wir nicht von uns aus in der Lage, Kontakt mit unserem Engel aufzunehmen? Ist das nicht genau der Punkt, der uns von der übrigen Natur abhebt?

97

OUT-OF-BODY-REISEN

Es gibt Menschen, die ihren geistig-feinstofflichen Körper vom grobmateriellen trennen können. Nicht erst im Tod. Und die Trennung führt auch nicht zum Tod. Beide Körper bleiben miteinander verbunden. Der zurückgelassene Körper liegt wie im Schlaf und erwacht wieder, sobald die Persönlichkeit in ihn zurückgekehrt ist.

Der amerikanische Geschäftsmann Robert A. Monroe entdeckte im Jahr 1958 die Fähigkeit, den grobstofflichen Körper wie ein Kleidungsstück abzulegen, auf Reisen zu gehen und wieder in den Körper zurückzukehren. Das hatte damit begonnen, dass er nach einem Mittagsschläfchen bemerkte, dass seine rechte Hand im Fußboden steckte, als wären die dicken Bretter aus Wachs. Vorsichtig zog er die Hand aus dem Boden. Er ging zu seinem Psychiater, um ihn zu fragen, ob er nun endgültig übergeschnappt sei. Doch der lachte ihn nur aus: »Das ist doch nichts Außergewöhnliches. Das kann jeder Yogi in Indien. Probiere es aus, aber bleibe vorsichtig dabei, damit du immer wieder zurückfindest!«

Monroe eignete sich also mit Musik, bestimmten Rhythmen und einer gewissen Konzentration die Fertigkeit an, seine eigentliche Persönlichkeit vom Körper zu trennen. Und es gelang ihm immer wieder. Er konnte durch Mauern hindurchschweben, als wären sie gar nicht da. Das einzige Hindernis, das er nicht überwinden konnte, waren Starkstromleitungen. Diese musste er umfliegen. Unterwegs begegnete er Geistwesen. Und offenbar kam er auch ins Jenseits und traf dort Verstorbene.

Engel und andere Wesenheiten

Um solche außerkörperlichen Reisen zu beweisen, hat er unterwegs Freunde heftig gekniffen und sie anderntags nach der Ursache ihrer blauen Flecke befragt. Doch immer musste er hören: »Da muss ich mich wohl irgendwo gestoßen haben!« Keiner hatte von seiner Anwesenheit etwas bemerkt. Nur seine Tochter warnte ihn, wenn sie abends ausging, um ihren Freund zu besuchen: »Bitte lass uns heute in Ruhe. Ich möchte nicht, dass du wieder wie ein Spinngewebe an der Decke hängst und uns zusiehst!«

Der letzte schlüssige Beweis, dass er tatsächlich ohne Körper unterwegs war, ist ihm letztlich nicht gelungen. Doch Ärzte in den USA wurden auf seine Erfahrungen aufmerksam und bauten nach seinen Anweisungen ein Gerät, einen »Generator«, mit dessen Hilfe – es sind bestimmte Töne, Rhythmen und Frequenzen – sich Persönlichkeit und Körper voneinander trennen und wieder zusammenführen lassen. In einer wissenschaftlichen Fachzeitschrift in den USA sind die Arbeiten der Ärzte beschrieben worden. Angeblich konnten sie schwer leidende Patienten damit wenigstens vorübergehend von ihren Schmerzen befreien und ihnen die Angst vor dem Sterben nehmen, indem sie diese dazu brachten, den kranken, leidenden Körper zu verlassen.

Auch das klingt wiederum völlig absurd. Doch wenn man davon hört, erinnert man sich sofort an viele Hundert Beispiele aus der alten und neueren Geschichte, die immer wieder von ganz ähnlichen Ereignissen berichten.

Der italienische Pater Pio, inzwischen von der katholischen Kirche selig gesprochen, hatte einem Freund versprochen, er werde in seiner Todesstunde bei ihm sein. Als dieser Freund in Argentinien im Sterben lag, ging die Tür auf und Pater Pio trat herein, obwohl er gleichzeitig in seinem Kloster bei Bari in Süditalien im Beichtstuhl saß. »Ich habe es dir versprochen, dass ich da sein werde. Da bin ich.« Diese Begegnung ist von zahlreichen Augenzeugen bestätigt worden. Die Beispiele ließen sich endlos fortsetzen.

Der für mich wichtigste Zeuge dafür, dass es tatsächlich möglich ist, außerkörperliche Erfahrungen zu erleben, ist Frau Professor Elisabeth Kübler-Ross. Sie hatte von Monroe gehört und wollte es in einer wissenschaftlichen Untersuchung selbst erfahren. In einem Laboratorium in Virginia wurde das Experiment unter Aufsicht einiger skeptischer Wissenschaftler gestartet. Die Forscherin aus Basel, die sich zeitlebens mit dem Tod, besser gesagt, mit sterbenden Menschen befasste, schildert, wie sie – ohne Körper – mit Lichtgeschwindigkeit über Berge und Täler dahinflog – und auch in das Jenseits gelangte, wo sie ehemalige Patienten traf und sogar Botschaften von ihnen für deren Hinterbliebene bekam. Die seriöse Wissenschaftlerin ist absolut vertrauenswürdig. Sie hat uns sehr viel über Leben und Tod hinterlassen, was uns ein neues Vertrauen in ein Weiterleben nach dem Tod geschenkt hat.

Professor Kübler-Ross spricht nicht von der Seele, die den Körper verlässt. Es ist kein Lichtfunke, der wie ein Blitz davonjagt, kein Teil des Menschen, sondern ganz offensichtlich der ganze Mensch, der nur seinen materiellen Körper abgelegt hat – aber weiterhin eine Art Körper mit allen früheren Eigenschaften besitzt. Mit allen dem ursprünglichen materiellen Körper eigenen Gliedmaßen und seinen Formen. Ein absolut identisches Ebenbild des materiellen Körpers. Es ist der Mensch, der zur Geistwelt gehört.

Die Wissenschaftlerin ist überzeugt davon, dass vieles, was wir für Träume halten, in Wirklichkeit außerkörperliche Erfahrungen sind. Dass wir somit weit öfter, als wir wissen und ahnen, unseren irdischen Körper verlassen.

Sie berichtete uns wiederum über eigene Erlebnisse. Beispielsweise hat sie miterlebt, wie eine blinde Frau während

Engel und andere Wesenheiten

einer Operation über ihrem Körper schwebte und hinterher alles schildern konnte, was sie dabei wahrgenommen hatte. Obwohl diese Frau seit ihrer Kindheit blind war, konnte sie die Farben des Raumes, die Ärzte und die Apparaturen in allen Einzelheiten sehen und hinterher schildern.

98

DIE SEELE
ERFÄHRT REIN ALLES

Mütter berichten auch immer wieder, dass sie während einer Schwangerschaft sehr genau gespürt haben, wann ihr heranwachsendes Kind im Mutterleib zugegen war und wann es sich außerhalb der Mutter aufhielt. Es könnte doch durchaus sein, dass die Seele des heranwachsenden Kindes auch noch die Fähigkeit besitzt, den Mutterleib vorübergehend verlassen zu können.

Der eigentliche Fehler, der uns immer wieder unterläuft, ist die Vorstellung, die Seele des Kindes müsste so wie der Körper aus primitivsten Anfängen erst heranwachsen. Das ist ganz sicher nicht so. Ein Kind nimmt von Anfang an alles wahr, was um es herum geschieht. Es ist so eng mit seiner Mutter verbunden, dass es ihre Träume mitträumt, ihre Ängste, aber auch ihre Freuden verspürt. Und deshalb ist es sicher richtig, wenn eine Mutter sagt: »Meine Tochter ist so lustig, weil ich während der Schwangerschaft ein richtig froher Mensch war und viel getanzt habe.«

Der Astrologe weiß aus vielen Hundert Erfahrungen, dass viele psychische Probleme aus unguten Erfahrungen im Mutterleib herrühren. Ein bestätigtes Beispiel dazu: Der Vater kommt abends aus dem Büro nach Hause. Die Mutter sagt zu ihm: »Ich bin wieder schwanger!« Er blickt sie wütend an und schimpft: »Hättest du denn nicht aufpassen können? Du weißt doch, wir können uns ein zweites Kind im Moment nicht leisten. Das ist eine Katastrophe! Wir haben keine andere Wahl.

Engel und andere Wesenheiten 281

Du musst zum Arzt gehen und es wegmachen lassen.« Die Mutter weint und fühlt sich unendlich schuldig.

Das alles, davon müssen wir ausgehen, bekommt das Wesen im Mutterleib, das noch nicht einmal ein Kind ist, mit. Es ist der erste große Schock in seinem Leben: »Sie wollen mich umbringen!« Im Geburtshoroskop des Kindes wird es später dokumentiert sein. Mit deutlichen Hinweisen auf Verlustängste, auf unerwünschte Empfängnis, auf ein schwieriges Verhältnis zu Mutter und Vater.

99

VERSEHENTLICH
IM FALSCHEN KÖRPER

Von vermeintlichen Wiedergeburtsberichten wissen wir, dass es sich in Wirklichkeit nicht um eine Wiedergeburt handelte, sondern dass ein Verstorbener unterwegs einen anderen Körper vorfand und in diesem wieder auf irdische Weise zu leben begann.

Das beste Beispiel dafür ist die Geschichte des kleinen Jasbir, der im Frühjahr 1954 in einem kleinen Dorf im Libanon an den Pocken verstarb. Der Vater wollte ihn gleich beerdigen, damit sich keiner anstecken konnte. Doch es regnete in Strömen. Deshalb verschloss man das Zimmer, in dem er verstorben war. Am nächsten Morgen lebte Jasbir wieder. Die Pocken waren geheilt, er fühlte sich nur noch etwas schwach. Der kleine Junge behauptete aber, er wäre nicht Jasbir, sondern Sobha Ram. Er dürfe die vorgesetzten Speisen auch nicht essen, denn er sei Brahmane. Und er möchte heimkehren zu seiner Frau und seinen Kindern.

Der amerikanische Wissenschaftler Professor Jan Stevenson hat diesen Fall persönlich an Ort und Stelle untersucht. Er fand heraus, dass ein junger Mann namens Sobha Ram in einem abgelegenen Dorf hinter dem Gebirge genau an dem Tag vergiftet wurde, an dem der kleine Jasbir starb. Man brachte den Jungen in dieses Dorf. Er erkannte sein Haus, seine Frau, seine Kinder. Es muss so gewesen sein, dass die Seele von Sobha Ram auf dem Weg ins Jenseits den Körper des sterbenden Jasbir fand und er nun im Körper des kleinen Jasbir weiterlebte.

Auch Monroe, der Mann, der jederzeit seine Persönlichkeit vom Körper trennen konnte, berichtet von einem Erlebnis, das ähnlich verlaufen ist. Als er eines Tages von einer Out-of-body-Reise zurückkehren wollte, erwachte er in einem fremden Körper. Ein Arzt auf der einen Seite und eine Krankenschwester auf der anderen versuchten, ihn zum Gehen zu bewegen. »Sie dürfen nicht einschlafen, sonst sterben Sie. Weiter, noch ein Schritt!« Nur weil Monroe die Kunst beherrschte, sich auch von diesem Körper wieder zu trennen, fand er schließlich seinen eigenen wieder.

Kurz: Frau Kübler-Ross sagt:

«Den Tod gibt es nicht. Sterben ist nur der Übergang in eine andere Form eines anderen Lebens auf einer anderen Frequenz.«

Der große Psychologe und Psychiater C. G. Jung (1875–1961) – gewiss kein verträumter Fantast, sondern durch und durch Wissenschaftler –, formulierte es so:

»Der Seele wird nicht nur eine gewisse Abhängigkeit vom Körperlichen, sondern auch eine gewisse Stofflichkeit zugedacht, wie die Idee des ›subtle body‹ oder die chinesische Anschauung von der ›gui – Seele‹ zeigen. Bei der innigen Verbindung gewisser noch psychischer Vorgänge mit physischen Parallelerscheinungen lässt sich eine totale Unstofflichkeit des Seelischen wohl nicht denken.

Im Gegensatz dazu besteht die allgemeine Meinung auf der Immaterialität des Geistes, wobei ihm allerdings nicht alle auch eine eigene Substantialität zubilligen. Es ist aber nicht leicht einzusehen, warum die hypothetische Materie, die heute schon ganz anders aussieht als noch vor 30 Jahren, allein real sein soll, der Geist aber nicht …«

C. G. Jung hatte selbst 1944 im Anschluss an eine Bruchverletzung und den damit verbundenen Herzinfarkt ein Out-of-body-Erlebnis, das er folgendermaßen schilderte:

»Meine Krankenschwester sagte mir später: ›Sie waren wie von einem hellen Glühen umgeben.‹ Dieses Glühen wäre ein Phänomen, das sie manchmal bei Sterbenden beobachtet, fügte sie hinzu. Ich hatte die äußerste Grenze erreicht und weiß nicht, ob das im Traum oder in der Ekstase war. Jedenfalls begegneten mir seltsame Dinge. Es schien mir, dass ich hoch im Raum war. Weit unter mir sah ich die Erdkugel, getaucht in ein strahlendes blaues Licht. Ich sah die tiefblauen Meere und die Kontinente. Weit unten zu meinen Füßen lag Ceylon und in der Ferne vor mir der indische Subkontinent. In kurzer Entfernung von mir sah ich im Raum einen gewaltigen dunklen Steinblock wie einen Meteoriten. Er hatte die Größe eines Hauses oder war sogar noch größer. Er schwebte im Raum. Ich schwebte im Raum.«

C. G. Jung fügte hinzu: »Während ich im Raum schwebte, war ich schwerelos. Es hat nichts gegeben, was an mir gezerrt hätte. Zurückgekehrt, war all das ein Ding der Vergangenheit. Ich fühlte einen Widerstand gegen meinen Arzt, weil er mich ins Leben zurückgeholt hatte.«

Diese »Erfahrung« war für den Wissenschaftler so deutlich, dass er später sogar ausrechnen konnte, wo genau er sich im Weltraum befunden haben musste. Er kam dabei auf die Höhe von 1600 Kilometer über der Erde – ein Standort, den etwa 20 Jahre später Astronauten auf dem Weg zum Mond einzunehmen imstande waren. Alles nur ein Traum, eine Vision – oder Wirklichkeit?

Was gestern noch klingen musste wie Auswüchse überspannter Fantasien, das alles wird heute immer noch wahrscheinlicher. Und morgen schon werden wir solche Erlebnisse als Fak-

Engel und andere Wesenheiten 285

ten akzeptieren können. Die Einsicht in die faszinierende Welt
der morphischen Felder hat die Voraussetzungen dazu geschaffen. Es ist heute möglich geworden, mit vernünftigen Überlegungen davon auszugehen, dass sich der Geist ebenso wie alles
andere auf dieser Welt auf natürliche Weise entfaltet und damit neue Dimensionen erreicht hat, ohne dass damit das
Leben nach dem Tod verloren wäre. Es gibt auch keinerlei
Widerspruch mehr zu Jenseitserfahrungen, solange man nur
bereit ist, den gegenwärtigen Stand der Evolution nicht als
Endstadium zu begreifen: Mit dem Geist, der ständig wachsenden geistigen Energie, hat das Leben etwas hervorgebracht,
das nicht so vergänglich ist wie der materielle Körper.

100

DER

RÜCKBLICK AUF UNS

Versuchen wir uns einmal vorzustellen: Wie würden die Menschen der kommenden Zeiten rückblickend uns »Vorfahren« des 20. Jahrhunderts sehen? Was müsste ihnen an unserem Verhalten am verwunderlichsten erscheinen?

Wenn die Menschheit die vor uns liegende Krise bewältigen will, muss sie vor allem Angst und Misstrauen überwinden. Das kann sie aber nur, wie dargelegt, wenn sie neue Fähigkeiten entfaltet, die stärker sind als die Furcht vor dem Nächsten.

So, wie wir heute nicht mehr begreifen können, dass Menschen einmal – und das wohl in allen Präkulturen unserer Erde – Kannibalen waren, die sich gegenseitig aufgefressen haben, die ihre Kinder dem Götzen Moloch opferten, werden unsere Nachkommen nicht mehr verstehen können, dass wir im 20. Jahrhundert noch Kriege führten, unsere ganze Genialität in die gegenseitige Vernichtung investierten, uns mit Eifersucht und Neid gegenseitig quälten und aus Angst vor Krankheit und Tod überhaupt nicht dazu kamen, richtig zu leben. Man wird sich wirklich kennen, nicht mehr oberflächlich, vertrauend auf gegenseitige Versicherungen, bis in die geheimsten Gedanken und Regungen hinein. Man wird frei sein von einer als Knechtschaft empfundenen Arbeit und das Leben gemäß der Berufung gestalten können.

Im Augenblick, als der Mensch fähig wurde, »Ich« zu sagen und über sich selbst zu reflektieren, haben sich seine Lebensenergien – nicht nur der Geist – so stark gebündelt, dass dieses

Engel und andere Wesenheiten

Energiebündel zum selbstständigen Wesen wurde, das auch ohne Körper leben kann, wenngleich das »jenseitige« Leben noch nicht alles und nicht das Ende sein kann. Es wäre unvollkommen und – unmenschlich. Wir werden uns nach dem Tod auch »drüben« weiterentwickeln, von Stufe zu Stufe.

Auch die vom Körper gelösten Verstorbenen sind nicht von uns getrennt, die wir noch im Körper leben. Sie bleiben Teil des Organismus Menschheit, dem auch wir angehören.

Fast könnte man sagen: Wenn uns der letzte Beweis gelungen ist, dass es die morphischen Felder gibt, dann haben wir zugleich auch den letzten großen Beweis für unsere Unsterblichkeit gefunden.

Das alles bedeutet aber: Wir können deshalb mit Geistwesen, mit unseren Engeln, Kontakt aufnehmen, weil wir selbst der Geistwelt angehören. Und das schon in diesem irdischen Leben. Eigentlich müsste das auch bei höher entwickelten Tieren schon der Fall sein, denn auch ein Hund und eine Katze können schon Emotionen äußern. Und die eigentliche Kommunikation mit Geistwesen spielt sich doch auf emotionaler Ebene ab. Nur mit nüchternem Denken allein ist wohl keine Kommunikation mit der Geistwelt möglich. Nicht der Kopf, sondern das Herz stellt die Verbindung her. Vielleicht können kleine Kinder deshalb ihre Engel sehen, mit ihnen sprechen und spielen, weil ihr Kopf diese Möglichkeit noch nicht negiert.

Es gibt Tausende Beispiele, die zeigen, dass Tiere hellsichtig sein können. Und uns in vielen Dingen übersinnlicher Natur sogar überlegen sind. Wir sollten deshalb mit ihnen, besser gesagt, mit ihren Engeln ein ganz neues Verhältnis aufbauen.

Wenn wir aber zur Geistwelt gehören – genauso wie zur materiellen Welt –, haben wir eine weit größere und wichtigere Aufgabe in diesem irdischen Leben zu erfüllen, als wir uns das vorstellen können: Wir sind Mitschöpfer und Mitgestalter dieser Welt. Um es immer wieder zu betonen: Wir besitzen eine ungeheuer große Verantwortung für alles, was in dieser Welt lebt. Wir müssen einander und die ganze Schöpfung lieben. Immer stärkere, bessere morphische Felder aufbauen, sodass diese Schöpfung aufblühen und ihr Ziel finden kann. Wir müssen uns darüber klar werden, was es bedeutet, wenn negative Energien von uns ausgehen und anderen und der Welt Schaden zufügen.

Der heftigste Vorwurf aber, den die Menschheit von morgen an uns heute richten wird, kann nur heißen: Ihr habe in eurer Lebensgier die Erde auf frevelhafte Weise ausgebeutet und sie ihrer Schätze beraubt. Ihr habt uns eine sterbende Natur hinterlassen, die sich von eurem verbrecherischen Handeln nie wieder erholen wird.

TEIL 8

GOTT,
DER ALLMÄCHTIGE

101

SPRECHEN WIR
ÜBER GOTT

Es wurde schon kurz erwähnt: Jahwe, der Gott Israels, hat sich im brennenden Dornbusch geoutet: »Ich bin das Sein.« Versuchen wir, das noch besser zu verstehen.

Vor zwei Jahren haben Atheisten in England und in den USA einen neuen Feldzug gegen jeglichen Gottesglauben gestartet. Überaus aggressiv und unduldsam. Dicke Bücher wie »Der Gotteswahn« von Richard Dawkins oder »Das Ende des Glaubens« von Christopher Hitchens sind weltweit zu Bestsellern geworden. Die »Gemeinden« der Gottlosen wachsen. Sie fordern sogar für sich die staatliche Anerkennung und Förderung, wie sie Kirchen und Sekten zugestanden wird. Sozusagen als Institution, welche die Menschen vor dem Gift des Glaubens bewahrt.

Im Fernsehen haben Altbundeskanzler Helmut Schmidt und Altbundespräsident Richard von Weizsäcker miteinander diskutiert, wobei es letztlich auch um den Glauben an Gott ging. Während von Weizsäcker sich weigerte, sich dazu zu äußern, bekannte Helmut Schmidt sinngemäß: »Ich kann zu Gott kein Vertrauen mehr haben. Wie könnte ich einem Gott, der Auschwitz zuließ, noch vertrauen?« Damit ist genau die eigentliche Problematik des Glaubens überhaupt angesprochen: Wir alle besitzen ein viel zu kleines Bild von Gott, als dass wir ihn auch nur ein wenig erfassen könnten.

Gott, der Allmächtige

Ich bilde mir nicht ein, ich könnte Gott definieren. Das ist und bleibt unmöglich. Ich möchte hier nur andeuten, wie falsch es sein kann, Gott auf die Rolle des liebenden Vaters zu beschränken.

102

DAS BILD DES VATERS
IST ZU KLEIN

Schon einmal habe ich auf das erste der Zehn Gebote hinge-
wiesen: »Du sollst dir kein Bild von mir machen.« Einfach deshalb, weil kein Bild der unermesslichen Größe Gottes gerecht
werden kann. Es war ohne Zweifel ein großes Verdienst von
Jesus von Nazareth, dass er uns nach dem eifersüchtigen, zwar
gerechten, aber doch unnahbaren Jahwe des Alten Testaments
den liebenden Vater des Neuen Testaments nahebrachte. Ein
Vater, der unser Bestes will, der über uns wacht und zu dem wir
auch nach größten Verfehlungen wieder zurückkehren dürfen.
Ein Vater, der sogar seinen eigenen Sohn opfert, um die
Menschheit zu retten. Gemessen an Jahwe, an den schlimmen
griechischen oder gar germanischen Göttern doch ein wun-
derschönes, trostreiches Bild Gottes.

Doch auch dieses Bild des Vaters ist letztlich zu klein. Und
es kann uns, wenn wir nur dieses Bild vor Augen haben, in die
Irre führen. Es bleibt für uns unfassbar, dass der liebende Vater
seinen eigenen Sohn in den Kreuzestod schickte. So etwas würde
kein Vater tun. Auch dann nicht, wenn damit alle Menschen
die Chance bekommen, gerettet zu werden. Und er würde,
nachdem wir alle seine Kinder sind, auch kein Auschwitz, keine
mörderischen Kriege, keine Kinderschändungen zulassen.

Unsere oft so große Verwirrung ist ohne Zweifel mit diesem
Vaterbild verbunden. Ganz abgesehen davon, dass sehr viele
Menschen vom bösen Versagen des eigenen Vaters her mit die-
sem Bild überhaupt nichts anzufangen wissen.

Gott, der Allmächtige 293

103

NIRWANA –
ODER PARTNERSCHAFT

Wenn wir in die Geschichte der Glaubensentfaltungen zurückblicken, fällt uns sofort auf: Was wir als die fernöstlichen Religionen bezeichnen, also Hinduismus, Buddhismus und dergleichen mehr, das sind im eigentlichen Sinn keine Religionen, sondern Lebensphilosophien. In der weisen Beschränkung auf das Einsehbare haben die Begründer dieser Glaubensrichtungen einen Gott ausgespart und auf jegliche Aussage über ihn verzichtet. Sie leugnen ihn nicht, sie fordern ihn aber auch nicht. Sie schweigen über Gott, weil so gut wie jeder Versuch, ihn zu erklären, zum Scheitern verurteilt wäre. So postulierten die fernöstlichen Heilsvorstellungen lediglich am Ende aller Existenzen ein Nirwana, in das die geläuterte, alte Seele in die absolute Glückseligkeit einmünden wird wie ein Wassertropfen, der in den Ozean fällt.

Die drei großen Religionen der westlichen Welt dagegen, Judentum, Christentum und Islam, begründen sich auf Offenbarungen. Das begann mit Abraham, dem Urvater des Gottesglaubens, der die Stimme Gottes vernahm und auftragsgemäß und gehorsam seine Heimat verließ, um fortan dieser Stimme zu folgen. Ähnlich war es bei Moses, bei Jesus und später bei Mohammed. Moses durfte diesen Gott im brennenden Dornbusch erleben und hören – und dann sogar, wenigstens von hinten, sehen. Auf seine Frage »Wer bist du?« bekam er die Antwort: »Ich bin das Sein« – hebräisch Jahwe.

Der letzte Unterschied in der Erwartung der Seligkeit im Jenseits zwischen fernöstlicher Philosophie und den drei großen Weltreligionen der westlichen Welt liegt letztlich darin, dass wir nicht in das Nirwana eingehen, sondern zum geliebten Partner Gottes werden. Das klingt etwas besser. Ich werde nicht eintauchen in den Ozean, meine Identität als Tropfen einbüßen. Ich werde meine Persönlichkeit nicht nur behalten. Sie wird durch die direkte Begegnung mit Gott selbst noch deutlich überhöht. Doch ist das letztlich nicht doch ein und dasselbe?

Lassen Sie mich auf den brennenden Dornbusch und seine Botschaft noch einmal eingehen: Mit der Aussage »Ich bin das Sein« konnte Moses, konnten die Juden und später die Christen so gut wie nichts anfangen. Man hat versucht, das vermeintlich so unbedeutende Wort zu interpretieren – und genau das war der eigentliche Fehler: Man suchte nach einem Bild, doch jedes Bild konnte nur eine Verfälschung darstellen. Man kann das Wort »Sein« philosophisch noch so zerklauben. Es wird nichts dabei herauskommen, denn dieses Wort wird durch den kleinsten Zusatz sofort maßgeblich eingeschränkt.

Und wenn man versucht, das nackte Wort zu füllen mit Vokabeln wie groß, gut, gnädig, allmächtig, allwissend, dann ist das keine Vergrößerung, sondern wiederum eine Einschränkung, die von diesem Gott auch ein entsprechendes Verhalten fordert: Du darfst, weil du gut bist und die Macht dazu hast, Auschwitz und andere menschlichen Katastrophen einfach nicht zulassen, sonst kann ich an dich nicht mehr glauben, weil du dann böse, zumindest aber nachlässig wärst.

Gehen wir einmal davon aus, dieser Gott hätte, weil er gut ist, den geliebten Menschen immer alle Schwierigkeiten aus dem Weg geräumt, sie vor allen Katastrophen bewahrt. Er hätte jedem, der an Hunger leidet, sofort Brot geschickt, jeden, der in Seenot war, aus der stürmischen See geborgen: Würden wir nicht noch immer in Höhlen hausen und nur darauf warten, dass der Himmel Brot regnen lässt? Hätten wir uns noch angestrengt und uns entwickelt? Hätten wir auch nur die geringste Chance gehabt, etwas zu leisten?

Oder: Angenommen, dieser Gott hätte immer nur das Gute belohnt, das Böse aber umgehend bestraft. Wären wir nicht unmündig geblieben wie eine Schafherde, die vom wachsamen Hund immer wieder zusammengetrieben wird?

Nein, das ist doch das riesige Geschenk, das uns gegeben wurde, die Freiheit der eigenen Entscheidung. Wir können letztlich unseren Weg nur finden, weil er gepflastert ist mit Verlockungen und der Möglichkeit, Fehler zu machen. Wie sollten wir etwas lernen, wenn es keine Fehler gäbe? Wie wichtig ist die Erfahrung dieser Fehler! Wir dürfen diese dann nur nicht dem lieben Gott zuschieben und ihn fragen: Warum hast du das zugelassen?

Doch genau das ist nun unsere große Hoffnung: Wir eilen auf die neue Menschheit zu, die keine Fehler mehr machen wird. Dann wird es auch keine Bosheit mehr geben können.

Wir alle leben im Hinblick auf unseren Glauben in der ständigen Gefahr, nicht Gott anzubeten, sondern mit unseren Vorstellungen neue morphische Felder zu schaffen – oder alte aufzupolieren. Selbstverständlich ist Gott nicht der alte Mann mit weißen Haaren und einem riesigen Bart, der irgendwo im Himmel thront und peinlich genau beobachtet, was auf der Erde geschieht, der sorgfältig Buch führt über unsere großen und kleinen Vergehen, um dann am Jüngsten Tag Bilanz über unser Leben zu ziehen. Mit diesem Gott kann keiner zurechtkommen. Und genau gegen dieses Gottesbild richtet sich die Ablehnung der Atheisten. Und genau zu diesem Zerrbild Gottes können so viele, wie z. B. Helmut Schmidt, kein Vertrauen mehr haben.

Das Sein ist eben nur. Mehr kann man darüber nicht aussagen. Jedes Wort, das man hinzufügen würde, würde das Sein sofort begrenzen und wäre damit nur noch ein Teil dieses Seins. Das Sein ist aber unbegrenzt. Alles, was existiert und ist, ist aber in dieses Sein eingeschlossen. Alles. Daneben gibt es nur noch das Nichtsein. Somit ist dieses Sein auf den ersten Blick absolut leer, in Wirklichkeit ist aber in ihm alles enthalten, was existiert. Das ist dann genau das, was man in der fernöstlichen Lebensphilosophie als Nirwana bezeichnet.

Wie wir versucht haben darzustellen, sind aber hoch entwickelte morphische Felder nicht einfach gesammelte, gebündelte seelische Energien, sondern mächtige Persönlichkeiten. Somit dürfen wir Gott, den Urquell aller morphischen Felder, auch nicht nur als eine Urenergie oder eine bestimmte Kraftquelle betrachten. Er ist nicht einfach nur eine Art geistige, seelische Kraft, wie sich das heute viele vorstellen, er ist Persönlichkeit. Die christliche Kirche sieht ihn sogar als drei Personen in einer Wesenheit.

Es ist verständlich, dass wir uns schwertun, zu diesem Begriff eine innige Beziehung aufzubauen. Deshalb brauchen wir Bilder, müssen aber stets wissen, dass sie unvollständig sind.

104

MIT GOTT
KANN MAN SPRECHEN

Wir haben darüber nachgedacht, warum so viele Menschen unserer Tage an der Existenz Gottes zweifeln, andere ein völlig falsches Gottesbild verehren. Wir sprachen über die Risiken, die entstehen können, wenn wir in eingrenzenden Bildern diesen Gott in unsere Vorstellungskraft hinein verkleinern und damit zwar schöne, vielleicht sogar im Moment hilfreiche morphische Felder bauen, die aber Gott in seiner Unfassbarkeit nicht gerecht werden können und letztlich dann doch nur verwirren. Wir kamen zu dem Ergebnis, dass dieser Gott immer noch unendlich größer ist als jegliche Vorstellung, womit sich dann aber die Frage stellt: Kann man sich überhaupt an diesen unvorstellbaren Gott wenden – zu ihm beten? Oder bleibt er für uns einfach unerreichbar?

Die Apokalypse des Johannes, die das Letzte Gericht und die Schrecken davor schildert, beginnt mit der göttlichen Beurteilung von sieben christlichen Gemeinden in Kleinasien. Dieses Urteil ist jeweils nicht an die Gläubigen oder an die Vorsteher der Gemeinden gerichtet, sondern an die Engel der Gemeinden. Das hört sich so an:

»An den Engel der Gemeinde in Laodizea schreibe: Ich kenne deine Werke. Du bist weder kalt noch heiß. Wärest du doch kalt oder heiß! Weil du aber lau bist, weder heiß noch kalt, will ich dich aus meinem Mund ausspeien ...«

Kann man daraus etwa folgern: Gott spricht mit uns über unseren Engel? Wenn ja, wie müssen wir uns das vorstellen?

Man erinnert sich an den schon zitierten schwedischen Philosophen Swedenborg und seine Erklärung, wie Engel, Geister und auch unsere lieben Verstorbenen mit uns kommunizieren: Wir können sie nicht unbedingt sehen und nicht hören, was sie uns sagen wollen, doch sie denken unsere Gedanken. Das dürfte doch die richtige Antwort sein.

Das ist eben das Wunderbare an der unermesslichen und unvorstellbaren Größe Gottes: Er ist eben, wie wir festgestellt haben, nicht nur eine mächtige Urkraft, eine unpersönliche Urenergie. Er muss, nach allem, was er geschaffen hat, auch eine Persönlichkeit sein. Also weit größer und vollkommener als alles, was in seinem Kosmos oder, wie Astrophysiker heute glauben, in seinen unendlich vielen Kosmen existiert. Und zu dieser Persönlichkeit gehört auch die Kommunikation. Statt zu zweifeln, ob er denn die Zeit und auch die Möglichkeit haben könnte, sich mit jedem Einzelnen seiner vielen Milliarden Geschöpfe zu befassen, sollten wir ihn wiederum nicht kleinreden, sondern voll Vertrauen einfach nur in uns hineinhören. Dort finden wir ihn. Und dort können wir Kontakt mit ihm aufnehmen.

Die Verurteilung der kleinasiatischen Gemeinde in Laodizea lässt keinen Zweifel aufkommen: Dieser Gott sagt: »Ich kenne deine Werke.« Er ist nicht irgendwo weit entfernt, sondern überall gleichzeitig. Und er fordert von uns ein leidenschaftliches Engagement. Kein laues, halbherziges Pflichterfüllen. Kein verzagtes Betteln, sondern das ständige Bemühen, das Gute anzustreben. So heißt es weiter in der Botschaft an die Gemeinde in Laodizea:

»Wen ich liebe, den weise ich zurecht und nehme ihn in Zucht. Mach also Ernst und kehre um. Ich stehe vor deiner Tür und klopfe an. Wer meine Stimme hört und die Tür öffnet, bei dem werde ich einkehren. Und wir werden Mahl halten. Ich mit ihm und er mit mir ...«

Gott, der Allmächtige 299

Das ist genau das, was ich meine: Ich finde es gut, dass es im Moment eine große atheistische Bewegung gibt. Millionen Menschen, die Gott nicht einfach ablehnen, etwa weil sie nicht nach seiner Vorstellung, seinen moralischen Grundsätzen leben möchten, sondern einfach, weil sie gründlich über seine Existenz nachdenken, mit sich selbst um diesen Gott ringen. Nicht zuletzt auch immer wieder über die Frage nachdenken, warum er so viel Böses auf dieser Welt zulassen könnte. Diese Menschen sind heiß oder kalt, aber nicht lau, wie so viele, die nur »zufällig« einer Religion angehören, weil sie diese von ihren Eltern und Großeltern übernommen haben.

Wenn es denn die unermessliche geistige Welt gibt, die hinter unserer materiellen, erfassbaren Welt steht und diese leitet und formt, wenn Milliarden morphische Felder ineinander geschachtelt von immer noch größeren Feldern umfasst werden, die schließlich zu mächtigen Persönlichkeiten geworden sind, zu Engeln, Cherubimen und Serafimen, zu Mächten und Thronen, wie das seit Jahrtausenden geglaubt wird, wenn tatsächlich kein Gedanke, keine Regung, kein Segen und kein Fluch verloren gehen kann, weil es sich um geistig-seelische Energien handelt, dann muss diese Hierarchie einen Ursprung und ein Ziel haben. Dann wäre es geradezu töricht, den dahinter und darüber stehenden, zugleich aber auch allumfassenden Gott nicht sehen zu wollen. Ihn zu leugnen hieße, die geistige Welt ad absurdum zu führen.

Wenn es das Böse in der Welt gibt – und wer könnte es negieren –, dann kommt es nicht von oben nach unten, sondern, wie wir gesehen ha-ben, von unten nach oben. Es entstand mit der Willensfreiheit, die Gott den Engeln und uns Menschen eingeräumt hat. Jeder von uns kann sich gegen seine bessere Einsicht entscheiden. Gott wird ihn nicht davon abhalten, sonst würde er uns diese Freiheit wieder wegnehmen. Wir aber haben mit unserem vielfältigen Fehlverhalten unsere Engel mit negativen Energien vollgestopft. Wir haben sie im schlimmsten Fall zu Dämonen und Teufeln gemacht. Wir verdrängen und überhören die Stimme Gottes, weil wir sie nicht hören wollen. Gott lässt zu. Das ist richtig. Doch wie könnten wir uns ohne dieses Zulassen entfalten, bewähren, reifen?

105

DAS VERTRAUEN IN
DIE ALLMACHT

Wenn wir an Gott glauben, dann müssen wir nur noch lernen, richtig mit ihm zu sprechen. Das Gebet darf kein verzweifeltes Betteln sein, so als müssten wir ihm unsere Situation erklären. Als müsste er, der gerade schläft oder mit anderen Aufgaben beschäftigt ist, aufgeweckt werden. Wenn es Gott gibt, müssen wir das unumstößliche Urvertrauen zu ihm entfalten. Er ist doch da. Wer betet, ohne dass sein Los etwas leichter wird, der macht etwas falsch.

Der Psalm 63, den König David verfasst hat, als er im Kampf gegen seine Söhne unterlegen war und die letzten Getreuen nach der Flucht in die Wüste um sich sammelte, gipfelt in den wunderbaren Worten:

»Jubeln kann ich im Schatten deiner Flügel. Meine Seele hängt an dir. Deine rechte Hand hält mich fest.«

Das sind Sätze, die man sich eigentlich über den Schreibtisch hängen sollte, um immer wieder daran erinnert zu werden. In Augenblicken der Verzweiflung, die jeder von uns kennt, sollten wir sie nicht nur aussprechen, sondern fühlen: Es kann mir nichts passieren. Gott hält mich nicht nur so nebenbei fest und zieht mich aus dem Sumpf, sondern er tut das mit seiner starken, mit der rechten Hand.

Das ist das richtige Gebet, das mir in schwierigen Stunden weiterhilft.

»Wenn ihr nicht werdet wie die Kinder, könnt ihr nicht in das Himmelreich eingehen«, warnte uns Jesus. Was meinte er damit? Doch wohl genau das: Kinder erfahren ihren Engel noch. Sie können ihn sehen. Sie sprechen und spielen mit ihm. Kinder sind unvoreingenommen. Sie verfügen über Qualitäten, die später verloren gehen, weil die »Vernunft« solchen Unsinn verbietet.

Wenn es uns nicht gelingt, das kindliche Urvertrauen zu bewahren, wenn wir erfahren, dass über uns einer sorgfältig Buch führt, der »auch in finsterer Nacht« sieht, was wir anstellen, dann entfernen wir uns von unserem Engel und damit letztlich auch von Gott. Und damit verschließen wir uns das Glück des Vertrauens. Dann werden wir unfähig, positive Energien von uns ausgehen zu lassen, damit die geistige Welt nicht nur positiv bleibt, sondern es immer mehr noch wird.

Wir finden Gott in uns selbst und im Nächsten. Denn mit diesem sind wir durch gemeinsame morphische Felder verbunden. Keiner könnte für sich allein das ewige Leben erreichen. Wir können es nur miteinander schaffen. Das ist letztlich die Quintessenz der Entdeckung von Rupert Sheldrake, dass es die wunderbare Welt der morphischen Felder gibt.

106

VOM UMGANG
MIT DEN MORPHISCHEN FELDERN

Es ist eine kühne Behauptung, doch ich bin fest davon überzeugt, dass sie stimmt: Wenn hinter unserer sichtbaren Welt eine Geistwelt existiert, die diese Welt steuert, formt und entfaltet, dann besitzen wir Menschen, die wir sozusagen als Doppelwesen zu beiden Welten gehören, eine ungeheuer große und wichtige Verpflichtung beiden Welten gegenüber. Denn dann sind wir Mitgestalter, ja Mitschöpfer beider Welten. Und wenn uns das bewusst wird, können wir nicht länger so weiterleben, wie wir das bisher gemacht haben. Dann stehen wir am großen Wendepunkt der Menschheit. Wir müssen unsere große Verpflichtung erkennen und sie annehmen, ohne egoistisch immer nur an uns und unseren vermeintlichen persönlichen Vorteil zu denken, den es doch in Wirklichkeit gar nicht geben kann.

Ob dem Wissenschaftler Rupert Sheldrake wirklich bewusst wurde, was er mit seiner These der morphischen Felder angestoßen hat? Ich bin mir sicher: Er hat eine Revolution des Denkens eingeleitet, die für uns Menschen wichtiger werden wird als seinerzeit die Einsichten Darwins über die Evolution des Lebens.

Versuchen wir, die neuen Einsichten und das, was sich daraus für uns als notwendige Umkehr ergibt, zusammenzufassen:

Wir haben darüber nachgedacht, wie mächtig unsere Gedanken sind, vor allem dann, wenn sie mit seelischen Regungen und heftigen Gefühlsäußerungen verbunden sind. Wir mussten einsehen, dass diese Gedanken mit Energien behaftet sind, die nie wieder verloren gehen können. Die Gestalt annehmen und wirksam werden. Auf uns selbst, auf Mitmenschen, letztlich auf die ganze Welt.

Wir kamen zur Einsicht, dass wir dadurch weit enger miteinander verbunden und voneinander abhängig sind, als wir uns das vorstellen können. Wenn das tatsächlich so ist, üben wir täglich – ob groß oder klein, mächtig oder scheinbar unbedeutend – in unserer Rolle in der Gesellschaft großen Einfluss aus. Nicht nur auf Mitmenschen in unserer Umgebung, sondern auf alle Menschen. Dann schaffen wir an jedem Tag unseres Lebens eine bessere oder auch schlechtere Welt. Denken Sie an die Affen, die erkannt haben, wie viel besser eine Nuss schmeckt, wenn man sie ins Meerwasser getaucht hat und die damit salzig geworden ist – weil ein einziger Affe irgendwo auf Erden das entdeckt hatte und damit alle davon profitieren konnten.

Denken Sie daran, dass Jupiter, Wotan und alle griechischen, römischen und germanischen Götter lebendig wurden, weil Millionen Menschen an sie glaubten und inständig zu ihnen beteten. Und denken Sie daran, dass auch der Teufel existiert – nur deshalb, weil viel zu viele Menschen ihn geschaffen haben und ihn täglich mit neuen Bosheiten »füttern« und ihn damit immer mächtiger werden lassen.

Wenn das alles tatsächlich so ist, sind wir verpflichtet, täglich neue morphische Felder zu schaffen und sie mit positiven Energien anzureichern. Das Wunderbare dabei ist zunächst, dass wir nicht einmal pausenlos an andere denken müssen. Es genügt, selbst positiv zu sein, weil schon davon andere profitieren können. Ich muss nur einen einzigen guten Gedanken haben, dann kann er bereits Allgemeingut werden. Jeder kann ihn sich zu eigen machen. Denn in dem Augenblick, in dem er von

Gott, der Allmächtige

mir ausgeht, ist er verfügbar für alle Menschen in der Welt. Wäre es nicht geradezu verhängnisvoll, wir würden in dieser Hinsicht versagen?

Jeder Lehrer weiß: Wenn er auch nur einen gescheiten Schüler in seiner Klasse hat, der flink und klug mitdenkt, wird, ohne dass dieser sein Wissen laut preisgibt, die ganze Klasse merklich gescheiter. Die Mitschüler profitieren von ihm. Einfach weil er da ist und sein Wissen damit auf besondere Weise verfügbar wird.

Umgekehrt kann ein einziges, aggressives, aufsässiges Kind mit seiner negativen Ausstrahlung die ganze Schule durcheinanderbringen. Das Schöne daran: Schüler bräuchten gar nicht voneinander abzuschreiben, wenn sie darum wüssten. Sie könnten das gesuchte Ergebnis einer Aufgabe auch so erfahren. Sie müssten nur hinhören. Und: Ich kann mein Wissen auch nicht zurückhalten, in der Absicht, es darf keiner davon erfahren, weil ich allein die gute Note bekommen möchte.

Die Verbundenheit auf geistiger Ebene ist vergleichbar einem Computer mit Internetanschluss: Jeder hat den kostenfreien Zugriff. Und dieser Zugang steht ihm jederzeit offen, selbst im Schlaf, in dem die Verbindungen noch weit intensiver als im Wachzustand sind. Im Grunde steht uns über unseren Engel alles Wissen der Welt zur Verfügung. Immer und überall.

Und so wie in der Klasse und in der Schule ist es auch in der ganzen Welt. Sie ist abhängig von der Bereitschaft jedes Einzelnen, Wissen zu erwerben, sich weiterzubilden und sein Wissen, einfach weil es da und verfügbar ist für alle, weiterzugeben. Denn auch der ferne Mann in Indien, die Frau in Australien, das Kind in Sibirien kann von meiner eigenen positiven Lebensgestaltung Nutzen haben. Zunächst sogar, ohne dass ich an diese Menschen denke und mich mit ihnen verbunden fühle. Ja sogar ohne dass ich von deren Existenz überhaupt weiß. Wir alle sind auch dann durch das große morphische

Feld Menschheit innig miteinander verbunden. Weit intensiver wird das Miteinander natürlich dann, wenn ich sehr gezielt an eine bestimmte Person denke.

Was für eine wundervolle Aufgabe wäre dies beispielsweise für ältere Menschen, die sich doch oft so überflüssig vorkommen. Wenn sie sich zusammenfinden würden, positive Gedanken und Energien in die Welt zu schicken, im Wissen, dass diese Welt damit besser wird, könnten sie vielleicht sogar mehr zum Frieden in der Welt beitragen als alle Regierungschefs miteinander.

Wie stark solche positiven Energien sich tatsächlich auswirken können, das habe ich selbst einmal besonders deutlich erlebt: Ich hatte die Leser einer Wochenzeitschrift aufgerufen, sich mit mir zu einer bestimmten Stunde zum Lichtkreis zu versammeln. Jeder sollte zu Hause eine Kerze anzünden und einer armen Frau, die sich in besonderen Schwierigkeiten befand, positive Gedanken und Wünsche zuschicken. Als ich meine Kerze anzündete, überfiel mich eine derartig starke Welle von Kraft, dass ich fürchten musste, ich würde jeden Moment explodieren. Schon nach zwei Minuten musste ich die Kerze wieder ausblasen. Ich hätte diesen Druck nicht aushalten können. Mir wurde klar, dass sich einige Tausend Leser nicht auf die arme Frau konzentrierten, sondern auf mein Bild in der Zeitung.

Also ließ ich die Kerze stehen und drehte mich um zu meinem Computer. Ich hatte noch keine Taste richtig berührt, da gab es einen Knall, und der Computer war kaputt. Die in meinem Körper aufgestaute Energie hatte sich auf das Gerät übertragen und es zerstört. Seitdem weiß ich um die Gedankenkraft. Und wie massiv sie sich auswirken kann.

Wenn ich aber darum weiß, mich selbst aber nicht positiv einstellen kann, wenn ich in anderen immer nur Rivalen, Geg-

Gott, der Allmächtige
307

ner oder gar Feinde sehe, in der Angst, ich müsste mich gegen jeden durchsetzen, wenn ich nur darüber nachdenke, wie ich andere übervorteilen, schädigen oder gar vernichten könnte, schicke ich nicht nur negative Energien in mein eigenes morphisches Feld, das immer negativer wird, sondern fülle auch das morphische Feld der Menschheit mit »Schadstoffen« und »Giftstoffen« an und trage dazu bei, dass alle Felder immer schlechter werden. Wenn das aber Millionen Menschen tun, darf man sich nicht wundern, wenn Bosheiten, Kriminalität, Kriege – und letztlich auch Naturkatastrophen – überhandnehmen. Nicht ein einzelner Täter, eine Gruppe oder ein Land dürften allein zur Rechenschaft gezogen werden. Jeder von uns hätte dann seinen nicht unwesentlichen Teil zur Katastrophe beigetragen. Das muss uns voll bewusst werden.

Nun kommt aber noch ein wesentlicher Punkt hinzu, der uns dazu ermuntern sollte, das Positive nicht nur aufzubauen, sondern gezielt einzusetzen: Wenn es die morphischen Felder gibt – und es gibt sie –, dann können wir nicht nur unseren eigenen Engel aufbauen und stärken, sondern wir können auch andere über die Geistwelt mit guten Gedanken, Wünschen und Gebeten ganz direkt positiv beeinflussen. Wir können ihnen so viele positive Energien zusenden, bis das Übergewicht an negativen Energien in ihrem morphischen Feld ausgeglichen oder gar verdrängt wird. Das kann und sollte jeder selbst einmal ausprobieren. Es funktioniert:

Da ist beispielsweise ein unerträglicher Nachbar, der nichts anderes im Kopf hat, als mich zu schikanieren. In einem solchen Fall darf man nicht einfach denken, dass er eben böse oder krank wäre. Das wäre zu simpel und zu negativ. Man muss sich immer zuerst fragen, was von mir ausgegangen sein könnte, das ihn zu so einem unmöglichen Verhalten bewegt. Selbst wenn es schwerfallen sollte, irgendeinen Anlass zu finden, der ihn provoziert haben könnte, ist es in aller Regel doch so, dass ich gewisse Befürchtungen oder gar Ängste entwickelt haben könnte, auf die er glaubt, reagieren zu müssen.

So oder so: Wenn ich damit beginne, ihm positive Energien zu vermitteln, wird er sich nicht von einem Tag auf den anderen ändern und plötzlich nett zu mir sein. So schnell geht es nicht. Wenn ich aber genau hinschaue, erkenne ich mit der Zeit doch eine Veränderung. Und wenn ich dranbleibe und nicht aufgebe, kann sich das Miteinander mit der Zeit doch deutlich bessern. Er muss nicht gleich mein Freund werden. Und zu Zwischenfällen kann es nach wie vor kommen. Doch eines Tages wird sich das Zusammenleben zumindest einigermaßen normalisiert haben.

Solche Vorstellungen widersprechen total unseren tagtäglichen Erfahrungen – und wir tun uns sehr schwer damit, daran zu glauben. Wir sind es eben gewohnt, zurückzuschlagen, wenn uns einer dumm kommt. Wir wollen uns nichts gefallen lassen. Doch mit dieser Einstellung machen wir alles nur schlimmer. Wir packen mit Wut, Ärger und neuen Befürchtungen negative Energien in das eigene und in sein morphisches Feld, womit der gegenseitige Hass immer noch größer wird.

Versuchen Sie einmal, den neuen Weg einzuschlagen. Sie werden erleben, dass Sie selbst und andere glücklicher und zufriedener werden.

107

WIE KANN ICH NEGATIVE
MORPHISCHE FELDER LOSWERDEN?

Kommen wir nun zur praktischen Schlussfolgerung aus den
bisherigen Einsichten, denn es nützt uns wenig, wenn wir von
deren Existenz zwar überzeugt sind, unser Leben aber nicht
entsprechend verändern. Wir können nicht so wie bisher einfach weiterleben, nachdem wir wissen, wie stark uns Gewohnheiten prägen, wie noch stärker eine Sucht uns nicht nur verändert, sondern regelrecht zerstören kann, wie eng wir mit
anderen verbunden sind – und wie direkt wir sie unentwegt beeinflussen und mit uns hinauf- oder auch hinabziehen können.
Das alles haben wir ja immer schon gewusst. Doch nun wissen
wir, warum das so ist. Und deshalb haben wir auch bessere An-
satzpunkte, die uns helfen können, positivere Felder zu bauen
und negative loszuwerden. Das ist der eigentliche Sinn dieses
Buches.

Lassen Sie mich das falsche Verhalten und unsere eigentlichen
Fehler zunächst an einem Beispiel aufzeigen:

Nach einem hektischen, arbeitsreichen Arbeitstag trifft man
sich abends erschöpft zu Hause. Dieses Treffen ist jedoch nicht
ungetrübte Freude, sondern eher ein Bangen: Was wird wieder
an aufgestauten Problemen, an unangenehmen Nachrichten,
vielleicht sogar an Beschuldigungen auf mich einprasseln? Und
dann steht man sich gegenüber. Blitzschnell ist die Verfassung
des Partners wahrgenommen: Er sieht müde aus, abgearbeitet,

keineswegs erfreut. Er hat sich den ganzen Tag über zusammennehmen müssen und sehnt sich danach, sich endlich gehen lassen zu können. Weg mit der Krawatte. Weg damit, so zu tun, als wäre man der stets heitere Sonnyboy. Er hat abgeschaltet.

Und sie? Auch sie ist müde, hat einen anstrengenden Tag hinter sich, zeigt sich nur grau in grau. Sie ist nachlässig, um nicht zu sagen schlampig gekleidet. Die Haare sind ungepflegt. Auch sie will sich nicht mehr zusammenreißen, sondern sich endlich gehen lassen. Auch sie hat im Laufe des Tages den Rest an Charme aufgebraucht.

Und schon tauchen für beide die Vergleiche auf. Er: Wie hübsch und sorgfältig hatte sich doch die Mitarbeiterin im Büro aufgeputzt. Wie entgegenkommend hat sie sich um mich gekümmert. Die Frau aber, die mir hier begegnet, bei deren Anblick früher einmal doch die Schmetterlinge im Bauch zu tanzen begannen, strahlt keinerlei Attraktivität mehr aus. Sie versucht zwar ein Lächeln, doch es misslingt und wird fast zur Grimasse. Und sie: Mein Gott, wie prüfend er mich wieder ansieht, wie leer sind seine Augen! Wie feurig dagegen haben die Augen des jungen Mannes im Supermarkt zu leuchten begonnen, als er mir die Milchdose vom Regal herunterholte! Hat er nicht meine Hand etwas länger als nötig gehalten?

Und dann beginnt der Dialog.

Statt eines Grußes sagt sie vorwurfsvoll: »Warum kommst du wieder so spät?«

Ihr Mann vernimmt nicht, was sie sagt, sondern was sie dabei denkt. Und das lautet: »Du tust doch nur so, als würdest du dich in der Arbeit aufreiben. In Wirklichkeit konntest du dich wieder einmal nicht losreißen, weil du dich dort wohler fühlst als hier zu Hause. Um mich kümmerst du dich doch längst nicht mehr. Du siehst nicht einmal, dass ich mich unwohl fühle! Du vernachlässigst mich!«

Und er denkt: »Schon wieder die alte Leier! Was wäre erst

Gott, der Allmächtige   311

los, wenn sie wüsste, wie lustig wir es nach der Arbeit noch hatten!«

Er antwortet entsprechend nicht auf ihre Frage, sondern auf das, was seine Seele vernommen hat: »Ich käme liebend gern früher nach Hause. Doch ich habe einen Job, der mir alles abverlangt. Das weißt du auch. Ich bin müde. Mach mir bitte keine Szene!«

Sie hat diesen Satz kaum mitgekriegt. Denn noch ist sie voll mit dem beschäftigt, was er ihr mit seinen Gedanken gerade verraten hat. »Also ist da doch was mit seiner Mitarbeiterin«, denkt sie und antwortet: »Wirst du deine Hilde nächste Woche auf deine Geschäftsreise nach Berlin mitnehmen?«

Er versucht, sie in den Arm zu nehmen und zu küssen. Doch sie drängt ihn weg und sagt: »Hältst du mich vielleicht für blöd? Glaubst du, ich wüsste nicht, was sich hinter meinem Rücken abspielt?«

Nun ist er völlig verwirrt. Hat da jemand aus dem Büro vielleicht geplaudert? Oder vermutet sie nur etwas? Er versucht, den zu Unrecht Beschuldigten zu spielen, und tut so, als wäre er beleidigt. Und geht nun seinerseits zum Angriff über. Denn auch er hat das Zusammentreffen mit dem Fremden im Supermarkt vernommen: »Was soll die Eifersucht? Du hast es gerade nötig. Machst nicht du fremden Männern unentwegt schöne Augen?«

Nun ist auch sie verwirrt und mimt ebenfalls die Beleidigte: »Du brauchst gar nicht erst hereinzukommen. In deinem Gasthaus schmeckt es dir sowieso besser als zu Hause. Lass mich einfach in Ruhe ...«

Eine Szene, wie sie sich täglich millionenfach abspielt. Beide stehen da und können nicht begreifen, was tatsächlich passiert ist. Hinterher versucht man, sich zu entschuldigen, und schiebt die Schuld am »Missverständnis« der Überarbeitung und dem vielen Stress in die Schuhe. Man sagt zu solchen

Streitgesprächen: Sie reden nur noch aneinander vorbei. Es kann kein vernünftiger Dialog mehr zustande kommen, weil keiner von beiden auf die Vorwürfe des anderen eingeht. Das Ende solcher Gespräche endet früher oder später im großen Schweigen, weil keiner mehr den Mund auftut. Man fürchtet, es käme doch nur noch zu Missverständnissen.

Nein, das müssen wir lernen einzusehen: Man redet nicht aneinander vorbei. Die Seelen haben sich sehr wohl verstanden. Jeder, besser gesagt, die Seele eines jeden hat sehr wohl vernommen, was der andere in Gedanken von sich gab, auch wenn das beiden nicht bewusst wurde. Jeder weiß, dass der andere recht hat, doch man glaubt, sich belügen zu können.

Unser ganzes Leben ist zu einer einzigen Lüge geworden, nicht zuletzt deshalb, weil wir diese Hintergründe nicht kennen und auch nicht kennen wollen. Es sieht aus wie ein einziges Missverständnis: Männer und Frauen können sich eben nicht verstehen. Das wird immer so bleiben. Die beiden Geschlechter denken und empfinden eben anders. Meint man.

Die Einsicht in die morphischen Felder lehrt uns, dass das grundfalsch ist. Die vermeintlichen Missverständnisse sind keine Missverständnisse. Man gibt die Antwort nur nicht auf das, was hörbar ausgesprochen wird, sondern auf das, was die eigene Seele vernommen hat. Und man weiß instinktiv: Die Wahrheit liegt nicht in dem, was ich höre, sondern in dem, was mir im Gespräch vorenthalten bleibt.

Die erste und wohl wichtigste Regel im Umgang mit den morphischen Feldern muss deshalb lauten:

Bleib bei der Wahrheit! Versuche nicht, dich herauszureden – denn dein Gesprächspartner wird immer mitbekommen, was du ihm verschweigst und was du beschönigst.

Gott, der Allmächtige   313

Denken Sie an den Menschen von morgen und an das, was der Jesuitenpater Pierre Teilhard de Chardin von ihm erwartet. Erinnern Sie sich an das Versprechen des Propheten: Wir werden über alle Kräfte des Körpers, des Geistes und der Seele verfügen. Wir werden unter anderem auch Gedanken lesen können. Wenn das morgen so sein wird, können wir es auch heute schon, zwar nicht perfekt und unfehlbar. Zumindest aber so, dass zwar der Kopf es noch nicht versteht, doch die Seele umso besser.

Es ist wohl so, dass die Menschen in früheren Zeiten um diesen »Draht« noch wussten. Sie haben ihrem »Instinkt« vertraut und handelten weit mehr als wir heute vom Gespür her. Doch dann kam die Wissenschaft mit der Behauptung: Es kann nicht sein, was sich nicht eindeutig beweisen lässt. Also kann es Gespür und Instinkt auch nicht geben. Wir haben also gelernt, dem, was uns die Seele sagen will, zu misstrauen, um schließlich überhaupt nicht mehr hinzuhören, um nicht verspottet zu werden. Die Seele spricht noch, doch wir hören genervt weg.

Frauen sind den Männern in diesem Punkt einen deutlichen Schritt voraus, weil sie natürlicher geblieben sind und sich vom Kopf nicht so absolut verunsichern lassen. Für sie, speziell für Mütter, blieb es unverzichtbar, dem »dumpfen Gefühl« nachzuspüren. Sie können noch so tief schlafen, dass sie es nicht hören, wenn ein Einbrecher eine Fensterscheibe einschlägt. Doch sie sind sofort hellwach, wenn das Baby im Bettchen auch nur den leisesten ungewohnten Ton von sich gibt. Sie fühlen es, wenn eines ihrer Kinder in Not ist.

Ich darf hier ein Beispiel erzählen, das ich in den letzten Tagen des Zweiten Weltkriegs selbst miterlebt habe: Meine Mutter hatte sich schon schlafen gelegt, als ich, damals 15 Jahre alt, den britischen Sender abhörte. Das stand damals unter Todesstrafe! Ich hörte, dass ein Kraftwerk bei Basel bombardiert wurde, und erschrak heftig. Mein älterer Bruder war als Flak-helfer bei diesem Kraftwerk eingesetzt. Was war mit ihm? Hatte er den Angriff überlebt?

Ich schlich mich ins Bett und nahm mir vor, meiner Mutter kein Sterbenswörtchen von dem zu erzählen, was ich eben ge-hört hatte. Am nächsten Morgen stürzte meine Mutter wei-nend an mein Bett. Sie, die uns strengstens verboten hatte, den englischen Sender zu hören, hatte an diesem Morgen selbst das Radio abgehört – zum ersten und einzigen Mal in ihrem Leben. Und sie befürchtete das Schlimmste. Glücklicherweise erhielten wir noch am selben Tag die Nachricht, dass mein Bruder noch am Leben war. Aber: Wer oder was hatte meine Mutter veranlasst, das verbotene Radio einzuschalten? Es gibt nur eine plausible Erklärung dafür: Die Todesangst meines Bru-ders und wohl zusätzlich auch das, was ich abends zuvor gehört hatte, war über das gemeinsame morphische Feld auch bei meiner Mutter angekommen. Sie hatte gespürt, dass ihr Kind in Not war.

In den damaligen Kriegszeiten gab es Tausende ähnlicher Beispiele: Die Uhr blieb stehen, und die Mutter wusste, dass ihr Sohn in diesem Moment gefallen war. Das Bild des Mannes fiel von der Wand, und der Frau war klar, dass sich damit ihr Mann verabschiedet hatte.

Jede Frau weiß auch sofort, wenn ihr Partner sie betrogen hat – vorausgesetzt, sie verdrängt dieses »Wissen« nicht sofort, weil sie es nicht wissen will. Sie hält die Signale, die sie erhält, für Argwohn. Und dem will sie nicht nachgeben. Wir sind in der Tat verbildet und müssen erst wieder lernen, hinzuhören und zum natürlichen Verhalten zurückzufinden.

Ist es nicht geradezu fantastisch, was die moderne Technik mit ihren Fortschritten, etwa mit dem Handy, uns geschenkt hat? Ja und nein. Auf der einen Seite kann man auf einen Berg steigen und bleibt selbst dort erreichbar. Auf der anderen Seite

Gott, der Allmächtige 315

verkümmert noch mehr, was wir als mediale Begabungen bezeichnen und was doch nicht mehr ist als die Information, die uns in der Resonanz durch die Zugehörigkeit zum morphischen Feld übermittelt wird. Wir haben es kaum mehr nötig, auf diese Verbindung zu hören. Und wir verlieren sie immer mehr.

Als es noch kein Handy gab, verständigte sich ein Liebespaar auf seelisch-geistige Weise. Man kannte noch das einstmals sehr beliebte Spiel: »Wenn ich in Hamburg im Hotel sein werde, denke ich Punkt 20 Uhr an dich. Versuche herauszufinden, was ich dir mitteilen will!« So der Mann, bevor er sich auf seine Geschäftsreise begab. Sie, in München zurückgeblieben, konzentrierte sich zur verabredeten Zeit auf ihn und versuchte, herauszufinden, woran er gerade dachte. Sie »hörte«, dass er seine Geldbörse mit dem ganzen Geld und allen Kreditkarten verloren – aber wieder gefunden hatte. Das stimmte. Man hatte sich verstanden. Ohne Telefon. Am nächsten Tag drehten die beiden das Spiel um: Er sollte herausfinden, woran sie gerade denkt. Und auch er verstand sie, als sie ihm übermittelte: Die Mutter ist krank. Sie musste in eine Klinik eingeliefert werden.

Es funktionierte. Nicht immer, aber mit jeder weiteren Übung noch perfekter.

Wissenschaftler fanden heraus, dass manche besser als »Sender« funktionieren, andere als »Empfänger«. Eigentlich schade, dass wir uns weiterhin verstärkt verbilden, weil es so viel einfacher ist, zum Telefon zu greifen. Unsere Welt scheint sich dahingehend zu verändern, dass wir unsere übersinnlichen Fähigkeiten nicht mehr benötigen. Doch wir dürfen uns nicht täuschen lassen: Sie beherrschen uns, auch wenn wir weniger denn je daran glauben und uns einbilden, wir könnten auf sie verzichten.

Das ist der zweite Punkt, den wir uns wieder aneignen müssen:

Die absolute Ehrlichkeit ist nicht zuletzt deshalb unverzichtbar, weil der andere vernehmen kann, was in mir vorgeht und was ich gerade denke. Es gibt die morphischen Felder und damit auch Gedankenübertragung und Hellsichtigkeit.

Wir müssen wieder auf unsere innere Stimme vertrauen. So wie die Schauspielerin, die in Hannover in ein Flugzeug steigen wollte, im letzten Augenblick aber ein mulmiges Gefühl bekam und auf der Gangway doch wieder umkehrte. Sie war die Einzige, die den Absturz der Maschine überlebte.

Auf den Andamanen im Indischen Ozean leben Menschen, die seit Jahrtausenden praktisch keinen Kontakt mit der Menschheit haben. Nach dem Tsunami Weihnachten 2005, der diese Inseln überflutete, hatte man befürchtet, die gesamte Bevölkerung müsste ertrunken sein. Doch das erwies sich als Irrtum. Die Inseln sind zwar überschwemmt worden, doch kein einziger Bewohner einer der Inseln hatte sein Leben verloren. Alle hatten sich längst vor den Flutwellen ins Hochland zurückgezogen, obwohl sie ja wahrhaftig nicht wissen konnten, dass der Tsunami kommen würde. Sie haben es ganz einfach gespürt.

Das hier ist der dritte Punkt, den wir uns ins Bewusstsein rufen müssen:

Mediale Begabungen sind keine Hexerei, sondern etwas absolut Natürliches. Und ebenso natürlich sollten wir damit umgehen. Es ist eben keine Einbildung, wenn ich spüre, dass jemand in Gefahr ist, wenn ich »weiß«, was morgen oder übermorgen eintreffen wird, was jemand auf der anderen Seite unserer Erde denkt oder tut. Wenn das aber so ist, müssen wir unsere Zweifel abbauen und wieder hinhören. Naturvölker scheinen dieses Gespür noch zu besitzen. Wir müssen es uns zurückgewinnen.

Und derjenige, der über solche Begabungen verfügt, braucht sich nicht als etwas Besonderes zu fühlen. Die Affen mit ihrer Nuss können das ebenso. Vielleicht können das Tiere überhaupt perfekter als wir Menschen, weil sie vom Kopf her nicht verbildet sind.

Doch wie ist das nun, wenn ich »dummen Gewohnheiten« verhaftet bin und sie nicht loswerde? Oder gar, wenn ich einer hartnäckigen Sucht verfallen bin und immer wieder in sie zurückfalle? Lassen sich negative morphische Felder überhaupt mildern oder gar gänzlich abbauen?

Zunächst gibt es wohl kaum einen Zweifel daran, dass negative Gedanken und Emotionen in ihrer Existenz ebenso unvergänglich sind wie die positiven. Ich kann sie also nicht einfach wegdrängen und vernichten. Hass, Neid, Gier, Ängste und Befürchtungen existieren selbst dann als negative Energien in morphischen Feldern weiter, wenn ich selbst glaube, sie endgültig losgeworden zu sein. Ich kann also im besten Fall etwas Abstand gewinnen. Doch ich werde niemals sagen können, dass ich endgültig davon befreit bin.

Denken Sie wieder an das Bild des mit schwarzer Tinte gefüllten Glases. Was ich tun kann, ist, die Tinte aufzuhellen, indem ich unentwegt klares Wasser in das Glas fülle, um damit die Dunkelheit aufzuhellen. Keine Sorge: Dieses Glas wird nicht überlaufen, es wird mitwachsen.

Und das kann nur heißen: Ich muss immer noch mehr positive Energien mobilisieren, die mein morphisches Feld, das Feld der Familie und damit auch alle Felder darüber aufhellen. Das Gute, das Positive muss zur Gewohnheit werden.

318   Götter, Engel und Propheten

Wie das gehen kann, das habe ich in der Person des Verlegers
Senator Dr. Franz Burda erlebt. Er und seine Frau Aenne hatten in ihrem Geburtshoroskop das heftige Merkur-Saturn-
Quadrat. Es kennzeichnet negativ eingestellte Menschen, die
schon in der Prägungsphase der Kindheit, also im 3./4. Lebensjahr, erleben mussten, dass man nicht allzu viel von ihnen hält.
Sie trauen sich nur wenig zu, argwöhnen bei jedem Vorhaben,
es würde doch wieder nicht gelingen oder es käme wieder
etwas dazwischen. Das Dumme daran ist, dass dann auch tatsächlich nichts gelingt oder, wie befürchtet, etwas dazwischen-
kommen wird. Sie werden unentwegt in ihren Befürchtungen
bestätigt, weil sie damit ja negative energetische Bilder malen,
die sich dann verwirklichen. Instinktiv wusste Franz Burda von
seiner Anfälligkeit. Um diese abzuwehren, schützte er sich mit
dem Wahlspruch »Ich dulde keine negativen Menschen um
mich herum!«.

In einer Konferenz, in der es wieder einmal um ein neues
Bauvorhaben ging, warnte der für die Finanzen verantwortli-
che Mitarbeiter besorgt: »Herr Senator, Sie kennen unsere momentane finanzielle Situation. Der aufwendige Bau ist viel zu
riskant.« Dr. Franz Burda zeigte zur Tür: »Sie können Ihre Papiere holen. Es tut mir leid, aber ich kann Sie in meiner Firma
nicht mehr gebrauchen! Sie machen mich krank!« Auf diese
Weise hat es der ursprünglich selbst negativ eingestellte Mann
geschafft, vom Tag der Währungsreform 1948 von praktisch
null bis zu seinem Tod 1989 zum dreifachen Milliardär zu werden. Und Ähnliches gelang auch seiner Frau Aenne Burda mit
dem Modeverlag. Beide haben ihre eigentliche Schwäche zu
ihrer Stärke gemacht.

Und das war letztlich bei allen wirklich großen Persönlichkeiten der Geschichte so. Sie hatten nicht einfach Glück. Sie
haben auch nicht auf ihre vermeintliche Stärke gebaut, sondern sie haben ihre eigentliche Schwäche als Herausforderung

verstanden und sie in ihre Stärke umfunktioniert. Sie haben pausenlos positive morphische Felder gebaut und damit das Negative aufgehellt.

Jeder, der vom Alkohol oder von Drogen abhängig ist, weiß sehr genau: Ohne den totalen Abstand von dem, was zur Sucht geworden ist, wird er sofort wieder in die Abhängigkeit zurückfallen. Der kleinste Tropfen Alkohol in einer Praline, ein einziger Zug am Joint wird alle Bemühungen der zurückliegenden Zeit, und hätten diese auch über Jahre angedauert, einfach wegfegen. Warum nur? Weil das morphische Feld Sucht nach wie vor existiert und umgehend wieder aktiviert wird. Selbst der Organismus reagiert fast schon zwanghaft auf das Gift.

Morphische Felder sind nicht von Anfang an da. Sie bauen sich auf und werden mit jedem Rückfall immer stärker. Erinnern Sie sich an das erwähnte Auskristallisieren neuer Stoffe, das erst nicht so recht funktionieren will, das mit jedem neuen Versuch aber besser gelingt. Genau so ist es mit den Gewohnheiten und mit der Sucht: Wer zum ersten Mal Alkohol trinkt, seinen ersten Joint raucht, ist noch lange nicht süchtig – auch wenn er von seinen Genen her eine Suchtgefährdung besitzen sollte. Er kann jederzeit wieder aufhören. Doch schon wenige Wiederholungen können genügen, ihn zum Süchtigen werden zu lassen.

Das ist der vierte Punkt, den wir beachten müssen:

Wehrt nicht nur den Anfängen, sondern vermeidet Wiederholungen, die das zunächst winzige, noch zarte morphische Feld stabilisieren würden.

Anders gesagt: Am Anfang fällt es noch leicht, auf Alkohol oder Drogen wieder zu verzichten. Und mit der Zigarette ist es doch genauso. Solange das Feld noch nicht stark genug ist, kann man es leicht wieder loswerden, ohne schrecklich leiden zu müssen. Später, wenn das morphische Feld stark genug geworden ist, wird es jedoch immer schwieriger, auf das Suchtmittel zu verzichten. Das ist dann letztlich auch deshalb so, weil der Körper mit der Zuführung von Giften auch gezwungen wird, gegen sie Gegengifte zu produzieren, um sie damit zu neutralisieren. Mittel, die nun ihrerseits nach dem Gift schreien, weil der Körper sich ohne das ursprüngliche Gift mit dem, was überflüssig geworden ist, auch wieder Schaden zufügt.

Der fünfte Punkt heißt aber:

Verstehen Sie in einer Schwäche nicht das große Handicap, sondern die Herausforderung, die Sie erst wirklich stark machen wird. Kapitulieren Sie nicht vor einer negativen Prägung, sondern gestalten Sie diese zu Ihrer eigentlichen Stärke. Um wieder aus den Erfahrungen der Astrologie zu lernen: Nur Harmonie in den Geburtssternen kann weit schneller dazu führen, dass ein Lebensziel verfehlt wird, als heftige Spannungen unter den Sternen. Es fehlt damit nämlich jegliches Aufbäumen, jegliche Herausforderung, welche die besondere Leistung erst ermöglicht.

Bei den Gewohnheiten ist es ganz ähnlich. Sie werden zu Automechanismen, die sich nach und nach selbstständig gemacht haben. Solche Gewohnheiten können positiv und im Leben recht hilfreich sein. Beispielsweise beim Autofahren: Man setzt nach einiger Zeit den Blinker automatisch, wenn man abbiegen will. Man schaut automatisch in den Rückspiegel, ob man unbedrängt abbiegen darf, man bremst automatisch vor einer unübersichtlichen Kurve. Solche Automatismen können geradezu lebensrettend sein. Der Hintergrund ist wieder, und das ist ähnlich wie beim Auswendiglernen eines Musikstücks: Zuerst muss man mühsam üben. Doch eines Tages übernimmt das morphische Feld die Aufgaben. Und das funktioniert dann, ohne dass man noch lange überlegen müsste.

Auf gleiche Weise schleichen sich aber »dumme Gewohnheiten« in unser Leben ein. Und dann drängen uns diese ebenso selbstverständlich und unkontrolliert in unser Verhalten ein. Wir greifen nicht mehr überlegt, sondern automatisch zur Zigarette und rauchen sie. Eine nach der anderen. Der Kopf ist ausgeschaltet. Und wenn wir uns noch so energisch vornehmen: »Ich rauche jetzt nicht«, klopft das morphische Feld unentwegt an, bis es sich wieder voll entfalten kann. Und eines Tages ist dieses Feld so stark geworden, dass man sich dagegen nicht mehr zur Wehr setzen kann. Man ist ihm ausgeliefert.

Fast schon wie ein Traumwandler geht man zum Kühlschrank und greift nach der Bierflasche. Genauso wie man das gestern und vorgestern getan hat. Man drückt die Zahnpaste von der Mitte her, obwohl der Partner auf die Palme geht, wenn er das hinterher entdeckt. Man kauft immer dieselbe Wurst, fährt ohne jede Abwechslung dieselbe Route zum Büro. Unser ganzes Leben ist zu einem Ritual geworden, das sich automatisch und immer auf dieselbe Weise abspielt. Natürlich denken wir uns nichts dabei. Ist es denn nicht bequemer, wenn sich das alles automatisch abspielt, gesteuert vom morphischen Feld?

Kommen wir zum sechsten Punkt:

Positives automatisches Verhalten, das vom morphischen Feld gesteuert wird, ist ja durchaus erwünscht. Wollen wir »dumme Gewohnheiten« wieder ablegen, müssen wir den Kopf wieder einschalten und bewusster handeln. Einmal deshalb, weil die »Routine« das Leben letztlich nur langweilig macht und uns immer wieder in die gleichen alten Fehler zurückfallen lässt. Zum anderen, weil diese Routine uns abhängig macht von Feldern, die uns in der persönlichen Entfaltung hindern.

Negative Gewohnheiten sind die Ticks der Seele. So, wie manche Menschen von Zuckungen geplagt werden oder gezwungen sind, Grimassen und Verrenkungen hinzunehmen, gegen die sie sich nicht mehr wehren können, verfällt die Seele, wenn die entsprechenden morphischen Felder schließlich übermächtig geworden sind, mehr und mehr den Gewohnheiten und wird sich kaum mehr davon befreien können.

Die einzige Möglichkeit, »dumme Gewohnheiten« loszuwerden, ist wiederum das Schaffen positiver Felder, die unserem Leben eine gewisse hilfreiche, geordnete Struktur verpassen. Sie können dazu beitragen, dass wir in die Lage kommen, unser Leben mit deutlich weniger Aufwand, weniger Unruhe und Aufregungen zu gestalten, um es dann auch weiterzubringen.

Wer immer zur gleichen Zeit aufsteht, zur selben Stunde speist und seinem Körper auch beibringt, pünktlich die Toilette zu besuchen, dem wird das alles in Fleisch und Blut übergehen. Er lebt gesünder und muss sich für alltägliche Aufgaben weit weniger engagieren. Felder, die auf der praktischen Vernunft aufgebaut sind, erledigen rein alles für uns.

Nur gilt auch in diesem Fall wieder: Das Aufbauen solcher Felder fordert Übung. Es gelingt selten auf Anhieb. Man braucht etwas Geduld, die wir nun mal aufbringen müssen.

Und das ist der siebte wichtige Punkt im Umgang mit morphischen Feldern:

Lassen Sie nicht zu, dass aus Nachlässigkeiten oder auch aus Bequemlichkeit »dumme Gewohnheiten« werden. Die positiven morphischen Felder, die das ursprünglich vernünftige Verhalten übernehmen und automatisch fortsetzen, ergeben sich glücklicherweise in aller Regel ganz von selbst.

Gehen wir einen Schritt weiter und lernen wir von den Schamanen. Für sie war es immer schon selbstverständlich, dass man nicht nur mit Tieren, sondern auch mit Pflanzen sprechen kann. Besser gesagt: Nicht mit ihnen selbst, sondern mit deren »Geistern«.

Es gibt heute keinen Zweifel mehr daran, dass Pflanzen das, was um sie herum geschieht, auf irgendeine Weise wahrnehmen und sogar darauf reagieren können, obwohl sie doch keine Sinnesorgane besitzen. Tatsache ist aber, dass eine Pflanze, der man schon einmal die Blätter beschnitt, messbar zusammenzuckt, wenn sich jemand mit einer Schere in der Hand ihr nähert. Und: Pflanzen wachsen üppiger und entwickeln sich gesünder, wenn man sich ihnen gegenüber freundlich oder sogar liebevoll verhält. So, wie sie sich der Sonne zuwenden, können sie sich dann auch Menschen zuwenden, die sie irgendwie erkennen.

Pflanzen können auch miteinander kommunizieren. In Afrika hat man es besonders überzeugend beobachtet. Elefanten ernähren sich besonders gern von den Blättern bestimmter Laubbäume. Wenn ein Baum von einem Elefanten oder einer ganzen Herde angegriffen wird, schickt er umgehend einen gewissen Gerbstoff in die Blätter, die dann bitter schmecken. Der Elefant lässt ab und eilt zum nächsten Baum. Doch der ist, ohne dass wir wissen, wie, inzwischen gewarnt worden. Bevor noch der Elefant eintrifft, sind seine Blätter mit dem Bitterstoff versorgt. Der erste Baum muss somit alle anderen Bäume seiner Art über das Erscheinen des Elefanten informiert und gewarnt haben.

Auch in diesem Fall gibt es wiederum nur eine einzige logische Erklärung für diese Warnung der Bäume untereinander.

324 Götter, Engel und Propheten

Diese Bäume können selbstverständlich den Elefanten ebenso wenig sehen oder hören noch sonst wie wahrnehmen, wie die Zimmerpalme die Frau, die sich ihr mit der Schere nähert. Sowohl die ursprüngliche Reaktion des Baumes auf den Angriff des Elefanten wie auch die Warnung des vom Elefanten gerupften Baumes, ausgeschickt an alle anderen Bäume, sind nur möglich, weil die »Baumgeister« sehen, hören und wahrnehmen können. Weil jeder Baum sein geistig-energetisches, morphisches Feld besitzt, das auch bereits zur Persönlichkeit geworden ist. Weil dieses Feld wiederum eingebunden ist in das höhere Feld der Baumart. Es kommt also die geistig-seelische Verbindung zustande, die wir von den Affen mit der Nuss her kennen. Von den Meisen mit den Milchflaschen. Von den Gedankenverbindungen bei uns Menschen. Nicht die Bäume wissen, wie sie sich gegen Angriffe zu wehren haben und wie sie mit anderen Bäumen kommunizieren können. Es sind die Engel der Bäume.

Das bedeutet aber, dass wir uns nicht verrückt oder zumindest merkwürdig vorkommen müssen, wenn wir mit unserer Rose im Garten ein Gespräch führen. Nur: Es hört sich realistischer und vernünftiger an, wenn wir es wie die Schamanen machen und nicht mit der Pflanze, sondern mit ihrem morphischen Feld, also mit ihrem Engel, sprechen. Es gibt diesen Ansprechpartner.

Ich habe es selbst im Schwarzwald noch miterlebt, wenn im Wald Bäume gefällt werden mussten. Bevor die Säge angelegt wurde, umarmte der Holzfäller diesen Baum und bat ihn um Verzeihung: »Wir brauchen dein Holz. Es tut mir weh, dass ich dich fällen muss. Danke dir dafür, dass du so stark und groß geworden bist.« Ist das nicht die Haltung, die wir der Natur gegenüber heute dringender denn je wieder brauchen, wollen wir mit ihr wieder in Einklang leben?

Man darf sich gar nicht vorstellen, was wir Tieren im

Schlachthof antun, die in der Schlange anstehen müssen, um getötet zu werden. Es kann keinen Zweifel daran geben, dass sie von dem, was sie erwartet, voll informiert sind. Selbst wenn sie nicht sehen und hören würden, was da vorne los ist, hätten sie die schlimme Nachricht vom Allerersten, der umgebracht wurde, schon mitgeteilt bekommen. Mit den schlimmen Folgen für uns, die wir das Fleisch dann verspeisen: Nehmen wir mit dem Braten, der Wurst, dem Speck nicht unentwegt die so lange und immer größer gewordene Todesangst in uns auf? Und das nur, weil das Schlachten mit der Warteschlange schneller vonstatten geht?

Beherzigen wir als den achten Punkt, der dazu beitragen kann, dass wir endlich neu zu denken beginnen:

Es gibt nichts in der Schöpfung, kein noch so kleines Stückchen Materie, das nicht sein geistig-energetisches, morphisches Feld hätte, von dem es geformt, zusammengehalten und entfaltet wird. Selbst der Stein am Wegrand besitzt seine Struktur, die ihn am Leben hält. Deshalb müssen wir entsprechend ganz anders als bisher auch damit umgehen. Im Grunde ist es Unsinn, von Edelsteinen zu sprechen, so als wären andere Steine wertlos. Von jedem Stein geht eine Kraft aus, die man spüren kann. Wie sollte man es sich erklären können, wenn nicht mit seinem morphischen Feld?

Vor etwa 20 Jahren habe ich damit begonnen, Menschen in Not als Kraftspender Steinkugeln zu verkaufen. Ich habe diese Steine von ihrer Qualität her den Gestirnen zugeordnet und vom Horoskop her ausgesucht, welche Energien der Kunde braucht. Ich hatte damals noch wenig Erfahrung mit Steinen. Entsprechend war ich zunächst auch nicht voll davon überzeugt, dass diese deutlich helfen könnten. Doch das Echo war schon nach kürzester Zeit überwältigend. Ich bekam einen Dankesbrief nach dem anderen. Man schrieb mir: »Es ist unglaublich, doch seitdem ich meinen Venusstein bei mir trage, ist unsere Partnerschaft wieder wunderbar. Wie einst, nachdem wir uns kennengelernt hatten.

Oder: »Mein Jupiterstein ist zu meinem besten Freund und Vertrauten geworden. Sie werden es mir nicht glauben, doch der Stein hat sich, seitdem er bei mir ist, verändert. Er bekam ein Gesicht mit strahlenden Augen.« Oder: »Ich konnte seit Jahrzehnten nicht mehr richtig schlafen. Seitdem ich meinen Neptunstein mit ins Bett nehme, muss ich mich beeilen, das Licht auszuschalten, so schnell bin ich eingeschlafen.«

Die unglaublichste Geschichte, die sich geradezu verrückt anhört, schickte mir eine ältere Dame, die ich seit Jahren kannte und für besonders vernünftig und kritisch der Esoterik gegenüber eingeschätzt hatte. Sie schrieb mir: » Mein Sonnenstein hat mir das Leben gerettet. Es hört sich unglaublich an, doch es ist genau so passiert: Ich war vor einigen Tagen abends allein zu Hause, als ein Gewitter aufzog. Ich ging zum Fenster, um es zu schließen. Im selben Augenblick schlug der Blitz ein. Ich spürte nur noch, wie glühend heiß mein Stein wurde, den ich in der Hand hielt. Ich ließ ihn erschrocken fallen, und er brannte sich durch die Tischplatte durch. Das Loch könnte ich Ihnen noch zeigen. Mir selbst ist überhaupt nichts passiert.«

Also muss man schlussfolgern: Auch Steine sind lebendig. Besser gesagt: Sie haben ihr morphisches Feld, das in der Lage ist, mit uns Kontakt aufzunehmen. Das mag noch so versponnen klingen: Es ist so. Die gesamte Natur, die uns umgibt, steht in ständigem Kontakt mit uns. Wir müssen die Hilfen, die uns geboten werden, nur annehmen. Und genau das sollten wir tun, um mit dieser Natur wieder eins zu werden.

108

UND WIE KOMME ICH
BEI ANDEREN AN?

Das ist der eigentliche Knackpunkt, der uns daran hindert, ein Umdenken in Erwägung zu ziehen: Was nützt es mir, wenn ich auf andere zugehe, diese aber überhaupt nicht daran interessiert sind? Ich kann andere doch nicht verändern. Und wenn mich einer angreift, mich fertigmachen möchte, dann kann ich doch nicht so tun, als wäre er mein Freund? Er wird mich auslachen und sich darüber freuen, dass er noch leichteres Spiel hat. Wie schon erwähnt: Die Bergpredigt Jesu ist ein Ideal, das als Rezept für das Leben untauglich ist. Oder etwa nicht?

Das ist das typisch falsche Denken, das so viel Unheil auf dieser Welt angerichtet hat und immer erneut anrichtet: Wir gehen grundsätzlich davon aus, dass wir selbst ja gute Menschen sind, doch wir sind ebenso fest davon überzeugt, dass diese Welt an sich schlecht ist. Und entsprechend handeln wir dann auch. Das Misstrauen, mit dem wir, geprägt von unguten Erfahrungen, einem, den wir nicht gut genug kennen, begegnen, ist die große Provokation für ihn, sich so zu zeigen, wie ich das befürchtet habe. Und schon habe ich alle Brücken zu ihm abgebrochen und mein und sein morphisches Feld mit negativen Energien belastet.

Wer hätte nicht schon übelste Erfahrungen gemacht mit vermeintlichen Freunden, die sich dann als Schurken oder gar als Verräter herausgestellt haben? Gewiss. Doch wer ist sich absolut sicher, dass er nicht den geringsten Anlass dazu gegeben hat?

Wer ständig befürchtet, er würde bestohlen, der vergrößert zumindest das Risiko, dass das eines Tages wirklich passieren wird. Wer seine Haustüre drei- und vierfach verriegelt, ist in der größeren Gefahr, dass bei ihm eingebrochen wird. Wer nicht mehr schlafen kann, weil er von der Angst geplagt wird, es könnte ein alter Fehler aufgedeckt werden, ist schon halb überführt.

Die Angst, ein schlechtes Gewissen, Misstrauen, Zweifel und dergleichen mehr fördern das Unheil. Sie sind unsere schlimmsten Feinde. Deshalb muss am Anfang jeder Bemühung um ein neues und richtiges Denken die Befreiung von alldem stehen. Will ich mit anderen besser zurechtkommen, muss ich also bei mir selbst anfangen. Gerade deshalb ist es doch so schwer. Wer möchte sich schon eingestehen, dass er Schwächen besitzt – und dann auch noch so primitive? Das Leben heute verlangt doch ein absolut selbstsicheres Auftreten.

Betrachten wir das Beispiel Mobbing. Wer keine entsprechende Angst besitzt, der wird auch nicht gemobbt. Wer aber mit der Befürchtung den Raum betritt, man könnte ihn verdrängen oder unterbuttern wollen, der hat die »Einladung« dazu doch schon verteilt. Der Arbeitskollege hat die Ausstrahlung der Angst sofort mitbekommen. Die beiden morphischen Felder haben längst den Kontakt miteinander aufgenommen. Er weiß also Bescheid und wird seine Chance wahrnehmen – selbst dann, wenn er ursprünglich nicht die geringste Absicht dazu hatte. Ja, er fühlt sich von dem, der ihm entgegenkommt, geradezu aufgefordert, ihm zu zeigen, wer hier das Sagen hat.

Oder: Zwei junge Menschen treffen sich in der Disco. Sie finden sich auf Anhieb sympathisch. Die Chemie scheint zu stimmen. Er drängt sich zwar in ihre Nähe, doch er beißt nicht an. Was hält ihn zurück, obwohl sie doch mehr als nur Gefallen an ihm signalisiert? Und sie kehrt ihm dann auch den Rücken zu. Warum?

Das, was wir gewöhnlich als Menschenkenntnis bezeichnen, hat beide gewarnt. Tatsächlich haben die beiden Seelen sich verstanden. Er »erfuhr«: Sie ist unterwegs, den Mann fürs Leben zu finden. Wenn ich mich mit ihr einlasse, werde ich sie nie wieder loswerden. Doch ich bin noch nicht so weit, an eine Bindung zu denken. Ich will erst einmal leben, mich amüsieren. Das mit Frau und Kind ist einfach noch kein Thema für mich. Sie wusste plötzlich: Er ist nur darauf aus, ein schnelles und unverbindliches Vergnügen zu suchen. Lass die Finger davon, sonst wirst du nur wieder einmal enttäuscht.

Beide wissen vielleicht nicht einmal um diesen Hintergrund, der sie veranlasst hat, den Versuch der Annährung abzubrechen. Vielleicht sind sie sich sogar böse, weil sie ihrer Meinung nach so töricht gehandelt haben. Doch in Wirklichkeit haben sie genau das Richtige getan, weil sie dem Impuls ihrer Seele vertrauten. Und sie sollten froh darüber sein. Denn das ist heute keineswegs mehr an der Tagesordnung. Wir alle spüren diese Impulse zwar noch, doch wir wischen sie weg und handeln dagegen.

Oder: Ein Schüler aus der fünften Klasse des Gymnasiums wird von seinem Lehrer harsch angegangen, weil er seine Hausaufgaben nicht sorgfältig genug gemacht hat. Nach dem heftigen Tadel ist es mäuschenstill im Klassenzimmer. Lehrer und Schüler scheinen auf etwas zu warten. Und dann passiert es auch: Der zurechtgewiesene Schüler steht auf und provoziert den Lehrer höhnisch: »Ich kann Sie ja verstehen. Ich habe gestern Abend beobachtet, wie Ihre Freundin Sie abgewiesen hat. Doch warum lassen Sie Ihren Frust an mir ab?«

Man kann sich vorstellen, was in der Klasse los ist und wie es in der Seele des Lehrers brodelt. Er fühlt sich blamiert, seiner Autorität beraubt, gezwungen, darauf zu reagieren. Aber wie? Muss nicht jede Reaktion, wie immer sie aussehen mag, als Rache an dem, der ihm diese Niederlage beigebracht hat, verstanden werden? Er weiß auch, dass sein Tadel übertrieben war, dass er aus schlechter Laune heraus, viel zu laut und zu verletzend gehandelt hat. Doch das kann und darf er nicht eingestehen. Oder doch?

Gewiss, junge Menschen sind heute sehr direkt und lassen sich auch von Autoritäten und vom Respekt ihnen gegenüber nicht mehr zurückhalten. Tatsache ist aber: Hätte der Schüler seinem Lehrer alleine gegenübergestanden, dann wäre es gewiss nicht zu dieser Respektlosigkeit gekommen. In der Klasse aber, eng verbunden mit den Schulkameraden, die genau auf so etwas gewartet haben, wurde der getadelte Schüler so stark angetrieben, dass er sich nicht mehr beherrschen konnte. Vielleicht wusste er nicht einmal, was er da tut. Und die Klassenkameraden fühlen sich keineswegs mitschuldig, obwohl sie sich doch diesen Eklat mit enormen Energien herbeigewünscht und somit verwirklicht haben.

Wie könnte man eine solche Situation entschärfen, damit in der Klasse wieder ein vernünftiges Arbeiten möglich wird?

Im bisherigen Denken gilt vor allem: Du darfst jetzt nicht das Gesicht verlieren. Das gilt für den Lehrer wie auch für seinen Schüler. Keiner von beiden wird sich aufraffen können, den Fehler einzugestehen und sein Gegenüber um Entschuldigung zu bitten. Der Lehrer nicht, weil er sonst in Zukunft täglich mit solchen Pöbeleien rechnen muss. Er kann sich leicht vorstellen, welches Triumphgeheul die Klasse anstimmen wird, sobald er den Raum verlassen hat. Der Schüler nicht, weil seine Freunde ihn sonst für einen Schwächling halten. Er weiß, dass er mit einer harten Strafe zu rechnen hat. Doch das interessiert ihn im Augenblick nicht. Er fühlt sich gut, weil er sich endlich einmal als mutig und entschlossen präsentieren konnte.

Das neue Denken und Handeln wird völlig anders sein. Der Lehrer weiß um die Kraft der Massendynamik. Er weiß auch, dass er kein Recht hat, einen Schüler, nur weil er ihm im Mo-

Gott, der Allmächtige 331

ment untergeben ist und sich kaum wehren kann, verbal zu attackieren. Es wird ihm also kaum einmal ein solcher Fehler unterlaufen. Denn zum neuen Denken, das die morphischen Felder fordern, gehört der Respekt vor der Persönlichkeit dessen, für den ich verantwortlich bin. Etwas, was doch auch heute schon selbstverständlich sein sollte. Der Lehrer wird versuchen, einen Schüler, der sich etwas schwertut, mental zu beeinflussen und zu fördern. Er wird sich mit ihm geistig-seelisch verbinden, indem er ihm positive Energien zukommen lässt. Immer wieder, bis er besser geworden ist.

Sollte es trotzdem zu einem Tadel kommen, der härter als gewollt ausfällt, wird er die Kraft aufbringen, die Härte sofort abzumildern oder, wenn das auch nicht gelingt, sich zu entschuldigen. Er kann das problemlos tun, weil er weiß, dass er von seinen Schülern verstanden wird.

Der Schüler seinerseits wird nicht danach suchen: Wie kann ich ihn jetzt genau da treffen, wo es besonders wehtut? Er hat ja von seinem Lehrer durch die Verbindung der morphischen Felder so viele positive Impulse erfahren, dass er ihn nicht nur besser kennt, sondern sogar mag. Es kann für ihn also keinen Grund mehr geben, sich gegen ihn wehren zu müssen.

Die Klasse hat das gute gegenseitige Verhältnis von Lehrer und Schüler auch mitbekommen und wird von vornherein gar nicht darauf warten, dass es zum offenen Krieg im Klassenzimmer kommen wird. Man kennt sich, fühlt sich miteinander verbunden und will füreinander das Beste.

Das heißt: Was wir brauchen, ist eine ganz neue Einstellung zueinan-der. Wir dürfen uns nicht länger immer nur mit der Frage herumquälen: Wie verhalte ich mich, wenn ich in eine schwierige oder gar bedrohliche Situation gerate? Die Frage muss stattdessen lauten: Welche Einstellung zum Leben und zu allem, was lebt, muss ich finden, dass es zu schwierigen oder bedrohlichen Situationen erst gar nicht mehr kommen kann.

Seit Rudolf Steiner, der fürchterlich unter der unerbittlichen Strenge seines Vaters gelitten hat und ein solches Leben möglichst allen Kindern ersparen wollte, indem er die Waldorfschule gründete, ringen die Pädagogen mit der Frage: Muss der Schüler Strenge erfahren, damit er Disziplin erlernt und damit später im Leben bestehen kann? Oder ist es besser, ihm alle Konflikte aus dem Weg zu räumen, weil diese sonst zur Ursache so vielgestaltiger psychischer Erkrankungen werden könnten? Schon im alten Griechenland gab es diese Auseinandersetzung: »Wer nicht geschunden wird, wird nicht erzogen«, lehrten die Spartaner. Die Athener dagegen bevorzugten die lange Leine.

Ich meine: Die Frage ist falsch gestellt. Es geht nicht um Disziplin oder Nachsicht. Letztlich hängt das auch weitgehend von der Persönlichkeit des Lehrers ab. Und dieser muss seine Haltung auch je nach Schüler modifizieren können. Ein Schüler braucht die etwas härtere Hand, ein anderer die lange Leine. Auch darüber wird der Lehrer von morgen viel mehr Bescheid wissen, als das heute noch möglich ist, weil er sich besser einfühlen kann.

Es geht um das Miteinander oder Gegeneinander. Es wird keine Front, keine Kluft mehr aufgebaut werden müssen. Das lehren uns die morphischen Felder. Der Lehrer hat die Aufgabe, neben dem Vermitteln von Wissen die Persönlichkeit des Schülers zu formen. Und dabei spielt es keine Rolle, ob das mit Strenge oder Lockerheit geschieht. Entscheidend allein ist das Wissen des Schülers, dass man sein Bestes will und als Lehrer alles tut, dieses Ziel zu erreichen.

Um es wiederum an einem Beispiel zu verdeutlichen: Ein Internat hatte einen Rektor und einen Direktor. Der Rektor war streng. Um die Ordnung bei fast 300 Schülern zu gewährleisten, legte er schon einmal einen Schüler übers Knie. Das war vor 60 Jahren noch nicht verboten, und die Schüler haben

Gott, der Allmächtige

es auch nicht als schimpflich empfunden. Diesen Mann haben die Schüler geliebt. Seine faszinierenden Augen strahlten Liebe aus. Und die Bestraften waren sich absolut sicher: Er wird mir meinen Fehler nicht nachtragen – ich kann mich weiterhin an ihn wenden, wenn ich Probleme habe. Er wird mir helfen. Die ganze Angelegenheit ist vorbei und vergessen.

Der Direktor war ein sehr sanfter Mann, immer freundlich, immer nur verzeihend. Kein hartes Wort kam jemals über seine Lippen. Ihm misstrauten die Schüler. Sie gingen ihm aus dem Weg. Niemals hat auch nur ein Einziger den Weg zu ihm gefunden, wenn er in Not war. Man hatte überhaupt kein Vertrauen zu ihm. Warum? Sein Blick war immer von schräg oben nach schräg unten gerichtet. Er strahlte keine Liebe aus.

Um ein besonders drastisches Negativbeispiel anzufügen, das mich erschüttert hat: Eine Ordensfrau hatte über Jahrzehnte ein Kinderheim geleitet und wurde nun zum Abschied gefeiert. Man bewunderte diese Frau für ihr unermüdliches, aufopferungsvolles Bemühen, das nichts anderes kannte, als Tag und Nacht für Kinder da zu sein. Der anwesende Bischof meinte: »Wie sehr muss man Kinder lieben, dass man ihnen, ohne selbst Mutter zu sein, das ganze Leben schenken kann.«

Da fiel der Satz, den ich nie wieder vergessen werde. Die Ordensfrau gestand: »Für mich war es doppelt schwer. Ich hasse Kinder. Ich habe das alles nur getan, um mir den Himmel zu verdienen.«

Grauenvoll! Glaubte diese Frau wirklich, die Kinder hätten nicht täglich gespürt, dass sie nicht geliebt, sondern sogar gehasst werden? Wie könnte mit einer solchen Einstellung etwas Gutes erreicht werden? Mussten die Anstrengungen dieser Frau nicht nur nutzlos, sondern für die Kinder sogar schädlich sein?

Nicht viel anders geht es nur zu oft am Arbeitsplatz zu. »Sie müssen mich nicht lieben, Sie müssen mich nur fürchten« lautet der Leitsatz mancher Chefs. Zumindest achten sie bei der Begegnung mit ihren Arbeitern und Angestellten peinlich darauf, dass bloß nicht viel Nähe aufkommen kann. Damit schaffen sie die Atmosphäre der Unnahbarkeit, der Distanz, die es, wie wir inzwischen wissen, doch gar nicht geben kann. Und wenn sie sich dann trotzdem einmal herablassen, sich freundlich zeigen sollten, wird das Misstrauen ihnen gegenüber nur noch größer.

So herrscht zwischen beiden Seiten das riesige morphische Negativfeld, angefüllt mit Befürchtungen, Misstrauen und Zweifel. Und das macht mehr und mehr ein vernünftiges Miteinander unmöglich. Und auch die Leistung wird zunehmend geschmälert.

Es ist ja zu verstehen, dass sich der Chef, vor allem dann, wenn ihm die Firma nicht gehört und auch er seinen Posten verlieren kann, seinen Leuten mit Argwohn begegnet: Wird irgendwo gegen ihn intrigiert? Ist man fleißig und pünktlich bei der Arbeit? Gibt es Mitarbeiter, die Geheimnisse der Firma verraten, sich an die Konkurrenz verkauft haben? Darf er nicht alles, nur nicht blind vertrauen? Schließlich trägt er doch große Verantwortung für die Firma und ihr Gedeihen.

Damit passiert aber genau das, was dem widerfährt, der seine Tür aus lauter Angst vor Einbrechern vierfach verriegelt: Er baut täglich, ja stündlich so viele negative morphische Felder, dass sich genau das, was er befürchtet, eintreffen wird. Er wird betrogen, verraten und hintergangen.

Darf man es als kleiner Mitarbeiter einfach nur hinnehmen, dass die da »oben« die großen Gehälter und Boni und dergleichen mehr einstreichen, während die da »unten« bei der bescheidensten Forderung sich von der Kündigung bedroht sehen? Hat es irgendetwas mit Gerechtigkeit zu tun, dass immer die Kleinen, niemals die Großen die Zeche bezahlen müssen, wenn etwas schiefgelaufen ist?

Gott, der Allmächtige

Doch wären die da unten überhaupt bereit und in der Lage, die Geschicke der Firma zu lenken? Würden sie auf geregelte Arbeitszeiten, Feierabend und Urlaub verzichten wollen? Haben sie es im Grunde nicht wesentlich leichter ohne diese riesige Verantwortung?

Das ist unsere Gesellschaft von gestern. Wir verfügen noch längst nicht über »alle unsere Fähigkeiten«. Wir können noch nicht Gedanken lesen und wissen nicht, was in anderen vorgeht. Doch wir dürfen das nicht als unveränderlich hinnehmen. Wir müssen das Morgen im Auge haben und darauf zugehen. Und genau das nicht etwa mit Gesetzen und Verordnungen, sondern mit einer neuen Lebenseinstellung.

Der Große muss einsehen, dass er die Kleinen positiv beeinflussen kann. Mit wirklich einfachsten Mitteln. Es gab ihn immer schon: den wahren Chef, der seine Mitarbeiter, solange die Firma nicht zu groß war, mit Namen und Vornamen kannte. Der über deren Verhältnis zu Hause Bescheid wusste und sich immer wieder erkundigte: »Wie geht es Ihrer Frau, Ihren Kindern?« Der bei aller konsequenten Haltung zuließ, dass er angesprochen wurde, wenn es irgendwo größere Sorgen gab. Und der auch, falls es möglich war, seine Hilfe nicht versagte. Der Eigentümer einer Firma tut sich da selbstverständlich leichter.

Das ist nur ein Beispiel dafür, dass es möglich ist, Argwohn abzubauen und durch positive morphische Felder zu ersetzen. Denn: Auch wenn wir einander längst nicht durchschauen können, dürfen wir zumindest mit Befürchtungen und Ängsten keine Basis für ein negatives Feld schaffen. Es ist in diesem Fall genau so wie mit den vierfach verriegelten Türen, die einen Einbruch eher wahrscheinlicher machen.

Im täglichen Umgang mit anderen haben wir mittlerweile eine Unnahbarkeit entfaltet, die schon krankhafte Züge hat. Um wieder aus eigenen Erfahrungen zu sprechen, die selbstverständlich überall üblich sind: Ich hatte einige Jahre lang mein Büro in einem modernen Hochhaus in München. Ich musste also, um in den achten Stock zu gelangen, den Fahrstuhl benutzen. Das geradezu peinliche Verhalten der Nachbarn und die misstrauischen Blicke haben mich letztlich sehr gestört. Deshalb fasste ich den Entschluss, eine Offensive der Freundlichkeit zu starten. Wenn ich den Fahrstuhl betrat, grüßte ich freundlich in die Runde. Das stieß einige Wochen lang auf strikte Ablehnung. Man schwieg und drehte sich weg. Ich bekam keine Antwort. Die jüngeren Frauen fühlten sich plump »angemacht«. Ihre ganze Haltung gab mir zu verstehen: »Mit mir nicht!«

Anwesende Männer, die sich zu grüßen nicht getraut hatten, sahen in meinem Verhalten wohl den Versuch, ich wollte den Platzhirsch spielen und sie in den Hintergrund drängen. Entsprechend reagierten auch sie aggressiv. Nur angewiderte Blicke und unflätige Bemerkungen. All das wohlgemerkt unter Nachbarn, die Wand an Wand wohnten und sich eigentlich hätten kennen müssen.

Ich gab nicht auf. Doch es dauerte fast ein halbes Jahr, bis mein Gruß erwidert wurde, bis man sich traute, mir ein schüchternes Lächeln zu schenken. Und dann durfte ich mit viel Freude beobachten, dass auch andere sich trauten, freundlich zu grüßen, wenn sie in den Fahrstuhl einstiegen. Noch etwas später konnte man dann auch ein lockeres Gespräch miteinander beginnen.

Sind wir tatsächlich schon so weit, dass Freundlichkeit bedeutet: Ich will etwas von dir? Sind wir nur noch dort freundlich, wo wir von der Begegnung erwarten, sie könnte mir einen Vorteil bringen? Beschränkt sich Liebenswürdigkeit auf junge, hübsche Frauen oder imponierend auftretende junge Männer, von denen man erhofft, sie könnten die entgegengebrachte Sympathie erwidern?

Gott, der Allmächtige 337

Statt näher zusammenzufinden, entfernen wir uns immer weiter voneinander weg. Das ist schon so. Unser Verhalten ist zum reinen Zweckinteresse worden. Unsere Wohnungen sind Wohnsilos geworden, in denen man sterben kann, ohne dass es einer bemerken würde. Doch das ist genau das Gegenteil von dem, was wir von der Zukunft erwarten. Die Menschheit von morgen kann, will sie die Probleme meistern, die auf sie zukommen, nicht auseinanderstreben, womit einer dem anderen ein Fremder werden würde. Wir müssen stattdessen zusammenfinden, sodass jeder, der mir begegnet, mein Nächster ist, den ich lieben kann wie mich selbst. Das dürfte die schwierigste Aufgabe überhaupt werden, welche die Menschheit jemals zu lösen hatte.

Beim Versuch, einander ohne jeglichen Hintergedanken näherzukommen, einander besser zu verstehen, sollten wir uns an den Heiler Keith Sherwood erinnern, der uns erklärt hat, wie man am besten den Kontakt zum anderen schaffen kann: Wir müssen die Hektik unserer Gehirnströme dämpfen. Im normalen Alltag oder gar im Stresszustand haben wir den Draht zueinander nicht, mögen wir uns auch noch so anstrengen. Es gilt deshalb zunächst, wenn ich ein gemeinsames morphisches Feld aktivieren will, Momente zu nutzen, in denen sich meine Gehirnströme im Alphabereich befinden.

Das ist vor allem kurz vor dem Einschlafen abends oder gleich nach dem Aufwachen morgens der Fall. Auch wenn ich mich kurz zu einem Mittagsschläfchen hinlege, gibt es diese Phase. Ich kann mich aber auch selbst in diesen Zustand bringen, indem ich die Augen schließe, bewusst tief durchatme und an etwas besonders Schönes, Beruhigendes denke. Man kann sich gewisse Techniken aneignen, indem man beispielsweise ruhig von eins bis zehn zählt.

Noch besser funktioniert die geistig-seelische Kommunikation, wenn ich auch die gesuchte Person im Alphabereich erwische. Also auch sie sollte sich nicht im Stress oder bei anstrengenden Arbeiten befinden. Sie sollte sich ausruhen – vielleicht sogar schlafen. Dann ist sie sozusagen offen und kann, ohne dass sie sich dagegen wehren könnte, annehmen, was ich ihr schenken will. Lernen wir von jenen, die mit Fluch oder dergleichen versuchen, andere negativ zu beeinflussen und ihnen damit zu schaden. Nötig ist eine starke Emotion. Ich muss mitfühlen mit dem, den ich erreichen will, und etwas wirklich Gutes geben wollen, ohne selbst etwas davon zu haben. Was ich erreichen will, das muss aus dem Herzen kommen, nicht einfach nur vom Kopf. Ich will ja sein morphisches Feld ansprechen und das ist seelisch-energetisch, das ist sein Schutzengel.

Seien Sie nicht verärgert, wenn Sie in der Nacht aufwachen und nicht mehr einschlafen können. Sie sollten den Augenblick nutzen, morphische Felder anzusprechen. Sie können das dann besonders effektiv, denn Ihre Gehirnströme befinden sich im Alphabereich. Und Sie dürfen davon ausgehen, dass sich auch Ihr Adressat in diesem Zustand befindet. Sie werden den Kontakt also problemlos herstellen können.

Und natürlich können Sie nicht nur einzelne Personen, etwa ein Kind, die Mutter, den Vater, die Schwester, den Bruder oder auch den treulosen Partner ansprechen. Sie kommen auch mit Familien, Gruppen, Städten, Ländern in Kontakt. Das könnte für jene, denen Sie sich zuwenden, wichtiger und hilfreicher sein als das teuerste Geldgeschenk.

So, wie Sie sich vor dem Einschlafen selbst programmieren können, indem Sie sich vorsagen: »Ich will morgen Punkt 6 Uhr aufwachen« – wenn Sie das einmal gemacht haben, wissen Sie, dass es funktioniert und Sie keinen Wecker mehr brauchen –, können Sie andere beeinflussen, was wir natürlich nur auf positive Weise nutzen dürfen. Nicht zuletzt als Gegengewicht zu den so vielen negativen Einflüssen, die pausenlos auf uns einprasseln: »Ich möchte, dass du dich morgen besonders wohl fühlen wirst. Ich will, dass ihr euch besser versteht. Du wirst deine Prüfung bestehen. Denke positiv!«

Befassen Sie sich dabei aber nicht mit den Problemen, von denen jene betroffen sind, denen Sie helfen wollen. Das würde diese Probleme nur verstärken. Zeigen Sie in jedem Fall die Lösung ihrer Probleme: »Du wirst nicht erst gesund. Du bist es schon. Das wirst du Tag für Tag deutlicher verspüren. Du musst dir nur vorstellen, wie es sein wird, schmerzfrei zu sein, dann bist du es auch schon!«

Und dazu gehört, dass Sie sich zugleich selbst vorstellen, welche positiven Veränderungen Ihre »Mitteilung« auslöst, wie der oder die Angesprochene zu strahlen beginnt. Wie glücklich er oder sie ist und von Entschlossenheit, Zuversicht und Lebensfreude beherrscht wird. Das alles gelingt umso besser, je deutlicher Sie Ihren »Gesprächspartner« vor Augen haben und je mehr Zuneigung Sie fühlen. Das ist wie beim Beten: Es muss ein präzises Ziel gegeben sein. Man braucht die genaue Adresse, bei der die positiven Energien ankommen sollen. Und die Botschaft muss positiv und sehr klar formuliert sein. Sie müssen genau wissen, was Sie schenken wollen. Denn schließlich muss die Sendung getragen sein von starken Gefühlen. Diese sind letztlich das Transportmittel.

Es genügt in aller Regel nicht, zu sagen: »Ich wünsche dir, dass es dir gut geht.« Was ist gut? Vielleicht versteht sein Engel unter gut doch etwas ganz anderes als Sie. Damit käme die Botschaft vielleicht sogar missverständlich an, zumindest ist sie nicht präzise genug. Wenn Sie beispielsweise wissen, dass jener, der die Botschaft empfangen soll, in finanzieller Bedrängnis steckt, könnte die Nachricht lauten: »Du wirst Geld erhalten.« Oder, wenn er seinen Job verloren hat: »Erwarte die gute Nachricht. Du wirst in Kürze wieder Arbeit finden!«

Ich darf hier wieder von eigenen Erfahrungen sprechen: In den 70er-Jahren wollte ich, damals noch Journalist, eine neue Stelle bei der Zeitschrift QUICK antreten. Der Chefredakteur stellte mir gleich drei Positionen zur Wahl. Wir unterschrieben den Vertrag, und er versicherte mir: »Hier ist zwar die Rede von einer Probezeit. Doch machen Sie sich keine Sorgen. Das ist reine Formsache. Wir werden einen Vater von fünf Kindern gewiss nicht auf die Straße setzen.«

Doch genau das ist dann doch passiert. Als ich in München ankam und meine Stelle antreten wollte, war der Chefredakteur bereits wieder entlassen. Sein Nachfolger zeigte mir schon im ersten Gespräch, dass er mit mir nichts anzufangen wusste. Er setzte mich ins letzte Zimmer und ließ mich da schmoren, ohne dass ich jemals die Chance bekommen hätte, mich zu bewähren. Nach Ablauf der sechs Wochen Probezeit stand ich auf der Straße. Ich war mit meiner Familie gerade von Augsburg nach München umgezogen. Eine fatale Situation. Eine passende Position für mich gab es damals in München nicht.

Ich wagte es nicht, meine Familie zu informieren, sondern fuhr vier Tage lang in die Stadt – so als würde ich arbeiten gehen. Stattdessen setzte ich mich in die Kirche – mit vollem Vertrauen darauf, dass sich doch ganz schnell eine Lösung finden würde.

Sie kam am fünften Tag. Ich bekam den Anruf eines Chefredakteurs, der von meiner Entlassung im Kress-Report gelesen hatte. Ich kannte ihn nicht, er mich nicht. Ich wusste nur, dass er einer der Besten in seinem Fach war. Doch er stellte mich ein. Ich bekam eine bessere Position und ein höheres Gehalt. Die Arbeit war zudem wesentlich interessanter.

Nein, das war kein Wunder, kein Zufall. Es handelte sich auch nicht um ein Verdienst meinerseits. Ich bin überzeugt davon, dass jeder von uns, sofern er die richtige Einstellung findet, die rettende Brücke zum anderen schaffen kann. Ob er nun an Gott glaubt oder nicht, ob er evangelisch, katholisch oder islamisch ist. Wir dürfen die großen Chancen, die damit verbunden sind, nicht länger verschenken.

Ich bin fest davon überzeugt, dass sehr viele Probleme in der Partnerschaft, in der Familie, in unserer Gesellschaft und auch politische Spannungen deshalb heute als so heftig empfunden werden, weil wir alle den Umbruch spüren, in dem sich unsere Welt befindet. Wir möchten gerne heute schon so sein, wie wir morgen sein werden, doch wir trauen uns nicht, weil wir befürchten, es wäre noch viel zu früh.

Und schon wieder stecken wir damit im überholten Denken: Ich möchte ja, doch die anderen sind so böse!

Damit bleiben uns zwei Möglichkeiten: Entweder wir machen so weiter wie bisher. Resigniert, unbelehrbar, ohne Hoffnung. Dann eben müssen wir in Kürze den großen Krieg, vielleicht sogar den Dritten Weltkrieg, erleiden – und wir dürften uns nicht beklagen. Denn nicht die wahnsinnigen Großen hätten ihn ausgelöst, sondern wir alle hätten massiv dazu beigetragen, dass er nicht mehr verhindert werden konnte. Ein Krieg, der Jahrzehnte dauern könnte. Der schlimmer wird als alle bisherigen Kriege, weil er mit Nuklearwaffen ausgetragen wird.

Nicht nur Nostradamus, auch viele andere Propheten und Seher sprechen davon, dass drei von vier Menschen umkommen werden. Dass ganze Kontinente untergehen, die Landkarten unserer Erde neu gezeichnet werden müssen und die Überlebenden die Verstorbenen beneiden werden.

Wenn wir dem Denken von gestern verhaftet bleiben, werden wir durch das Elend, das der Krieg, verbunden mit Naturkatastrophen, bringen wird, gezwungen werden, den Evolutionssprung zu machen, weil es sonst kein Überleben mehr gäbe.

342 Götter, Engel und Propheten

Wenn wir uns aber aufraffen, umdenken und den Mut aufbringen, uns im großen morphischen Feld Menschheit zusammenzufinden, werden wir fortan in Frieden leben und das angedrohte Elend vermeiden.

Haben wir wirklich eine Chance dazu? Ja, wir haben sie.

Wenn Sie und ich und alle anderen mitmachen und uns die große Wende vorstellen – dann wird sie sich auch verwirklichen.

REGISTER

A

Abraham 50, 293
Affekthandlungen 139
Affen 37, 74, 85, 304, 317
Ägyptisches Totenbuch 248
Aids 23
Akasha-Chronik 16, 192
Algen 46
Alphabereich 173, 222, 337
Alta 182
Altägypten 81, 183, 248, 270
Andamanen 316
Ängste 60, 270, 317
Apokalypse, Johannes 49, 144, 297
Aquin, Thomas von 67, 251
Archetypen 206
Astralleib 228
Astrologie 67, 77, 185, 261, 280, 320
Atlantis 182, 190, 248
Atome 9, 18, 27, 32, 37, 40, 254
Atomfeld 34
Augustinus 106
Aura 220, 229
Aurakämmen 200
Auschwitz 290, 292, 294
Außerkörperliche Erfahrungen 278
Außerkörperliche Reisen 277
Autogenes Training 72

B

Baum der Erkenntnis 143
Baum des Lebens 48, 144
Bäume 144, 323
Begabungen, mediale –
  siehe *Mediale Begabungen*
Bergpredigt 115, 327
Betabereich 222
Bewusstsein 28, 45, 79, 143, 261
Bewusstsein, göttliches 220
Bewusstseinsstufe, höhere 200
Bibel 143, 189, 243, 270
Bild 72, 76, 206, 256, 265, 271, 290, 292, 297
Bingen, Hildegard von 268, 271
Bioenergetik 230
Bioenergie 228
Bioenergietherapie 228
Biofeld 231
Bioplasma 228
Biorhythmus 29
Blick in die Zukunft 169
Böse, das 122, 135, 143, 147, 157, 299
Bosheit 106, 113, 135, 147, 152, 160, 260
Botenstoffe 202
Botschaften von Verstorbenen 54
Bruno, Giordano 20

Bruno-Gröning-Freunde 80, 239
Buddhismus 293
Burda, Franz und Aenne 318
Bush, George W. 119

C

Cayce, Edgar 97, 176, 182, 189, 190, 192
Channeling 164
Chardin, Pierre Teilhard de 40, 44, 50, 55, 60, 142, 181, 183, 313
Charismatische Erneuerung 234
Cherubim 247, 252, 268
Christentum 293

D

Darwin, Charles 303
Davis, Gladis 179
Dawkins, Richard 149, 290
Dethlefsen, Thorwald 226
Diesel, Rudolf 29
Diesseits 54
Dornbusch, brennender 263, 290, 293
Dreifaltigkeit 267
Duplizität der Ereignisse 150

E

Edgar-Cayce-Medizin 193
Egoismus 47
Einflüsse, negative 124
Einflüsse, positive 124
Einstein, Albert 27, 251
Einzeller 42

Eisblumen 32, 98, 221
Elefanten 323
Elektromagnetische Felder 31
Elektromagnetismus 32
Elektronen 27
Eltern 91, 104, 108
Energien, negative 60, 89, 112, 202, 255, 270, 307, 317, 327
Energien, positive 72, 96, 105, 257, 274, 306, 317, 339
Engel 34, 36, 93, 143, 152, 157, 173, 177, 189, 193, 206, 229, 246, 248, 255, 257, 260, 268, 271, 274, 287, 297, 302, 324
Engelshierarchie 246
Erbsünde 142
Erinnerungen speichern 17
Erwartungen, negative 76
Erzengel 193, 246, 252
Evolution 9, 22, 40, 42, 44, 149, 285
Evolutionssprung 40, 47, 58, 142, 153, 181, 341

F

Fegefeuer 154
Feindesliebe 111
Felder 9, 21, 268, 273
Felder, elektromagnetische 31
Felder, geistig-energetische –
    siehe Geistig-energetische
    Felder
Felder, mikrophysikalische 32
Felder, morphische –
    siehe Morphische Felder

Fernsehen 158
Fisch 26
Fischezeitalter 51, 111
Fließ, Wilhelm 29
Fluch 101, 124, 160, 338
Fox, Matthew 251, 268

G

Galilei, Galileo 20
Gebet 124, 126, 128, 301
Gebot der Liebe 51
Gebote, Zehn 145, 265, 292
Geburt 48, 67, 142
Gedächtnis 37, 83, 98, 255, 257, 258
Gedanken 62, 72, 77, 101, 257, 303
Gedankenkraft 274, 306
Gedankenübertragung 37, 169, 316
Gedankenverbindungen 324
Gehenna 154
Gehirn 16, 216
Gehirnfunktionen 17
Gehirnströme 222
Geist 10, 16, 24, 45, 62, 150, 216, 224, 237
Geist, ordnender, steuernder 19
Geistheiler 30, 196, 198, 206, 217, 219, 222
Geistheilung 37, 168, 217, 228, 237
Geistige Welt 30, 155, 157, 224, 233, 273, 299
Geistig-energetische Felder 34, 63, 117, 167, 268, 275

Geistig-energetische Welt 94, 173, 273
Geistiges Fehlverhalten 250
Geistig-seelische Welt 24
Geistwelt 275, 287
Geistwesen 276, 287
Genmanipulation 16
Gesetze, kosmische 67
Gesetze, mechanische 28
Gesetze, physikalische 10, 28
Gesundheit 209, 219, 224
Gewohnheiten 32, 83, 85, 95, 98, 157, 255, 309, 317, 320
Glaube 16, 51, 55, 118, 198, 246, 290, 293
Glaubensheiler 234
Glaubenskrise 17
Goethe, Johann Wolfgang von 30
Gott 14, 51, 135, 142, 155, 246, 250, 263, 265, 268, 270, 290
Götter 64, 67, 152, 248, 263, 304
Gottesbild 142, 295, 297
Gottferne, die 155
Götze 154, 265
Götzenbild 263
Gröning, Bruno 239
Gurwitsch, Alexander 228
Gut und Böse 34, 47, 117, 143, 157, 255, 295
Gute, das 145, 158

H

Hades 154
Hamurabi 51

Handauflegen 168, 199, 208, 217, 232
Haselwander, Friedrich August 29
Heilenergie 221, 224
Heiler, anonyme 239
Heilgottesdienst 234
Heiliger Geist 234, 263, 268, 270
Heilintelligenz 200, 202
Heilung 193, 196, 200, 212, 216, 226, 228
Hellsehen 164, 169
Hellsichtigkeit 316
Hierarchie der morphischen Felder 36, 62
Hinduismus 293
Hitchens, Christopher 290
Hitler, Adolf 122, 157
HIV-Virus 23
Hochkulturen 45
Holarchie 267, 271
Hölle 154
Homöopathie 226
Hussein, Saddam 187
Hypnose 171, 176

I
Immunsystem 22, 204
Intelligenz, geistige 198
Islam 118, 293

J
Jahwe 51, 210, 263, 265, 290, 292
Japan 182, 190

Jenseits 54, 65, 79, 276, 278
Jenseitserfahrungen 285
Jesus 50, 55, 110, 115, 185, 210, 235, 271, 292, 302
Johannes 144, 297
Johannesevangelium 50
Johannson, Tom 196, 198, 202, 208
Judentum 293
Jugendliche 86, 106, 159
Jung, C. G. 206, 283
Jupiter 64, 68, 304

K
Kalif Storch, Märchen 80
Ketchum, Wesley K. 179
Keuschheit 87
Kinder 60, 85, 91, 104, 108, 224, 229
Kirchgang 128
Koestler, Arthur 267
Kommunikation, geistig-seelische 337
Konjunktion 262
Körper 219, 223
    ätherischer 220
    feinstofflicher 35
    geistig-feinstofflicher 276
    grobstofflicher 35
    mentaler 220
    physischer 220
    spiritueller 220
Körperfeindlichkeit 88, 249
Kosmogenese 45
Kraftfelder, geistig-energetisches 63, 202

Kraftfelder, formgestaltende 63
Kraftfelder, geistig-seelische 68
Krankheit 198, 210, 216, 219
Krebserkrankungen 43, 207, 214
Krieg, Dreißigjähriger 118, 119
Kriege 45, 53, 117, 133, 140
Kristall von Atlantis 182
Kübler-Ross, Elisabeth 54, 278, 283

L

Laden, Osama bin 118
Lippenbläschen 23
Löwe, Sternzeichen 187
Luzifer 246, 248, 250

M

Mächte und Throne 247, 252, 268, 299
Magie, schwarze 161
Magnet 31
Magnetfeld 31, 268
Magnus, Albertus 67
Makrobereich 10
Makrokosmos 19
Maria 72, 130, 246
Marienerscheinungen 188
Mars 68, 187
Massensuggestion 174, 238, 242
Materie 19, 28, 62, 268
Materielle Welt 32, 36, 94, 157, 224, 275
Maya-Kalender 58
Mayas 183
Mayer, Rupert (Pater) 126

Mediale Begabungen 52, 55, 261, 315, 316
Medium 169, 197
Meisen 25, 324
Mem 149
Mensch, der neue 40, 44, 49, 60
Meyer, Horst 235
Mikrobereich 10
Mikrokosmos 19
Mikrophysikalische Felder 32
Missionare 65
Mobbing 328
Mohammed 119, 188, 293
Molekularfeld 34
Moloch 154
Mond 68
Monika, heilige 106
Monroe, Robert A. 276
Moral 90, 159
Morphisch 21, 31
Morphische Felder 9, 17, 21, 23, 30, 32, 34, 36, 38, 45, 52, 60, 62, 67, 72, 74, 77, 80, 85, 89, 91, 96, 98, 102, 105, 110, 112, 115, 122, 124, 128, 135, 138, 140, 142, 148, 149, 152, 157, 164, 167, 173, 202, 216, 221, 224, 227, 231, 233, 246, 252, 255, 263, 265, 267, 270, 275, 287, 296, 303, 307, 309
Morphisches Superfeld 152
Morphogenetisch 31
Moses 51, 248, 263, 293
Multiple Sklerose 23
Murphy, Joseph 73

N

Nächstenliebe 111
Naturgesetze 19, 24, 27, 143, 254
Naturkatastrophen 16, 45, 53, 133, 184, 307
Naturvölker 317
Naturwissenschaften 28
Neptun 261
Neutronenfelder 32
Nichtsein 296
Nirwana 265, 293, 296
Nostradamus, Michel 49, 52, 54, 58, 96, 133, 185, 189, 190, 341

O

Obama, Barack 117, 133
Organfeld 34
Organismen 42
Organismus Menschheit 40, 44, 47, 144, 155, 184, 287
Out-of-body-Reisen 276, 283, 284

P

Padmasambhawa 79
Paradies 47, 142, 255
Parapsychologisches Institut Universität Freiburg 169
Pater Pio 277
Paulus 249
Pflanzen 24, 34, 227, 247, 323
Phänomene, paranormale 164, 228
Photonen 10, 251

Placeboeffekt 214
Planeten 40, 58, 67, 90, 254, 261
Plasma 221
Platon 184
Pluto 58, 261
Polsprung 190
Poseidia 182
Präkulturen 286
Prophezeiungen 52, 185, 188
Psychotronische Gesellschaft Warschau 233
Pubertät 106, 205
Putten 247
Pyramiden 183

Q

Quanten 10, 27, 32
Quantenfelder 32
Quarkfeld 34
Quarks 27

R

Reflexe 139
Rejmer, Jerzy 228, 232
Religionen 17, 55, 64, 246, 293
  fernöstliche 265, 293
Resonanz 9, 31, 37, 67, 255
Ritus 85
Rosenkranz 129

S

Schamanen 323
Schicksal 64, 80
Schlachthof 325
Schlafender Prophet –
  siehe Cayce, Edgar

Schlangen 187
Schmidt, Helmut 290
Schöpfergott 18, 263
Schöpfung 14, 143, 250, 254,
    271, 325
Schulmedizin 212, 214, 226
Schultz, Johannes Heinrich 72
Schulwissenschaft 17
Schutzengel 9, 35, 60, 93, 155,
    202, 246, 255, 261
Schwächen 130, 318, 320
Schwangerschaft 68, 280
Schwerkraft 32
Schwerkraftfelder 32
Schwingungsenergie 32
Schwingungsfrequenzen 220
Seele 10, 18, 38, 49, 54, 67,
    154, 216, 261, 280, 283
Selbstbewusstsein 11, 47, 94,
    144, 275
Serafim 247, 252, 299
Seuchen 45
Seuse 82
Sexsucht 87, 206
Sexualität 85
Sharpe, Harold 197
Sheldrake, Rupert 9, 19, 24,
    28, 31, 37, 60, 62, 67, 69, 90,
    93, 111, 164, 167, 224, 246,
    251, 254, 273, 275, 303
Silva, José 222
Sonnensystem 14
Spiritus 267
Spontanheilungen 168, 212,
    228
Stalin, Joseph 157

Stanniolkugeln 240
Stärken 318
Steine 325
Steiner, Rudolf 332
Stevenson, Jan 282
Stimme, innere 316
Strahlungen, kosmische 32
Stressfunktionen 137
Stressmechanismus 139
Stresszustand 337
Sucht 83, 95, 99, 110, 159,
    309, 317
Sugar (Katze) 164
Sünde 154, 210, 249, 270
Suso 82
Swedenborg, Emanuel 257
Swoboda, Hermann 29
Synchronizität 151

T
Tarotkarten 206
Teilchen 19, 24, 27, 32
Testament, Altes 210, 246,
    248, 292
Testament, Neues 154, 247, 292
Teufel 35, 152, 156, 157, 304
Theologen 17, 252
Theologie vom Kreuz 210
Thetabereich 222
Thor 122
Thymusdrüse 204
Tibetanisches Totenbuch 79,
    82
Tiefschlaf 222
Tod 16, 48, 54, 81, 228, 250,
    278, 283

Trance 174, 176, 185, 192
Träume 278, 280
Triebhaftigkeit 157
Trigon 262
Tumor 216, 230, 236

U

Übersexualisierung 85
Übersinnliche, das 164, 287
Ufos 48
Unbegreiflichkeit Gottes 265
Unbewusste 77, 261
Universum 14, 20, 36, 40, 44,
  251, 252, 254
Unsterblichkeit 47, 287
Unsterblichkeit, Einzeller 42
Unterwelt 154
Uranus 58
Urenergie 268, 296, 298
Urkraft 267, 298

V

Venus 68, 187
Verantwortung 60, 91, 102,
  255, 260, 273, 288
Vietnamveteranen 140
Viren 22, 204
Virusepidemien 23
Vollendung der Menschheit 45
Vorstellungskraft 72, 167, 207,
  297

W

Wahrträume 170
Waldorfschule 332
Weizsäcker, Richard von 290
Wellen 28, 36

Welt, geistige –
  siehe Geistige Welt
Welt, geistig-energetische 94,
  96, 173, 273
Welt, geistig-seelische –
  siehe Geistig-seelische Welt
Welt, materielle –
  siehe Materielle Welt
Weltbild 14, 19, 45, 62, 164, 263
  mechanistisches 9
Weltuntergang, Angst vor 10
Widderzeitalter 51, 111
Wiedergeburt 80, 177, 258, 282
Wiedergeburtsberichte 282
Willensfreiheit 299
Wimber, John 237
Wirklichkeit, negative 76
Wissenschaft 14, 16, 19
Wotan 64, 122
Würmer 187

Z

Zellstrukturen 227
Zufall 80
Zustandsformen, physikalische
  221

Lebenshilfe kompakt

RENATO MIHALIC
Das Geheimnis der Mujas
*Meditationen für ein
neues Bewusstsein*
160 Seiten
€ [D] 8,99 / € [A] 9,30
sFr 12,50
ISBN 978-3-548-74549-7

*Die altägyptischen Mujas sind spezielle
Kombinationen von Finger- und Handstellungen
sowie Akupressurpunkten, die verschiedene energetische Systeme miteinander verbinden. Sehr leicht und
überall sofort anwendbar, verhelfen diese Werkzeuge
dem Menschen zu mehr Klarheit und Wohlsein.
Darüber hinaus unterstützen sie ihn, sich feiner auf
sich selbst auszurichten, sich dem »Jetzt-Augenblick«
hinzugeben und neue Lösungen zu finden.*